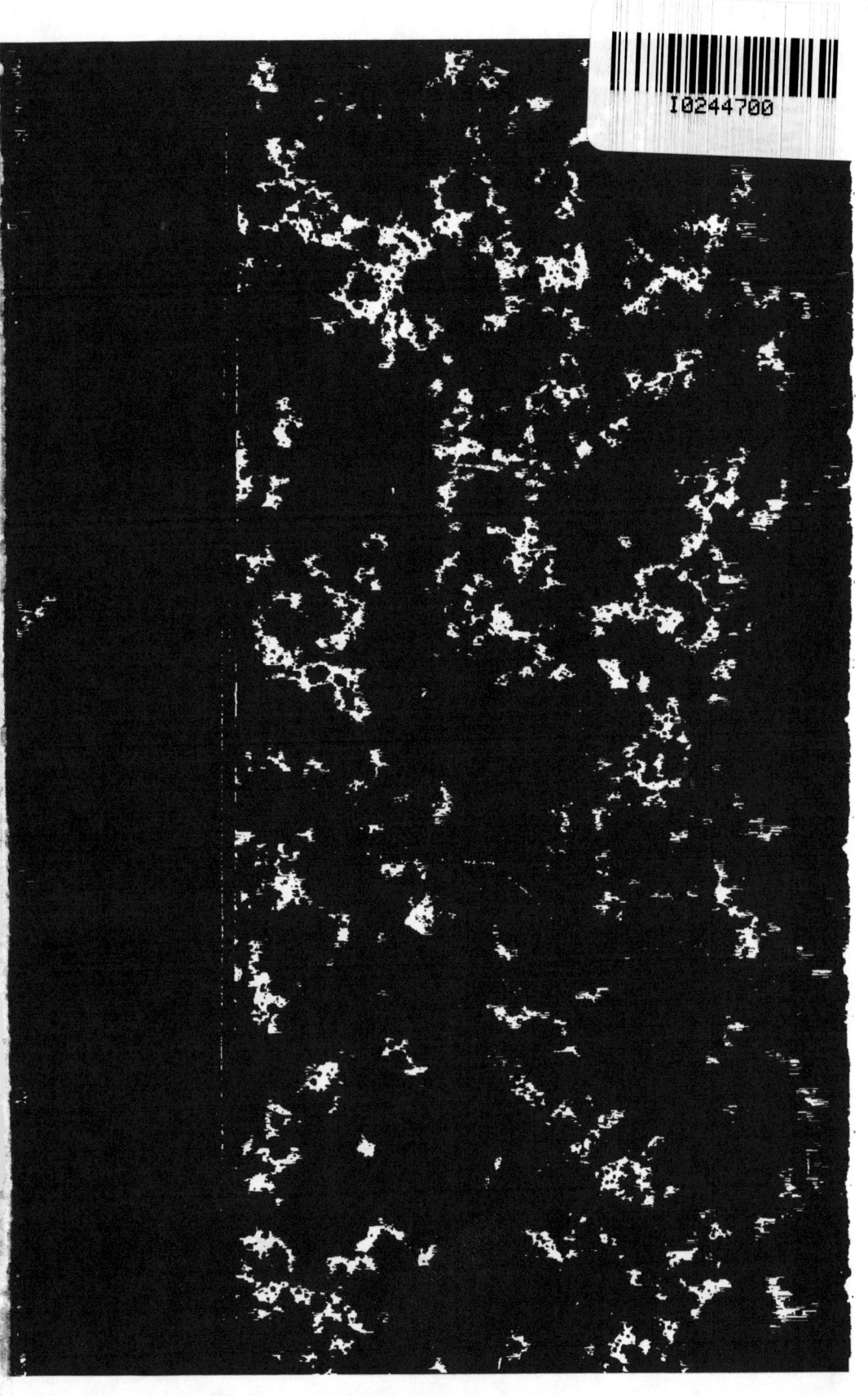

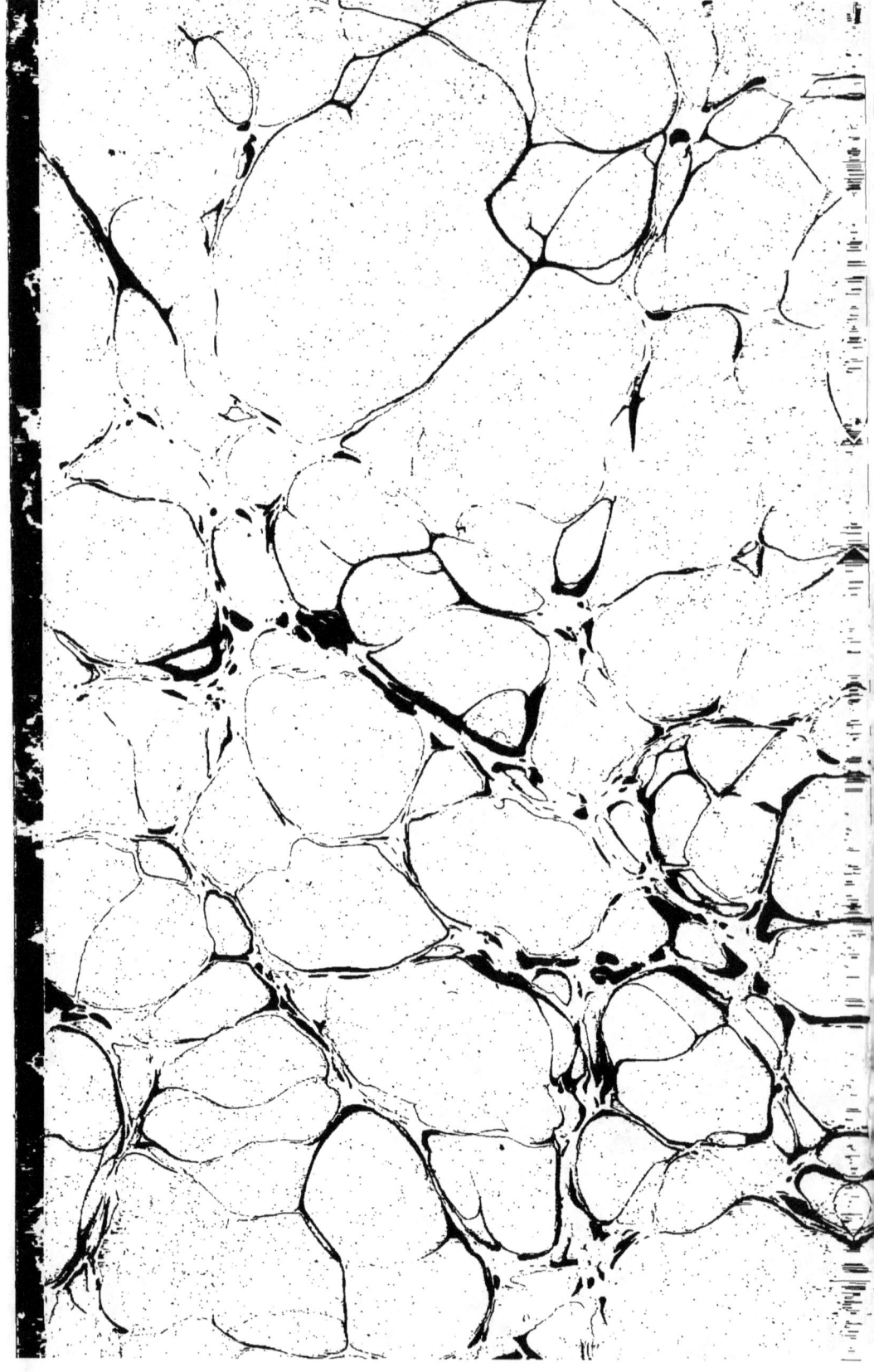

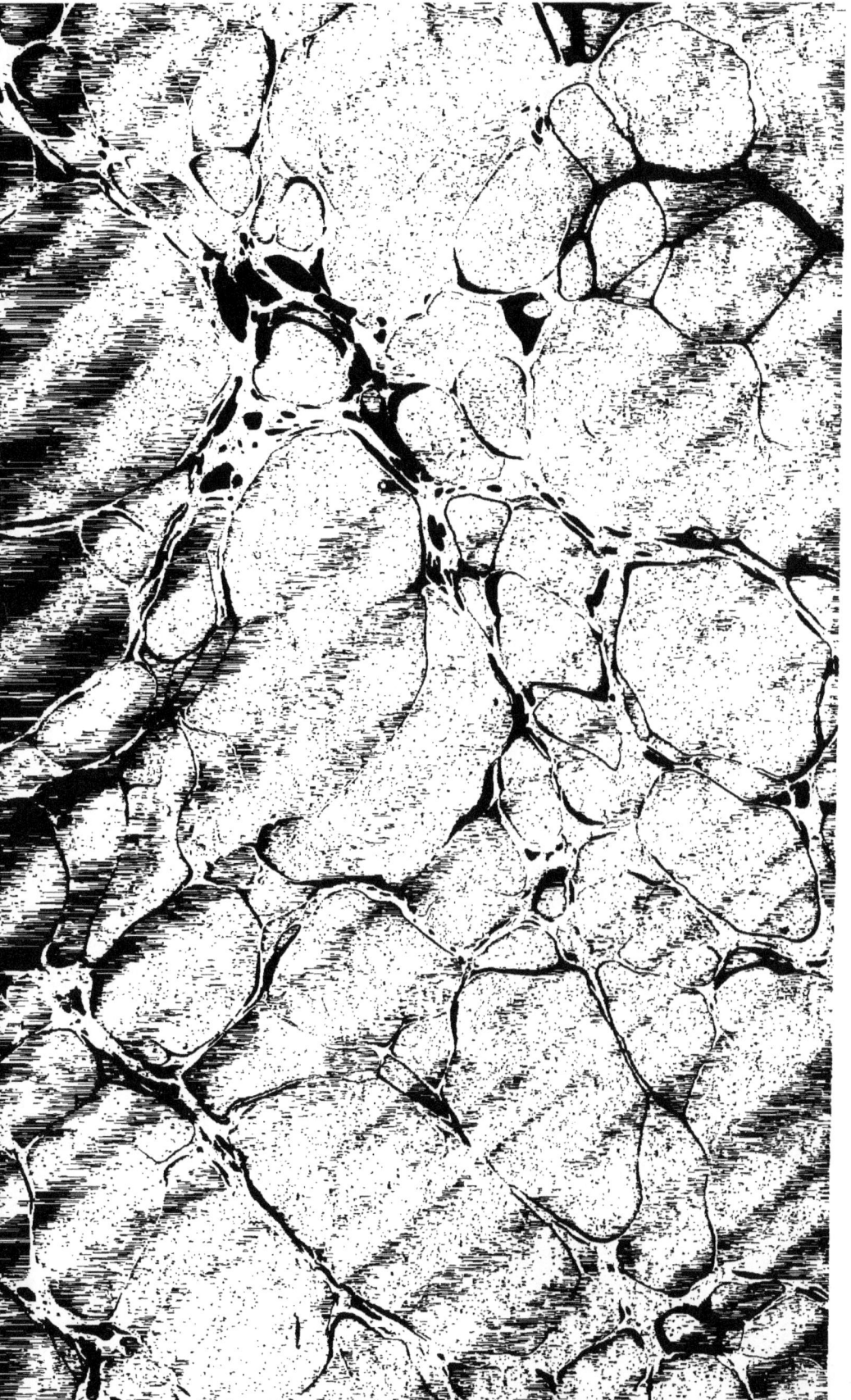

L'EXPÉDITION FRANÇAISE

DE

FORMOSE

1884-1885

PAR

Le Capitaine GARNOT

DU 31ᵉ D'INFANTERIE

AVEC 30 GRAVURES HORS TEXTE
ET UN ATLAS DE 10 CARTES EN COULEURS

PARIS
LIBRAIRIE CH. DELAGRAVE
15, RUE SOUFFLOT, 15

L'EXPÉDITION FRANÇAISE

DE FORMOSE

COMPIÈGNE. — IMPRIMERIE HENRY LEFEBVRE

KELUNG. — Vue prise du Mont Clément, d'après une photographie exécutée et communiquée par M. le capitaine de frégate Goëtz.

L'EXPÉDITION FRANÇAISE

DE

FORMOSE

1884-1885

PAR

Le Capitaine GARNOT

DU 31e D'INFANTERIE

L'île de Formose. — Premières opérations contre Formose.
Occupation de Kelung. — L'échec de Tamsui. — L'installation à Kelung.
La fièvre algide. — Reprise des opérations actives devant Kelung.
Arrivée du colonel Duchesne. — L'arrivée des renforts. — L'affaire du 10 janvier.
Les combats du 25 au 30 janvier. — Les Postes avancés.
Les combats de mars. — La prise des Pescadores. — L'armistice. La mort
de l'amiral Courbet. — Le traité de paix. — L'évacuation.

AVEC 30 GRAVURES ET UN ATLAS DE 10 CARTES EN COULEURS

PARIS

LIBRAIRIE CH. DELAGRAVE

15, RUE SOUFFLOT, 15

1894

A Monsieur le Général de Division DUCHESNE

Mon Général,

Veuillez agréer l'hommage de ce livre. C'est l'expression du respectueux dévouement d'un de ceux qui furent vos subordonnés, sur cette terre de Formose, où vous nous conduisîtes à la victoire.

Au-dessus des noms qui s'illustrèrent autour de Kelung, plane une gloire incontestée : celle du marin vénéré qui fut notre Chef à tous. Depuis l'année terrible, il fut le premier qui donna à la France des journées vraiment glorieuses. Si le sort injuste lui refusa de revoir la patrie par un beau jour d'acclamation populaire, du moins le bruit de ses succès fit-il passer un frémissement sur l'armée et tressaillir tous les cœurs.

D'autres, plus autorisés, ont écrit avant moi la part glorieuse que prit son escadre dans les brillants succès qu'il a remportés : Thuan-An et Sontay, Fou-Cheou, Sheïpoo, les Pescadores ; mais les dix mois d'efforts et de glorieux combats qu'eurent à soutenir la poignée de braves dont vous fûtes le chef sont restés dans l'ombre.

Cette lacune, j'ai voulu la combler ; je l'ai fait dans un sentiment absolu de sincérité. La vérité est trop belle à dire pour qu'il soit nécessaire de la parer.

Ces pages sont le simple récit du rôle joué autour de Kelung par le petit corps expéditionnaire de Formose : troupes de Marine et troupes d'Afrique, vaillants contre lesquels tout s'acharna : écrasante supériorité numérique de l'ennemi, fatigues surhumaines et climat meurtrier. Leurs succès, bien chèrement achetés, n'eurent pas le retentissement des victoires du Tonkin. Je m'estimerai heureux d'avoir pu réussir à les mettre en lumière, en même temps que j'aurai apporté ma pierre au monument élevé à la mémoire de notre illustre et vénéré chef, l'Amiral Courbet, dont le souvenir est toujours vivant dans les cœurs de ceux qui ont eu l'honneur de servir sous ses ordres.

Blois, 1ᵉʳ décembre 1893.

E. G.

DRAGON EN PIERRE DU YAMEN. — KELUNG

AVANT-PROPOS

Le 11 mai 1884, le capitaine de vaisseau Fournier, accrédité par le Gouvernement français, et Li Hung Chang, vice-roi du Petchili représentant la Chine, signèrent la convention de Tien-Tsin.

La première partie de la campagne du Tonkin, qu'avaient marquée la mort du commandant Rivière (19 mai 1883), la prise de Sontay (16 décembre 1883), celles de Bac-Ninh et de Hung-Hoa (12 mars et 12 avril 1884), prenait fin à la même date.

C'était la paix. Des ordres furent envoyés de Paris, en vue du rapatriement prochain d'une partie du corps expéditionnaire et de l'envoi, à Madagascar, d'une autre partie des forces devenues disponibles. De son côté, le Gouvernement chinois, ne négligeant rien pour nous donner l'assurance de ses dispositions pacifiques, envoyait Li-Hung-Chang en personne saluer à Tchéfou le contre-amiral Lespès [1].

« Dans la journée du 24 mai, les navires français pavoisèrent, et, quand le vice-roi monta à bord du *La Galissonnière*, les hommes, debout sur les vergues, poussèrent cinq fois le cri de : « Vive la République ! ». Après avoir assisté à un branle-bas de combat agrémenté du tir des canons de 24, le vice-roi se rendit à bord de *La Triomphante*, où il fut reçu avec un cérémonial tout pareil. Des torpilles Withehead furent lancées devant lui, puis, quand il regagna son navire, chaque bâtiment fit une salve de dix-neuf coups de canon [2]. »

---

[1]. Commandant la division navale des mers de Chine et du Japon.
[2]. Maurice Loir. *L'Escadre de l'Amiral Courbet*.

Cet échange de politesses semblait le présage d'une longue et durable entente. Il n'en fut rien.

Les 23 et 24 juin de la même année, une colonne d'un millier d'hommes, aux ordres du lieutenant-colonel Dugenne, allait prendre possession de Lang-Son, lorsqu'elle fut, aux environs de Bac-Lé, attaquée par les troupes régulières chinoises. Après une résistance désespérée et des pertes considérables, la colonne dut se replier sur Phu-Lang Thuong, sans avoir rempli sa mission.

Ce fut ce qu'on appela le guet-apens de Bac-Lé[1]. Cette nouvelle produisit en France une émotion considérable. Le guet-apens de Bac-Lé devint le point de départ d'une nouvelle campagne, plus longue et plus laborieuse que la première. Elle fut marquée, au Tonkin par la prise de Lang-Son et le siège de Tuyen-Quan, par l'expédition de Formose et la campagne de l'amiral Courbet dans les mers de Chine.

Il n'entre pas dans le cadre de cet ouvrage de suivre les détails des négociations auxquelles donna lieu le manque de parole du Gouvernement chinois. Ces négociations durèrent près d'un mois et demi ; elles aboutirent à un ultimatum de la France qui devait prendre fin le 1er août 1884.

A cette date, la France devait reprendre sa liberté d'action et s'assurer, au besoin par la prise de possession d'une garantie effective, les moyens de surmonter l'obstination du Gouvernement chinois.

Le 31 juillet se passa sans qu'aucune réponse vînt de la Chine, et, le 1er août, le Gouvernement français inaugurant l'état dit de « rétorsion », et ce qu'on appela, dans la suite, la « politique des gages », prescrivit à l'amiral Courbet d'envoyer à Formose le contre-amiral Lespès, avec mission de détruire les batteries du port de Kelung et d'occuper les charbonnages voisins de cette dernière ville.

---

1. Voir le *Guet-apens de Bac-Lé*, par le capitaine Lecomte. (Berger-Levrault, éditeur.)

L'EXPÉDITION FRANÇAISE DE FORMOSE

CHAPITRE PREMIER

L'Ile de Formose. — La région Nord. — Kelung et ses environs.

Formose, que les anciens géographes désignaient sous le nom de « Grande Loutchéou », s'appelle en chinois Taïwan, du nom de sa capitale. Les premiers navigateurs européens qui la virent, au commencement du XVIIe siècle, furent des Portugais. Émerveillés de ses hautes montagnes, des volcans qui servaient, la nuit, de phares à leurs navires, de ses vallées qu'emplissait la sombre verdure des forêts, ils l'appelèrent Formosa : la Belle. « Il n'est pas une île de l'Océan, dit Élisée Reclus, qui mérite mieux ce nom ; » du moins sur la côte orientale, car sur les côtes de l'Ouest, les montagnes se terminent en escarpements rougeâtres ou en dunes de sable, comme aux environs de Tamsui, en tout semblables à ceux de la côte du Fo-Kien qui leur est opposée.

L'île est un des chaînons émergés de la longue arête volcanique qui commence au Kamtchatka pour se terminer à l'archipel de la Sonde.

Elle occupe, entre les 22e et 25e degrés de latitude nord, et les 118e et 120e degrés de longitude est, une étendue de près de cent lieues de longueur sur trente-quatre dans sa plus grande largeur. De la pointe Siauki au cap Nan-Sha l'ovale allongé de l'île est divisé par une longue chaîne volcanique qui se développe du nord au sud, mais qui incline du nord-ouest au sud-est l'alignement général de ses crêtes.

De l'une et de l'autre côte, on peut voir se profiler l'arête en dent de scie de la chaîne du Tâ-Chan, ou *Grande-Montagne,* Dans la partie méridionale, les sommets ne dépassent pas 2.400 mètres, tandis qu'au centre de l'île une cime appelée par les Anglais Mont-Morrisson atteint 3.600 mètres et que, plus au nord, le mont Sylvia et d'autres points s'élèvent à plus de 3.900 mètres.

Dans sa formation générale, le Tâ-chan est composé principalement de calcaire carbonifère; mais des roches volcaniques s'y sont fait jour et l'on parle vaguement d'une montagne brûlante : le Kiaï-Chan, qui s'élèverait au centre de la chaîne[1]. Dans le Nord surtout, des volcans en activité, des sources thermales nombreuses, des geysers et des fumerolles attestent la puissance du travail des forces souterraines.

Le climat de l'île est régulièrement soumis à l'influence des deux moussons. En été le vent souffle de l'archipel Malais, en hiver il vient des îles du Japon. En raison de sa situation insulaire, Formose jouit de l'avantage d'être abondamment arrosée par les pluies.

La mousson polaire, qu'a tiédie le contact du Kuro-Sivo, arrive sur l'île chargée de vapeurs comme la mousson équatoriale, et c'est ainsi que Formose, malgré l'alternance des vents contraires, dont le premier stérilise le continent chinois, reçoit de l'eau chaque mois de l'année. Dans la région intertropicale, c'est pendant l'été que les pluies sont le plus abondantes. C'est, au contraire, en hiver que tombe à Formose la plus grande quantité d'eau, surtout dans le Nord où les nuées formées sur le Pacifique sont arrêtées et condensées par les hautes montagnes de l'île. Le maximum pluviométrique atteint 3 mètres à Kelung. Pendant l'hiver de 1884-1885 qu'y a passé le corps expéditionnaire, le ciel fut si constamment gris que le nombre des journées de soleil n'atteignit pas une dizaine. Des nuages épais, rasant le sol, se résolvaient en une pluie fine, semblable à un brouillard, mais si pénétrante qu'elle mouillait extraordinairement. On l'appelait « la pluie horizontale », tant elle semblait tomber lentement sur le sol par couches parallèles. Rien ne pouvait échapper à l'action d'une telle humidité. Les effets enfermés avec le plus grand soin dans les caisses à bagages étaient couverts, en quelques heures, d'une véritable couche de moisissure. Du 26 janvier au 3 mars,

---

[1]. Elisée Reclus. *Géographie universelle.*

pendant 37 jours, le soleil ne fit aucune apparition et pendant toute cette période la pluie tomba avec une régularité désespérante, détrempant les chemins au point de les rendre impraticables et empêchant, d'une manière absolue, la reprise des opérations.

Ces pluies régulières cessent généralement au commencement de mai. Elles sont remplacées, pendant la saison chaude, par les violents typhons de la mousson du sud-ouest.

C'est à la fin de l'été, principalement en septembre, quand la température de l'eau marine est le plus élevée et l'air saturé de vapeurs, que la moindre rupture d'équilibre dans l'atmosphère détermine la formation de ces tempêtes tournantes. Ces tourbillons aériens se développent presque toujours au-dessus du Kuro-Sivo[1], ravageant principalement la côte est et le nord de l'île. Leur violence est inouïe. En juin 1885 un coup de typhon enleva en quelques minutes les solides abris en bambous servant de logements à la garnison du fort du Sud à Kelung.

L'abondance des pluies donne, surtout dans le Nord de l'île, une importance particulière au régime des eaux. Les sources et les torrents y sont innombrables. Il n'est pas de thalweg que ne parcoure au moins un mince filet d'eau. D'autre part, dans un pays aussi convulsé, les rivières ne peuvent être ni d'une grande longueur ni d'un grand débit. Presque toutes ne sont navigables qu'à leur embouchure, là où se fait sentir la marée. Les jonques remontent cependant la rivière de Sintiam jusqu'à Menka, et les sampans légers la rivière de Tamsui jusqu'à Loan-Loan à hauteur de Kelung[2]. Le courant est, d'ailleurs, fréquemment interrompu par des rapides et des seuils sur lesquels le fond manque aux embarcations; mais les bateliers comptent leur peine pour peu de chose et, quand un obstacle les arrête, ils allègent leur chargement et traînent leurs sampans jusqu'à un fond favorable où ils les rechargent à nouveau. « On rencontre, à Formose, les climats et les températures les plus variés, depuis les sommets du Tâ-Chan souvent recouverts de neiges jusqu'à la plaine de Taïwan, véritable fournaise pendant l'été, sans oublier Takao, le Madère des mers de Chine, tellement réputée par son climat qu'on y envoie les phtisiques et les convalescents. On conçoit donc qu'on ne puisse poser de principes généraux sur la salubrité

---

1. Croquis n° 1 (Ile de Formose).
2. Croquis n° 2 (Le Nord de Formose).

d'un pays aussi vaste. Il est certain cependant que les ports du du Nord ont une réputation déplorable, tandis que dans la partie méridionale la santé de la colonie européenne est très satisfaisante[1]. »

Dans la région Kelung-Tamsui, le choléra est endémique. La fièvre des bois, ou fièvre algide à forme typho-malarienne, est également très fréquente. Elle est attribuée surtout à l'ingestion des eaux contaminées par les matières végétales en décomposition.

Quelques années avant l'expédition française, 1.500 hommes de troupes chinoises furent débarqués à Kelung au mois de février et casernés dans un fort en construction. A la fin du mois de septembre de la même année, 300 avaient succombé à différentes maladies, mais surtout à une fièvre avec prostration[2]. Et c'étaient des Chinois!

Si Formose appartient nominalement au Céleste-Empire et n'est administrativement qu'une annexe du Fo-Kien, sous la dépendance du Taotaï d'Amoy, en réalité les Chinois n'exercent leur action que sur une partie de l'île : celle qu'ils ont colonisée. De nombreuses tribus indépendantes, débris de la race autochtone, vivant à l'état demi-sauvage, se sont réfugiées dans les hauts massifs de l'intérieur où elles résistent énergiquement à leurs envahisseurs.

Des annales authentiques établissent que ce fut vers l'an 1430 que les Chinois abordèrent à Formose pour la première fois. Assurément, l'île, étant en vue du continent, dut être connue bien des siècles avant cette date, mais elle fut évitée, redoutée probablement comme inhospitalière. A la longue cependant, les Chinois traversèrent le détroit en grand nombre, fondèrent des colonies, et peu à peu, plus encore par la diplomatie que par les combats, parvinrent à s'emparer des terres fertiles des peu industrieux et trop confiants indigènes. Des cités furent fondées, et les premiers propriétaires du sol finirent par demander refuge aux épaisses forêts situées sur leurs terres de chasse[3].

Actuellement, les Chinois occupent les meilleures terres, c'est-à-dire les grandes plaines du versant ouest, qui s'étendent du nord au sud dans presque toute la longueur de l'île. Ils y ont fondé des villes nombreuses, et détiennent, en même temps que la puissance administrative et militaire, toute la richesse du

---

1. Docteur Raoul, pharmacien de la marine, *Formosa la Belle*.
2. Ibid.
3. Thomson (*Voyage en Chine : Tour du Monde*, 1875).

UNE FAMILLE CHINOISE DE L'ILE PALM

D'après une photographie exécutée et communiquée par M. le capitaine de frégate Goëz.

pays. La côte est est restée à l'état à peu près indépendant. Les Chinois n'y ont que quelques établissements éloignés les uns des autres et généralement fortifiés. Ils y sont toujours sur le qui-vive, sauf cependant dans le Nord-Est (établissements de la baie de Soo-Au), où leur domination est, depuis quelques années, bien assise [1].

Les Hakkas, race brave et vigoureuse venue, elle aussi, de la province du Fo-Kien, mais qui parlent un dialecte différent du chinois et qui sont regardés par les gens compétents comme n'étant pas de la même race que ces derniers, occupent la zone frontière qui confine aux aborigènes. Ils sont la garde avancée des cultivateurs de la plaine. Ils ont, avec les montagnards, des collisions si fréquentes qu'ils cultivent leurs champs les armes à la main et fortifient leurs villages. Ils sont les intermédiaires entre les Chinois des villes et les indigènes, fournissant à ces derniers la poudre, l'opium et le samchou (eau-de-vie de riz), en échange de camphre, de cornes, de cuirs, etc., etc. [2].

Les aborigènes sont divisés en tribus parlant des dialectes différents, mais qui paraissent se rattacher à une souche commune : la race malaise. Au nord sont les Chekhoans, à demi civilisés et soumis aux Chinois dont ils ont appris l'agriculture et la langue. Au sud, sont les Pépohoans parlant le dialecte d'Amoy tout en ayant conservé les caractères distinctifs de la race malaise.

Enfin, au plus profond des massifs intérieurs, vivent des tribus complètement indépendantes, chez lesquelles est profondément enracinée la haine des Chinois et qui sont la terreur de leurs voisins. Les plus connues sont les Tango de la région nord et les Boutans qui habitent les forêts de la région sud.

Sur une étendue côtière de 400 kilomètres environ, les navires ne rencontrent que des ports d'une sécurité précaire, surtout pendant la mousson du sud-ouest. Quelques-uns ont été successivement ouverts au commerce étranger. Dans la région sud, Taïwan-Fou, la capitale de l'île, a été ouverte par le traité de Tien-Tsin. C'est une grande ville de 70.000 habitants, entièrement chinoise, située dans une plaine basse qui, en été, est une vraie fournaise. Le port n'est pas accessible aux navires, qui sont obligés de mouiller au large de la barre ; quant aux jonques,

---

1. Docteur Raoul.
2. Thomson, *Tour du Monde*, 1875.

elles arrivent à la ville par un étroit canal constamment encombré de sampans et de radeaux.

Takao, située à 48 kilomètres au sud de Taïwan, dont elle est, pour ainsi dire, le port, et à laquelle elle est reliée par un télégraphe, est le centre de nombreuses résidences européennes. Elle concentre dans son port presque tout le commerce du Sud de l'île. Elle fut ouverte aux Européens en 1883 et son mouvement d'échanges dans cette même année s'éleva à plus de vingt millions de francs.

Les deux ports importants de la région nord sont Kelung et Tamsui ; nous en reparlerons plus loin.

Sur la côte est, les Chinois ont leurs principaux établissements dans la baie de Soo-Au, où ils ont fondé plusieurs villages. Ils y vivent en assez bonne intelligence avec les indigènes. La baie de Soo-Au est le meilleur port de l'île.

La part de Formose, dans l'histoire générale du monde, se réduit à bien peu de chose. Les Portugais la découvrirent. Ils essayèrent de s'y installer, mais sans résultat.

Un essai de domination espagnole eut le même sort. Au commencement du XVIIe siècle, les Hollandais y fondèrent une colonie qui fut, quelques années, assez prospère. Des forts furent construits aux environs de Taïwan-Fou, dont on voit encore les ruines (Fort Zélandia). En 1661, le corsaire chinois Koxinga vint mettre le siège devant la ville avec sa flotte. Après neuf mois de siège, la ville dut se rendre et une partie des colons furent massacrés. Koxinga essaya de se tailler dans Formose un fief indépendant de la domination chinoise, mais ses successeurs abandonnèrent, dans la suite, à la dynastie tartare la partie de l'île qu'il avait conquise.

Depuis lors, Formose fut sans histoire jusqu'en 1874, époque à laquelle quelques pêcheurs japonais, poussés par la tempête et jetés sur la côte sud dans la baie de Langkiao, furent massacrés par les Boutans.

Le gouvernement japonais réclama de la cour de Pékin une énergique répression des coupables, mais le gouvernement chinois répondit qu'il n'avait pas assez d'autorité dans le Sud de l'île pour atteindre et punir ceux dont on réclamait le châtiment. C'était une fin de non-recevoir.

Le Japon était à cette époque en pleine fermentation politique, et menacé d'une révolution intérieure. La Cour de Yedo crut trouver dans une expédition d'outre-mer un dérivatif à la surexcitation de l'armée et de la noblesse japonaises; une descente fut organisée dans le Sud de Formose.

L'expédition partit en mars 1874 de Nagasaki.

Elle se composait de trois bateaux à vapeur portant les troupes, d'une canonnière et d'une goèlette; le corps de débarquement avait l'effectif de 3.500 hommes.

Les troupes furent mises à terre dans la baie de Langkiao. Elles prirent pied sans être inquiétées et s'installèrent sur les hauteurs voisines.

Le 22 mai, à la suite de quelques petites reconnaissances, le général Saïgo porta son camp jusque dans la vallée du Shihou, territoire des Boutans, et dirigea une colonne de 200 hommes sur trois de leurs villages qui furent brûlés. La colonne enleva ensuite une position fortifiée où elle eut 14 hommes tués ou blessés dans une lutte corps à corps.

Enfin le 1er juillet, trois colonnes de 300 hommes, partant de points différents, marchèrent concentriquement à l'attaque des dernières positions des Boutans. Ceux-ci reçurent les Japonais par un feu assez vif de leurs mauvais fusils à mèche, mais ils furent impuissants à arrêter l'élan des assaillants et ils prirent la fuite, pour ne plus reparaître, dans des massifs boisés impraticables aux colonnes[1].

La lutte se borna là. Après cette victoire, les tribus indépendantes ne tardèrent pas à venir faire leur soumission. Ce fut à ce moment que le gouvernement chinois, qui jusqu'alors n'avait pas jugé à propos d'intervenir, se décida à faire acte de souveraineté.

Il envoya au général Saïgo deux hauts commissaires chargés de traiter avec lui la question du rembarquement des troupes japonaises.

L'expédition fut considérée comme une simple mesure de police dont le gouvernement chinois s'engagea à payer les frais, et les troupes se rembarquèrent à l'automne suivant.

L'expédition française de 1884-1885 devait attirer sur Formose l'attention du monde entier. La lutte qui y fut engagée et qui s'y déroula avec acharnement pendant près d'une année, fut autrement sérieuse, mais elle n'intéressa que l'extrême Nord de l'île, c'est-à-dire les environs immédiats de Kelung et, incidemment, Tamsui et la vallée du même nom.

---

1. Ces renseignements sont empruntés à la *Revue des Deux-Mondes* du 2e semestre 1874.

Des hauteurs qui dominent Kelung, l'œil se promène sur un chaos de dents, de pics, d'aiguilles, de plans inclinés, brusquement interrompus par des murailles à pic, se succédant jusqu'aux promontoires marins avec une variété infinie. Des milliers de torrents brillent dans l'ombre des ravins, descendant jusqu'aux basses vallées, au milieu d'une végétation sans pareille. Les essences les plus diverses : arbres, arbustes, lianes, graminées, tapissent les pentes, jusqu'aux sommets les plus escarpés ; un terrain dénudé est une exception. Les essences dominantes sont les mêmes que celles du Japon méridional et du Fo-Kien, mais elles se distinguent par la vigueur de leur croissance et par la beauté de leur port. Les arbustes, les plantes grimpantes se pressent sous les hautes futaies, les roses, les azalées, les glycines, recouvrent les fourrés et les haies de leurs guirlandes, remarquables par la richesse de leur feuillage, l'éclat de leurs fleurs et la douceur de leur parfum. Dans les interstices des rochers, les fougères arborescentes, les bananiers, les lianes, escaladent les parois abruptes, recouvrant le tout d'une nappe de verdure. Les bambous sont l'essence dominante. Ils forment de véritables forêts aux fourrés inextricables. Il semble que Formose soit leur véritable patrie. Dans aucune autre partie de l'Extrême-Orient on n'en voit de plus élevés ; ils se dressent jusqu'à 30 mètres de hauteur et n'atteignent pas moins de 60 centimètres de circonférence. Dans les rizières formant bouquet, comme au sommet des montagnes, on voit se dresser leur panache vert, ondoyant et frémissant à la brise. Quand le vent s'élève, leurs épais fourrés s'emplissent de voix graves et mystérieuses produites par le frottement désordonné de leurs tiges[1].

Le bambou est, pour l'indigène, l'arbre par excellence ; il sert à la construction des maisons ainsi qu'à la fabrication des meubles, du papier et de tous les objets domestiques. Les jeunes pousses sont un mets recherché.

L'aréquier et le cocotier, l'oranger, le bananier, sont également fort répandus.

Sur les versants, doucement inclinés vers le sud, s'étagent les plantations de thé admirablement tenues et rivalisant pour la finesse de leurs produits avec les cultures les plus soignées du Setchouen et du Fo-Kien. A l'état sauvage, le thé atteint une hauteur de plus de 2 mètres ; cultivé, il dépasse rarement

---

1. Thomson, *Tour du Monde*, 1875.

INDIGÈNES DU VILLAGE CHINOIS DE PÉTAO
D'après une photographie exécutée et communiquée par M. le capitaine de frégate Goëz.

80 centimètres. Soigneusement taillé, il s'épanouit en éventail au ras du sol, multipliant ses ramilles productrices d'un vert tendre.

La culture du thé à Formose a suivi depuis une vingtaine d'années une progression constante ; le port de Tamsui en est le principal centre d'exportation, surtout pour l'Amérique. Cette production, qui était de 292.500 kilos en 1868, atteignit en 1880 5.850.000 kilos[1].

Le camphrier, qui a été pendant longtemps la grande richesse du Nord de Formose, n'existe plus que dans les forêts de l'intérieur. Les exploitants sont obligés de remonter les hautes vallées par delà les limites de la domination chinoise ; de fréquents conflits ont lieu entre eux et les tribus indépendantes.

Si la région qui avoisine Kelung est très accidentée, très couverte et relativement peu peuplée, la région de Tamsui se présente sous un tout autre aspect. Des dunes rouges couvertes de broussailles s'inclinent doucement vers la mer ; les derniers contreforts des montagnes s'écartent largement, enserrant de grandes plaines basses que fertilisent les apports alluviaux de nombreux cours d'eaux. Larges et profonds, ces derniers relient des villes populeuses et sont sillonnés de nombreuses embarcations. Le pays est couvert de riches cultures de riz et de cannes à sucre.

Le massif montagneux compris entre Tamsui, la pointe Syauki et Kelung est nettement délimité par le cours de la rivière de Tamsui, qui prend son origine dans l'est de Kelung aux environs du pic Sam-Tiao. L'intérieur de ce massif est fort peu connu, il a été à peine exploré[2].

C'est dans cette partie de l'île que le travail des forces souterraines est le plus actif. La haute arête qui s'oriente du nord-est au sud-ouest entre Kimpaoli et Tamsui est un soulèvement éruptif qui possède encore plusieurs volcans en activité, dont deux : le pic Taïtun et le pic Chow-Soan ou Vulcans-Peak, atteignent plus de 1.100 mètres[3].

On signale dans la région de nombreuses sources sulfureuses et des geysers, dont cinq au pied du Chow-Soan. Leurs explosions s'entendent à plusieurs milles. Entre Patchina et Kantow,

1. Docteur Raoul.
2. Croquis n° 2 (Le Nord de Formose).
3. Le Vulcans-Peak a été mesuré par M. Hancock en novembre 1881. Il atteint la hauteur de 1.112 mètres. Son cratère émet constamment des vapeurs sulfureuses. La hauteur de la chaîne centrale que couronne le pic Taïtun varie de 950 à 1.100 mètres.

se déverse dans la rivière de Tamsui une rivière d'eau chaude dont la température atteint, en certains endroits, près de 100 degrés. Les tremblements de terre sont fréquents. Pendant celui qui eut lieu le 18 décembre 1867, la mer se retira du port de Kelung. Kimpaoli et Patchina furent en partie ruinées. Tamsui eut également beaucoup à souffrir de ce tremblement, qui coûta la vie à plusieurs centaines d'habitants. Celui du 25 septembre 1881 fut également très violent et dura plus d'une minute. Le soufre est exploité d'une manière régulière aux environs de Masou et de Kimpaoli. Dans l'intérieur du massif, la population est très clairsemée; les principaux centres sont groupés dans la région basse où les vallées, s'ouvrant en larges plaines, offrent de vastes champs à l'activité agricole des travailleurs chinois.

Trois cours d'eau relativement importants alimentent la masse liquide qui débouche dans l'estuaire de Tamsui[1]. La rivière qui vient du pic Sam-Tiao, en passant non loin de Kelung, est l'axe principal d'écoulement de la région est. Torrent coupé de rapides jusqu'à Loan-Loan, elle est navigable aux sampans à partir de ce point. Elle passe par Niaka, Locktou, Switenka, Sikowdjou et Sikkow. A un mille en aval de Patchina, elle reçoit les rivières de Sintiam et de Tokoham, d'un débit à peu près égal au sien. Les grosses jonques remontent cette dernière jusqu'à Menka ou Banca, grand centre de 40.000 habitants très industrieux et très producteur. La petite ville de Sintiam, qui donne son nom au cours d'eau, est de création récente; elle est à quelques milles en amont de Menka, à l'endroit où le cours d'eau cesse d'être navigable.

A partir du confluent de ces trois rivières, la plaine alluviale s'élargit, la densité de la population augmente rapidement. On trouve successivement Patchina, puis Taotutia, au confluent de la rivière de Tokoham et de Sintiam, résidence de la colonie étrangère et le plus important marché des thés de la région. Un peu en amont, entre les deux rivières, se trouve le centre administratif de Taï-Pak-Fou. Tokoham, qui donne son nom à la troisième rivière, est assez loin dans la région montagneuse. Kantou ou Kantow, située en aval du confluent, est déjà un faubourg de Tamsui, le grand centre commercial de toute la région.

Le port de Tamsui n'est, en réalité, que l'estuaire élargi de

---

1. Croquis n° 2 (Le Nord de Formose).

la rivière. C'est le port d'embarquement de tous les produits de Menka ; sa population s'élève à 70.000 habitants. L'entrée est obstruée par une barre sur laquelle les navires ne trouvent que 2 mètres de fond, mais comme la mer monte de 2^{m}10 à 2^{m}60, les navires d'un tirant d'eau moyen peuvent la franchir journellement[1]. Des montagnes de 500 à 700 mètres bordent l'entrée de l'estuaire, que signale un feu fixe construit à l'extrémité d'un banc rocheux.

Quelques bourgades de pêcheurs se cachent dans les petites vallées côtières : Alibong et Alilou, Kimpaoli et Masou. Elles sont reliées à la vallée de Tamsui par de mauvais sentiers de montagne à peine explorés et dont on ne connaît le tracé que par renseignements.

Kelung est le centre d'un petit bassin côtier d'un rayon de quelques kilomètres. La ligne de partage des eaux y est très rapprochée de la côte. C'est au point que les quelques cartes plus ou moins exactes qui existaient avant l'occupation française, reliaient la rivière de Tamsui à celle de Kelung par un canal. En réalité, le seuil de partage dépasse de près de 100 mètres le niveau de la mer dans sa partie la moins élevée à hauteur de Loan-Loan[2].

La région de Kelung constitue donc un massif bien distinct dont les eaux aboutissent à un point central qui est le fond de la rade, et dont les hauts sommets atteignent environ 200 mètres, dans un fouillis, à première vue inextricable, de ravins, de crêtes et de précipices couverts d'une végétation exubérante. Au delà sont de hauts sommets, séparés du massif par de profondes vallées ; à l'est, le pic Sam-Tiao et celui de Petao dont on aperçoit de Kelung, par les beaux temps, les sommets arrondis ; au sud, les hautes montagnes inexplorées qui envoient leurs eaux à la rivière de Tamsui ; à l'ouest, la longue arête des pics Taïtun et Chow-Soan.

L'orientation générale de ce chaos montagneux est celle de tout le système : du nord-est au sud-ouest.

Les soulèvements se présentent sous forme de plans inclinés tombant à pic du côté du nord ou de l'ouest. Ils mirent bien souvent à l'épreuve, par leur enchevêtrement, la sagacité des topographes du corps expéditionnaire.

Largement ouverte du côté du nord, la rade de Kelung

1. Docteur Raoul.
2. Croquis n° 3 (Kelung et ses environs).

s'échancre profondément dans les terres. L'île Palm et l'île Bush, accidentées et couvertes de broussailles, la protègent insuffisamment contre la houle du nord-est qui y rend fatigant et précaire le mouillage des bâtiments. La rade peut recevoir une vingtaine de navires. Son fond est médiocre : vase et cailloux. Quant au port proprement dit, encombré par les apports alluviaux, il n'est accessible qu'aux jonques d'un faible tirant d'eau. Au milieu du port, deux îlots, couverts d'une épaisse végétation, l'île du Port et l'île Turton, dérobent en partie la ville aux vues de la rade.

Cinq vallées y aboutissent. La première, qui se termine au pied du Mont-Clément, prend naissance à 3 kilomètres dans le nord-ouest.

Les trois suivantes se réunissent au fond du port en un estuaire commun qu'elles comblent de leurs apports, formant un delta limoneux sur lequel est construite en partie la ville chinoise. Très déclives à leur naissance, ces vallées ne tardent pas à devenir complètement plates, leurs fonds ayant été peu à peu aplanis par les alluvions. La marée, qui s'y fait sentir relativement assez loin, permet aux légères embarcations de les remonter.

Enfin, vers l'est, de l'autre côté de la rade, symétrique de celle du Mont-Clément, une dernière vallée prend naissance près du littoral nord, pour aboutir au fort Neuf.

Le ruisseau qui en forme le thalweg n'est navigable en aucune partie de son cours.

Toutes ces vallées sont couvertes de rizières que parsèment des bosquets de bambous et d'aréquiers. Des champs de thé et de patates en garnissent les versants, le reste est tapissé d'une folle végétation.

Kelung s'échelonne le long de la rade en plusieurs quartiers. Au nord, les établissements européens s'alignent le long de la plage, adossés aux derniers escarpements des lignes Ber[1]. A l'exception des deux élégants pavillons de la douane, ce sont des constructions sans caractère, entrepôt de maisons de commerce anglaises ou allemandes d'Amoy ou de Hong Kong. Plus au sud, le faubourg chinois de Soo-Wan est relié à la citadelle et à la ville chinoise par une étroite chaussée en pierres bordant la plage. Un cimetière indigène aligne le long de cette chaussée ses tombes en ciment, enfin un porche, précédé de quelques marches, donne accès dans le Yamen ou citadelle. Son enceinte est une

---

1. Croquis nº 4 (Plan de Kelung) et nº 5 (Panorama de Kelung).

LA RÉGION DE KELUNG. — LA VALLÉE DE TAMSUI

Vue prise du fort Bertin en mai 1885.

D'après une photographie exécutée et communiquée par M. le capitaine de frégate Goëtz.

muraille en gros grès, irrégulière de tracé et de profil. Une quinzaine de baraques en bois et en torchis, recouvertes en tuiles, y servent, en temps normal, de casernement à la garnison. Elles entourent le logement du gouverneur. Sur la face sud, une porte en bois donne accès dans la ville. Elle est séparée par la rivière que traverse un pont en pierre, encore inachevé lors de l'expédition.

Grosse bourgade de 10.000 habitants, Kelung, serrée entre la rade et la montagne, n'est, comme toutes les villes chinoises, qu'un entassement de maisons en bois, en briques ou en torchis. Leurs étroites façades aux devantures ouvragées, aux peintures multicolores, se pressent le long de ruelles obscures, aux larges dalles de granit. Leurs étages supérieurs surplombent, dépassant l'alignement des rez-de-chaussée, se touchant même en certains endroits et faisant ainsi obstacle au renouvellement de l'air[1]. Des ponts en bois relient les différents quartiers construits dans les îlots de l'estuaire.

Aux abords de la ville, quelques pagodes isolées qu'entourent des arbres séculaires font une heureuse diversion à la saleté repoussante des rues chinoises. La ville possède une pagode, assez remarquable, située sur la face nord vis-à-vis la rade. De chaque côté de l'entrée sont deux énormes dragons en granit assez curieux. A quelques pas, dorment dans la vase séculaire de vieilles caronades en bronze finement ciselées et portant des inscriptions du règne de Charles-Quint.

A l'exception du groupe important de Loan-Loan ou Wang-Wang, les habitations des environs de Kelung s'égrènent au pied des collines, dans les bosquets de bambous, de bananiers et d'aréquiers. La plupart des cases, assez proprement tenues, se composent d'une charpente en bambou recouverte de paille de riz. Quelques piliers, empruntés à la forêt voisine et solidement plantés en terre, forment les supports d'angle. Un clayonnage en bambou en est la carcasse. Le tout est solidement relié par des cordelettes et des chevilles de même nature. Un large auvent entoure l'habitation, qu'il garantit à la fois contre les rayons du soleil et contre la pluie. Toutes ces cases, généralement sans fenêtres, sont pourvues de portes mobiles qu'on laisse retomber la nuit. Le sol en est recouvert d'un béton de chaux et de sable.

Enclos d'une haie vive en bambou, les abords de l'habitation

1. Docteur Raoul.

sont à la fois verger et potager ; on y trouve le bananier, l'aréquier, l'oranger et le citronnier, le letchi et le manguier, la patate douce et le taro qui pousse dans les mares.

Il n'existe, aux environs de Kelung, aucune route digne de ce nom mais seulement des sentiers étroits, en partie dallés et franchissant, par des escaliers, parfois de plusieurs centaines de marches, collines et ravins.

L'usage des lacets est inutile, les voitures étant inconnues dans le pays et les transports étant presque toujours exécutés à dos d'homme.

Trois routes de piétons établies dans ces conditions mettent Kelung en relation avec les environs, à l'est avec le Port-Coal ou Petao, à l'ouest avec la région de Masou, au sud avec la vallée de Tamsui. D'autres sentiers, plus ou moins escarpés, coupent deci et delà le massif montagneux, mais n'ont généralement aucun caractère permanent et ne sont l'objet d'aucun entretien. Les pluies d'hiver les rendent impraticables en en détrempant le sol argileux.

Kelung doit son importance à la proximité de gisements houillers dont elle est, avec Port-Coal, situé à quelques kilomètres dans l'est, le port d'embarquement.

Ces gisements sont situés à une lieue dans l'est de la ville, à 2 kilomètres environ au sud des villages de Gia-Kow et de Petao, dans le massif montagneux qui limite de ce côté le bassin de Kelung.

L'énorme soulèvement de la Table est presqu'en entier carbonifère. Le charbon y affleure presque le sol ; en certains endroits il suffit de gratter la couche végétale pour le rencontrer.

L'extraction a été jusqu'à présent des plus primitives.

« Les procédés européens ont bien été mis en pratique, mais la faillite prématurée de la Compagnie en a arrêté l'exploitation. Un Européen qui avait dirigé les premiers travaux estimait à 200 ou 300 tonnes la quantité de houille que l'on pourrait extraire journellement de cette fosse, alors qu'aujourd'hui tous les puits de Kelung réussissent à peine, dans les mains des Chinois, à fournir ces 300 tonnes[1]. »

Les exploitants chinois se bornent généralement à ouvrir sur le flanc de la montagne une coupe horizontale dans la direction du lit, et à extraire le combustible en laissant, de place en place, des piliers destinés à empêcher l'effondrement de la galerie.

---

1. Docteur Raoul.

L'extraction est facile, le prix de la main-d'œuvre insignifiant. Les frais de transport au port d'embarquement sont donc, en réalité, les seuls frais d'exploitation. Le charbon est apporté à dos par des coolies jusqu'à la petite rivière de la Vallée des Mines et transbordé par des embarcations légères qui l'amènent aux navires[1]. Les frais sont cependant assez dispendieux pour porter à 30 francs le prix de la tonne rendue à bord.

Ce combustible est généralement de qualité inférieure ; il est trop menu, et donne rapidement une longue flamme qui surmène les appareils de chauffe. Les navires de l'escadre essayèrent de l'utiliser, mais durent y renoncer et ne l'employer que dans certains cas particuliers, par exemple lorsqu'il était nécessaire d'obtenir une vaporisation très rapide. Quoi qu'il en soit, Kelung doit à sa houille son importance commerciale.

L'exportation annuelle en est d'environ 50.000 tonnes consommées en partie par les fabriques de sucre de Menka, Tamsui et Swatow.

---

1. Croquis n° 3 (Kelung et ses environs. Carte générale).

CHAPITRE II

**Premières opérations contre Formose. — Bombardement de Kelung.
L'échec du 6 août. — Négociations avec la Chine.
Formation d'un corps de débarquement.**

Le 26 juin, le gouvernement français, réunissant provisoirement les divisions navales du Tonkin et des mers de Chine, en avait confié le commandement au vice-amiral Courbet, le héros de Thuan-An et de Son-Tay.

Le contre-amiral Lespès, qui commandait la division des mers de Chine, lui avait été adjoint en sous-ordre.

Depuis longtemps, l'amiral Courbet avait jugé qu'une action énergique contre les côtes de Chine était indispensable. Le seul moyen d'en finir avec le Céleste-Empire était, à son avis, une catégorique déclaration de guerre. La nouvelle du guet-apens de Bac-Lé n'était pas de nature à le faire revenir sur cette opinion. Aussi, dès qu'il eut pris possession de son commandement, proposa-t-il au gouvernement une action simultanée contre les côtes de Chine sur plusieurs points différents : Port-Arthur, Tchéfou, Wei-Ha-Wei, dans le Petchili ; Woo-Sung et Fou-Chéou, dans le Fo-Kien, eussent été, au moment convenu, attaqués par des fractions des forces dont il disposait.

« Il comptait, pour réussir, sur la supériorité de ses navires et de ses équipages, et aussi sur le désarroi des Chinois mal préparés, rendus confiants par notre longue inaction, surpris par la rapidité de nos mouvements et l'imprévu de notre attaque[1]. »

Telle n'était pas, à cette époque, l'opinion du gouvernement, soit qu'il redoutât de s'engager à fond avec la Chine, soit qu'il

---

1. Maurice Loir, l'*Escadre de l'amiral Courbet.*

n'eût pas renoncé à tout espoir d'une solution pacifique. Le nord de Formose, c'est-à-dire Kelung et ses charbonnages, avait attiré depuis quelque temps son attention et défrayé les commentaires de toute la presse. Le président du Conseil, M. J. Ferry, considérait ce dernier point comme, *entre tous les gages, le meilleur, le mieux choisi, le plus facile et le moins coûteux à garder*[1].

Ce fut dans cet ordre d'idées que, le 2 août, l'amiral Courbet reçut l'ordre de diriger une action contre Kelung. On devait détruire les défenses de la rade et s'emparer de la ville et des charbonnages que l'on supposait à proximité. Il chargea le contre-amiral Lespès de l'opération.

« Ce dernier se trouvait dans la rivière Min, à bord du *Duguay-Trouin*, quand, vers minuit, un canot à vapeur vint le prendre et le conduisit à bord du *Volta*. Il en revint une heure plus tard et, à six heures, il transporta son pavillon sur le *Lutin*, qui descendit immédiatement la rivière. Bien qu'on eût déjà acquis l'habitude des événements imprévus et des surprises, on ne fut pas sans commenter, sur tous les navires, le départ si précipité du contre-amiral. On eut, tout de suite, le pressentiment que l'affaire de Kelung, dont on parlait à mots couverts, allait entrer dans sa période d'exécution[2]. »

En exécution des ordres qu'il venait de recevoir, le contre-amiral Lespès quitta le mouillage de la rivière Min le 3 août, à bord du *Lutin*. Il se rendit à Matsou. Le *Bayard* s'y trouvait déjà. Ce cuirassé compléta le charbon du *Lutin* et passa sa compagnie de débarquement au *La Galissonnière*, sur lequel se transporta le contre-amiral. Prenant le *Lutin* à la remorque, le *La Galissonnière* appareilla à cinq heures trente de l'après-midi et mouilla en rade de Kelung le lendemain 5, à onze heures du matin. Le croiseur le *Villars* s'y trouvait déjà depuis deux semaines[3].

---

1. Discours à la Chambre du 26 novembre 1884.
2. Maurice Loir.
3. L'amiral Courbet disposait à cette date des forces suivantes :

1° Division navale des côtes du Tonkin. — *Bayard*, cuirassé portant pavillon du vice-amiral Courbet ; *Atalante*, cuirassé ; *Châteaurenault*, croiseur ; *Hamelin*, croiseur ; *Parseval*, aviso ; *Drac*, transport aviso ; *Saône*, transport aviso ; *Lynx*, canonnière ; *Vipère*, canonnière ; *Aspic*, canonnière ; *Hyène*, canonnière ; *Lionne*, canonnière ; torpilleurs 45 et 46 ;

2° Division navale des mers de Chine et du Japon (sous les ordres du contre-amiral Lespès), placée sous l'autorité du vice-amiral Courbet, le 26 juin. — *La Galissonnière*, cuirassé portant pavillon du contre-amiral Lespès ; *Triomphante*, cuirassé ; *Duguay-Trouin*, croiseur ; *D'Estaing*, croiseur ; *Villars*, croiseur ; *Volta*, croiseur ; *Lutin*, canonnière ;

3° Transports présents au Tonkin à cette date. — *Nive*, transport aux

Depuis la visite que le *Volta* avait faite à Kelung en avril, le gouvernement chinois avait eu vent de nos intentions sur Formose. Il avait débarqué dans le nord de l'île de nombreuses troupes et entrepris de grands travaux défensifs en prévision d'un coup de main de la flotte française. Les renforts et le matériel de guerre continuaient à y affluer, transportés par des navires neutres. C'est ainsi que la veille même de l'arrivée sur rade du contre-amiral Lespès, un cargo-boat allemand, le *Wille*, s'était présenté devant Kelung portant un chargement de 19 canons de 17 centimètres et des torpilles. Le commandant du *Villars* fit défense aux autorités chinoises de débarquer ce matériel de guerre. Elles s'exécutèrent, mais le commandant du *Wille* fit des difficultés. Il n'obtempéra qu'à un ordre écrit, alléguant que ni l'état de guerre, ni le blocus n'avaient été déclarés officiellement. Tamsui, d'ailleurs, n'était pas surveillée. « Il alla tranquillement y débarquer son chargement, où canons et torpilles furent utilisés à nos dépens[1]. »

L'amiral Lespès trouvait donc Kelung en état de défense. Trois forts ou plutôt trois batteries basses commandaient l'entrée de la rade. De ces trois ouvrages, le seul sérieux, connu sous le nom de Fort-Neuf, enfilait la grande passe entre l'île Bush et la pointe Image[2]. C'était une batterie rasante, aux épaisses murailles de béton blindées de plaques d'acier de 20 centimètres et percées de cinq embrasures donnant passage à des pièces Krupp de 17 centimètres.

Le *La Galissonnière*, en raison de son fort tirant d'eau, n'ayant pu pénétrer dans le bassin intérieur, force lui fut de chercher son emplacement dans la grande rade. L'amiral embossa audacieusement son cuirassé à 900 mètres du Fort-Neuf, par son travers de tribord. Il comptait sur l'adresse et le sang-froid de ses chefs de pièces pour compenser ce que la situation avait de périlleux. Par bâbord, le *La Galissonnière* avait une batterie de 4 canons lisses de 18 centimètres construite au pied du Mont-Clément, peu inquiétante et que battait le canon de tourelle du cuirassé. Enfin, ce dernier prenait d'enfilade, par l'arrière, une batterie placée à la pointe ouest du port (Fort Lutin) et armée de

---

ordres de l'amiral Courbet; *Tarn*, transport aux ordres du général Millot en août; a été mis ensuite aux ordres de l'amiral Courbet.
Soit : 4 cuirassés, 9 croiseurs, 1 aviso, 6 canonnières et 4 transports.

1. Maurice Loir.
2. Voir croquis n° 4 (Port de Kelung).

3 pièces de 18 centimètres que le *Villars* devait également démonter avec ses pièces de bâbord[1].

Défilé des coups du Fort-Neuf, le *Villars* n'était exposé qu'à ceux d'un fortin construit sur la plage est, à 120 mètres par son travers de tribord. Ce fortin avait 3 canons de 18 centimètres lisses.

Quant au *Lutin*, son faible tirant d'eau lui avait permis de pénétrer au fond de la rade, d'où, défiant tous les coups, il prenait à revers ou d'enfilade les batteries des deux côtés.

Ces dispositions arrêtées, l'amiral Lespès envoya à terre un aide de camp faire au général chinois, commandant la place, sommation d'avoir à livrer ses défenses[2]. En même temps, il avisait de cette sommation les étrangers ainsi que les navires mouillés sur rade.

Le 5 août, au matin, la sommation de la veille était demeurée sans réponse. Le branle-bas de combat fut fait à sept heures trente par tous les navires ; et, à huit heures sonnantes, les pièces françaises ouvrirent un feu aussi violent que précis contre les batteries chinoises qui ripostèrent sur-le-champ, avec la même vivacité. La première décharge du Fort-Neuf avait porté. Trois projectiles sur cinq avaient perforé la cuirasse du *La Galissonnière*, l'un d'eux même avait pénétré en ronflant dans la batterie et éclaté sans toucher personne, mais en faussant la cheville ouvrière d'une pièce de 24 centimètres. Du côté du cuirassé, toute la bordée avait donné des coups d'embrasure, en sorte que, dès la première décharge, la moitié des pièces chinoises étaient démontées[3]. L'amiral fit aussitôt diminuer l'intensité du feu et augmenter encore sa précision. Dès lors, les ravages devinrent effrayants. Par les embrasures éventrées, les projectiles de 24 centimètres broyèrent les affûts, bouleversèrent les abris, écrasèrent les servants, et finalement, à huit heures quarante-cinq, déterminèrent l'explosion d'une poudrière. Il s'ensuivit un violent incendie qui ne tarda pas à se propager au village voisin.

1. Rapport officiel du contre-amiral Lespès.
2. Idem.
3. L'armement du *La Galissonnière* comportait: 2 canons de 24 centimètres en tourelle, 4 canons de 24 centimètres en batterie, 6 canons de 10 centimètres, et 8 canons-revolvers. Equipage: 350 hommes.
Celui du *Villars* était de: 15 canons de 14 centimètres en batterie, 8 canons-revolvers. Equipage: 260 hommes.
Celui du *Lutin* était de: 2 canons de 14 centimètres en barbette, 2 canons de 10 centimètres, et 2 canons-revolvers. Equipage: 78 hommes. (Carnet de l'officier de marine.)

LA POUDRIÈRE DU FORT LA MALISSONNIÈRE APRÈS L'EXPLOSION
D'après une photographie exécutée et communiquée par M. le capitaine de frégate Goëz.

La résistance des autres ouvrages avait été insignifiante. En quelques coups, le *Villars* et le *Lutin* les avaient réduits au silence, en sorte qu'au bout d'une heure, tout défenseur ayant disparu, il ne restait plus qu'à occuper les ouvrages abandonnés.

L'amiral signala d'envoyer à terre les compagnies de débarquement, sous les ordres du capitaine de frégate Martin, second du *La Galissonnière*. Quelques instants après le pavillon français flottait sur les deux forts de l'Est, mais on dut bientôt renoncer à occuper le Fort-Neuf, l'incendie continuant à le dévorer.

A ce moment, revenues de leur stupeur, les troupes chinoises commençaient à couronner les hauteurs est dominant la rade. Il devenait urgent de les en déloger.

Le commandant Martin, laissant dans le fortin est la compagnie du *Villars*, porta sur le point culminant[1] les marins du *Bayard*. Cette opération, appuyée par quelques obus heureux, fut menée avec entrain et, du sommet qu'elle venait de couronner, la compagnie du *Bayard* put assister à la fuite précipitée de 2.000 Réguliers chinois. Leur longue colonne s'écoulait par la route de Tamsui, recevant encore de temps à autre, au passage d'un défilé, les obus du *Villars*[2].

Dans l'après-midi, des escouades de torpilleurs détruisirent au fulmicoton le matériel des forts en sorte que, le 5 au soir, l'anéantissement des défenses de la rade était un fait accompli.

La nuit du 5 au 6 fut mauvaise. Il tomba des torrents d'eau qui ne laissèrent aucune trêve aux compagnies de débarquement, maintenues au bivouac sur les positions conquises. Heureusement, la matinée du 6 débuta par un lever de soleil radieux. Le contre-amiral Lespès se disposa à exécuter la deuxième partie de sa mission : occuper la ville et les charbonnages avoisinants. C'étaient les fameuses mines qui, depuis deux mois, défrayaient les commentaires de toute la presse, et dont la position exacte était à peu près inconnue.

Le 6, à deux heures de l'après-midi, l'amiral envoya son aide de camp, le lieutenant de vaisseau Jacquemier, en reconnaissance avec la compagnie du *Villars*, du côté de la ville chinoise et du Yamen. Cet officier devait, en outre, reconnaître un camp retranché qui dominait la ville de très près[3].

La reconnaissance se trouva bientôt en face d'une troupe nom-

---

1. Plus tard le Point A.
2. Rapport du contre-amiral Lespès.
3. Plus tard les lignes Ber.

breuse devant laquelle, après une vive fusillade, elle fut obligée de se replier.

Au même moment, la compagnie du *Bayard* restée sur les hauteurs se voyait entourée d'un véritable cordon de tirailleurs chinois. L'ennemi, reprenant vigoureusement l'offensive, s'était approché en se dissimulant dans les brousses, et dessinait contre les marins un mouvement enveloppant. Bientôt la fusillade devint générale. Le commandant Martin avait devant lui plus de 2.500 Réguliers. Il disposait tout au plus de 200 fusils. La position devenait intenable, il importait de se dégager au plus vite. Le mouvement rétrograde commença immédiatement, mais aussi lent que possible, en tenant tête à l'ennemi sur tous les points. La compagnie du *Bayard* mit une heure et demie pour parcourir 1.200 mètres et rallier son bord. Elle était restée engagée pendant quatre heures. Nos pertes étaient de deux tués et de onze blessés.

Cette tentative d'occupation, exécutée avec des moyens de débarquement insuffisants, aboutissait, en résumé, à un échec. C'était une cruelle expérience, elle démontrait l'impossibilité où s'était trouvé l'amiral de se conformer à la deuxième partie du programme qui lui avait été imposé.

Pour que l'occupation de Kelung et des mines fût possible le 5 août, il eût fallu, à cette date, un corps de débarquement de 2.000 hommes. La Chine avait mis à profit le temps de nos hésitations. Elle avait accumulé les défenses sur les points menacés, elle y avait jeté des renforts, et un coup de main qui eût été possible en juillet ne l'était déjà plus en août.

L'amiral Lespès n'avait plus rien à faire devant Kelung. Les défenses de la rade étaient anéanties et une occupation, si restreinte qu'elle fût, était irréalisable. Il ne restait plus qu'à reprendre le blocus en attendant la solution à intervenir[1].

En conséquence, le *Lutin* partit pour Sanghaï, afin d'y télégraphier la nouvelle du bombardement, pendant que le *Villars* se rendait à Matsou pour rendre compte à l'amiral du résultat de l'opération. Le *La Galissonnière* resta seul devant Kelung, ouvrant

---

1. « J'estime que nous n'avons plus rien à faire ici pour le moment. Les batteries sont absolument détruites, et il serait fou de songer encore à occuper la ville ou les mines avec les moyens réduits dont nous disposons. Le pays est tellement accidenté et montagneux qu'une occupation réelle nécessiterait beaucoup de monde, et les fourrés sont tellement impénétrables qu'une opération sérieuse me paraît d'ailleurs presque impossible. » (Lettre du contre-amiral Lespès à l'amiral Courbet du 7 août 1884.)

une longue période de blocus qui ne devait avoir son dénouement que deux mois plus tard, le 2 octobre.

L'attention, un moment attirée sur Kelung par les journées des 5 et 6 août, devait en être distraite pendant quelque temps. L'escadre française, audacieusement mouillée dans la rivière Min, sous le canon des ouvrages chinois, était devenue l'objet de toutes les préoccupations.

Le gouvernement français avait espéré que le bombardement de Kelung amènerait la Chine à composition. Ce coup de main n'eut, au contraire, aucun résultat pratique. Il n'influa en aucune façon sur le Tsong-li-Yamen, qui, prenant les devants, dans une note du 12 août, exprima à M. Patenôtre *son étonnement de la saisie du port de Kelung, et déclara que rien ne l'avait préparé à une surprise de ce genre.* C'était un coup d'épée dans l'eau. La question, que l'ultimatum du 1er août semblait devoir trancher, n'avait pas fait un pas. Bien au contraire, le gouvernement avait trouvé dans Kelung un embarras de plus, car il ne pouvait renoncer à l'occuper sans avouer son insuccès. Abandonner complètement ce point après un premier échec eût été considéré comme un signe d'hésitation ou un aveu d'impuissance qu'il importait d'éviter. Les négociations continuèrent, le gouvernement français menaçant, la Chine donnant l'assurance de la meilleure volonté sans que rien de précis ou de formel en fût le résultat.

Il n'entre pas dans le cadre de ce travail d'étudier les négociations qui suivirent le bombardement de Kelung et qui aboutirent à la destruction de l'arsenal de Fou-Chéou.

Le 16 août, le cabinet Ferry obtenait des Chambres les crédits nécessaires à la reprise des hostilités. Par son ordre du jour, la Chambre des Députés se déclarait confiante dans la fermeté du gouvernement à faire respecter le traité de Tien-Tsin.

Fort de ce vote, le ministre envoya, le 22, à l'amiral Courbet l'ordre d'attaquer la flotte chinoise et de détruire l'arsenal de Fou-Chéou, ainsi que les ouvrages de la rivière Min.

Les opérations commencèrent, le 23, par le bombardement de l'arsenal et la destruction de la flotte chinoise. Le 29, l'escadre débouchait de la rivière Min après en avoir détruit les défenses, et l'amiral adressait à ses navires l'ordre du jour suivant :

« Officiers, officiers mariniers, sous-officiers et marins!

« Vous venez d'accomplir un fait d'armes dont la marine a le droit d'être fière. Bâtiments de guerre chinois, jonques de guerre, canots porte-torpilles, brûlots, tout ce qui semblait vous menacer au mouillage de la Pagode, a disparu; vous avez bombardé l'arsenal; vous avez détruit toutes les batteries de la rivière Min. Votre bravoure, votre énergie n'ont rencontré nulle part d'obstacle insurmontable. La France entière admire vos exploits; sa reconnaissance et sa confiance vous sont acquises. Comptez avec elle sur de nouveaux succès[1]. »

Le même jour, les deux divisions des mers de Chine et du Tonkin, réunies définitivement sous les ordres du vice-amiral Courbet, prenaient le nom d'escadre de l'Extrême-Orient qu'elles ne devaient pas tarder à illustrer.

Si les hostilités étaient rouvertes, le point où de nouveaux coups devaient être frappés semblait encore indéterminé. Le gouvernement persistait à voir dans l'occupation du nord de Formose le gage nécessaire; le vice-amiral Courbet était au contraire opposé à toute action à terre de ce côté. D'après lui, pour avoir raison de la Chine, il fallait la frapper dans le Petchili, près de sa capitale.

L'hésitation dura presque tout le mois de septembre. Ce fut une période d'inaction pendant laquelle la majeure partie des navires de l'escadre demeurèrent au mouillage de Matsou, se relayant seulement de temps à autre pour entretenir le blocus de Kelung ou pour porter un télégramme à Pic-Aigu[2]. D'ailleurs, quel que fût le parti auquel s'arrêtât le gouvernement, il était indispensable de donner à l'amiral un corps de débarquement et il fallait le temps de le constituer[3].

Le 2 septembre, l'amiral, désirant se rendre compte par lui-même de l'état de Kelung, arrivait en rade à bord de la *Triomphante*. Il y trouva le *Bayard* et le *Lutin*.

« Ces deux navires ignoraient encore le résultat des affaires de Fou-Chéou et, malgré une confiance bien justifiée dans la vaillance et le bonheur du commandant en chef, ils étaient pourtant anxieux. Leurs appréhensions se dissipèrent lorsqu'ils reconnurent au loin la *Triomphante* portant à son mât de misaine le pavillon désormais illustré de l'amiral. Le *Bayard* fit monter

---

1. Lire dans l'*Escadre de l'Amiral Courbet*, par Maurice Loir, le récit émouvant des opérations de la rivière Min.
2. En anglais : Sharp-Peak.
3. Paris, 18 août Ministre à amiral Courbet : « Le général Millot et le gouverneur de la Cochinchine ont reçu l'ordre de vous préparer chacun un bataillon et demi d'infanterie de marine. Le tout forme 1.800 hommes. »

UNE EMBRASURE DU FORT LA GUÉRONNIÈRE APRÈS LE BOMBARDEMENT

D'après une photographie exécutée et communiquée par M. le capitaine de frégate Goëz.

l'équipage dans les haubans, des hurrahs d'enthousiasme retentirent, tandis que la musique jouait la *Marseillaise*. Avant de quitter la *Triomphante*, l'amiral en réunit l'équipage, et, dans une de ces allocutions dont il avait le secret, il fit passer dans l'âme de ces braves gens un peu de la flamme ardente qui dévorait la sienne. Puis, il regagna son *Bayard*, dont il ne tarda pas à repartir pour faire en baleinière le tour de la rade. La ville était calme. Les défenses détruites le 5 août n'avaient pas été relevées et la voix publique les avait déjà dénommées : forts La Galissonnière, Villars et Lutin. Leurs abords ainsi que la plage étaient presque déserts et totalement abandonnés par les troupes dont la présence ne se décelait que sur les hauteurs, par une ligne continue de retranchements en terre fraîchement remuée. Les Chinois travaillaient sans relâche à ces travaux dans lesquels ils sont passés maîtres ; ils en faisaient de tous côtés avec une rapidité surprenante[1]. »

L'impression que l'amiral Courbet rapporta de sa visite à Kelung fut absolument défavorable à toute idée d'occupation. Aussitôt arrivé à Matsou il adressait à Paris la dépêche suivante :

« Matsou, 4 septembre.

« Je reviens de Kelung. Les Chinois ont fait autour de grands travaux de protection contre un débarquement. Leurs troupes sont nombreuses. Impossible de songer à rien tenter avant l'arrivée du régiment[2], et, alors même, une expédition sera très difficile, car le terrain est très montagneux et très boisé. La possession de Kelung peut être utile à cause de sa houille, mais ce sera toujours une base d'opérations médiocre : car le mouillage des grands bâtiments est peu étendu et la houle constante, qui grossira encore avec la mousson nord-est. De plus, ce point est, comme Fou-Chéou, éloigné de Pékin et tout ce que nous y ferons influera peu sur ses décisions. Si le gouvernement a l'intention de prendre Formose, la rade des Pescadores serait une meilleure base d'opérations, mais pour la conquête de l'île entière il faudrait trois fois autant de troupes. Si le gouvernement n'a pas cette intention, il serait préférable d'opérer de suite dans le nord. Nous prendrions Tché-Fou comme base d'opérations, nous y débarquerions et installerions les troupes qui arriveraient ensuite pour occuper Wei-Ha-Wei et Port-Arthur. »

1. Maurice Loir, *l'Escadre de l'amiral Courbet*.
2. Il s'agit du régiment de marche d'infanterie de marine qui devait former l'élément principal du corps de débarquement.

Le 6, l'amiral renouvelait au gouvernement sa proposition d'agir immédiatement dans le nord ; mais reconnaissant en même temps la nécessité de ne pas abandonner Kelung, où nous étions restés sur un insuccès, il proposait d'en continuer le blocus et de détruire les défenses de Tamsui[1].

Enfin, le 13 du même mois, il précisait de nouveau son plan d'opérations :

« Matsou, 13 septembre.

« Mes projets sont de partir pour Tché-Fou avec les forces disponibles. Aussitôt compléments munitions et troupes arrivés, établir à Tché-Fou centre opérations et ravitaillement. De Tché-Fou courir sur marine chinoise, attaquer Weï-Ha-Weï et le Port-Arthur par mer, les occuper si possible avec troupes disponibles. Si pas possible, nous établir sur les meilleurs points des îles Miao-Tao pour faire le blocus du Petchili. Je ne suppose pas que le départ d'ici puisse avoir lieu avant le 26, arriver à Tché-Fou avant le 29, par conséquent, que les opérations commencent avant les derniers jours de septembre. »

Tout en reconnaissant l'efficacité d'une telle opération, le gouvernement signala de nouveau à l'amiral la nécessité absolue qui, à son avis, s'imposait d'avoir un gage entre les mains en vue de la reprise des négociations : *L'occupation de Port-Arthur, qui ne pouvait être que temporaire, ne saurait constituer un gage ; et un rembarquement ultérieur des troupes sur ce point risquerait d'avoir aux yeux des Chinois l'apparence d'une retraite : il faudrait, dans tous les cas, revenir à Kelung.* Ce point fut donc, de nouveau, indiqué à l'amiral comme étant *le seul que nous puissions occuper d'une façon durable avec 2.000 hommes et qui fût susceptible de devenir, dans la suite, matière à transaction avec la Chine*[2].

Entre temps, le corps de débarquement promis à l'amiral commençait à se former au moyen d'éléments empruntés au Tonkin et à la Cochinchine. Il comprenait trois bataillons d'infanterie et deux batteries, dont une de 12 se chargeant par la bouche.

L'amiral jugeait ce dernier matériel lourd et encombrant, en un mot ne répondant pas au caractère des opérations dans les-

---

1. Amiral Courbet à marine. Matson, 6 septembre : « Si le gouvernement approuve action immédiate dans le nord, je compte, avant, détruire fortifications de Tamsui et laisser deux bâtiments pour bloquer Kelung. »
2. Télégramme du Ministre de la marine à l'amiral Courbet du 17 septembre 1884.

quelles il devait être employé. Il eût préféré une batterie de 80 millimètres de montagne, mais, soit que ce matériel fît défaut en Cochinchine, soit qu'il fût indispensable au Tonkin, il n'avait pu être donné suite à sa demande[1]. La batterie de 12 fut donc envoyée à Formose, où elle fut utilisée comme artillerie de position, pour l'armement des forts de Kelung ; mais, faute d'avoir reçu en temps utile les pièces de 80 millimètres demandées, le corps expéditionnaire dut, presque jusqu'à la fin de l'expédition, se contenter d'un matériel insuffisant.

Le moment d'agir approchait, déjà le contingent de la Cochinchine concentré à Saïgon attendait le transport qui devait l'enlever. L'amiral ne pouvait se résoudre à occuper Kelung. Il insista une dernière fois, le 17 septembre, auprès du gouvernement[2].

Cette divergence d'opinions entre le gouvernement et l'amiral est intéressante à noter. Elle montre jusqu'à l'évidence que ce dernier n'opéra à Kelung que contre son gré, convaincu qu'il était des immenses difficultés de toute nature que nous devions y rencontrer. Lorsque le gouvernement se sera décidé à reconnaître son erreur, il sera trop tard, l'occupation sera un fait accompli et une évacuation dans ces conditions sera devenue la pire des résolutions à laquelle on pût s'arrêter et, bon gré, malgré, il faudra aller jusqu'au bout.

La question en effet était des plus graves. Renoncer complètement à Kelung où nous étions restés sur un insuccès était une marque de faiblesse bien propre à rehausser les prétentions du gouvernement chinois ; opérer contre les ports du Petchili, fin septembre, à l'approche de l'hiver et des glaces, était une affaire grosse de conséquences. Elle eût pu nous entraîner avec la Chine dans une guerre continentale qui eût exigé l'envoi de

---

1. Matsou, 14 septembre : « Le général Brière de l'Isle me prévient qu'il m'expédie la batterie de 12 plus 2 canons de 80 millimètres de montagne. Ce que je désire, c'est la batterie de 80 millimètres et non la batterie de 12. »

2. Matsou, 17 septembre. Amiral Courbet à Ministre marine: « Il n'entre pas dans mes projets de ramener les troupes à Kelung pour occuper ce point. Je compte en disposer pour occuper Tché-Fou comme base d'opérations. Kelung est un mouillage médiocre, houille médiocre, la Chine est largement approvisionnée et pourra l'être, comme nous, par les neutres. Je doute que la possession de Kelung ait une grande influence sur les décisions de la Chine et permette la reprise des négociations. La Chine est décidée à faire la guerre. Attendez-vous à ce que cela dure longtemps si vous n'envoyez pas les troupes nécessaires pour obtenir un résultat immédiat et concluant dans e nord. »

forces considérables. D'ailleurs le gouvernement ne voulait la guerre à aucun prix, il continuait à négocier, il voulait des gages, et comme tel, Formose semblait évidemment le plus facile à saisir.

En conséquence, par télégramme du 18 septembre, le gouvernement répondit à l'amiral en lui enjoignant de commencer par l'occupation de Kelung ; après quoi il pourrait opérer dans le Nord avec ses bâtiments. L'objectif désigné était donc le nord de Formose [1]. Les ordres étaient formels.

L'amiral décida, en conséquence, qu'il ferait attaquer Tamsui par une partie de l'escadre pendant qu'il dirigerait en personne l'occupation de Kelung par les troupes de débarquement.

La composition du corps de débarquement était la suivante : un régiment de marche d'infanterie de marine à 3 bataillons (1.800 hommes) ; une batterie d'artillerie de marine (23e) à 6 pièces de 4 de montagne ; deux sections de canons-revolvers servis par les marins [2] ; une section du 12e régiment d'artillerie (armée de terre) : deux pièces de 80 millimètres de montagne [3].

Le lieutenant-colonel Bertaux-Levillain, de l'infanterie de marine, avait le commandement supérieur des troupes.

Le 17 septembre, six compagnies des 3e et 2e régiments d'infanterie de marine avec les commandants Ber et Lange ; la 23e batterie (capitaine de Champglen) [4], quelques ouvriers et 12 gendarmes assurant le service de la prévôté, étaient embarqués à bord de la *Nive* en rade de Saïgon. Le lieutenant-colonel Bertaux-Levillain, qui appartenait à l'état-major de la Cochinchine, les accompagnait.

Presque en même temps, le *Drac* et le *Tarn* prenaient en baie

---

1. Paris, 18 septembre, Ministre de la marine à amiral Courbet : « Reçu votre télégramme du 17. Commencez par occupation Kelung, que le gouvernement tient beaucoup à posséder, après quoi nous opérerons dans le Nord avec vos bâtiments. »

2. Ce détachement était placé sous les ordres du lieutenant de vaisseau Barry.

3. Commandée par le lieutenant Naud, mort dans la suite à Kelung, du choléra.

4. Composition du personnel d'artillerie de la marine mis à la disposition du vice-amiral Courbet par le gouverneur de la Cochinchine :

23e batterie : MM. Rouault de Champglen, capitaine commandant ; Allion lieutenant ; Clotes, sous-lieutenant ; 1 adjudant ; 1 maréchal des logis chef ; 5 maréchaux des logis ou fourrier ; 2 trompettes ; 60 brigadiers ou canonniers.

Détachement du génie : M. Luce, capitaine en 2e d'artillerie ; 1 sous-officier ; 2 ouvriers en bois ; 2 ouvriers en fer, comptant dans l'effectif de la batterie.

d'Along le reste des troupes, c'est-à-dire six compagnies du 2ᵉ d'infanterie de marine et le commandant Lacroix ainsi que la section de la 11ᵉ batterie du 12ᵉ régiment d'artillerie à l'effectif de 20 hommes[1].

Ils emportaient, en outre, 200 coolies qui étaient les seuls moyens de transport du corps de débarquement, et la batterie de

---

[1]. Le 1ᵉʳ bataillon du régiment de marche (3ᵉ régiment de marine, commandant Ber) avait été tiré des garnisons de Cochinchine. Le 2ᵉ bataillon (2ᵉ régiment de marine, commandant Lacroix) était l'ancien 2ᵉ bataillon *bis* du Tonkin, le 3ᵉ bataillon (2ᵉ régiment de marine, commandant Lange) était formé avec les 26ᵉ et 27ᵉ compagnies provenant du Tonkin, et les 25ᵉ et 30ᵉ provenant de Saïgon. Les 21ᵉ, 22ᵉ, 23ᵉ et 24ᵉ compagnies du 2ᵉ régiment (bataillon Lacroix) prirent passage à bord du *Tarn*. Les 26ᵉ et 27ᵉ compagnies du 2ᵉ régiment (bataillon Lange) prirent passage à bord du *Drac*. La *Nive* emporta les troupes de Cochinchine.

(Extrait de l'historique du 2ᵉ régiment d'infanterie de la marine.)

Voici quelle était à cette même date la composition des cadres du régiment de marche d'infanterie de la marine mis à la disposition de l'amiral Courbet et qui prit dans la suite la dénomination de 1ᵉʳ régiment de marche de Formose.

Composition des cadres à la date du 1ᵉʳ octobre 1884 :

État-Major du Régiment.

MM. BERTAUX-LEVILLAIN, lieutenant-colonel, commandant le régiment, venu de Saïgon.
 LEMAITRE, lieutenant officier payeur des unités administratives du 2ᵉ d'infanterie de marine.
 ZAPH, id., des unités adm. du 3ᵉ d'inf. de mar., décédé à Kelung, du choléra, en nov. 1884.
 COUSYN, médecin aide-major.
 AUBRY, médecin aide-major, venu de Saïgon.

1ᵉʳ Bataillon (*du 3ᵉ d'infanterie de marine, venu de Cochinchine*).

Etat-Major...... MM. BER, chef de bataillon.
 CLÉMENT, capitaine-adjudant-major.
23ᵉ Compagnie... MM. CASSE, capitaine.
 MAYEUR, lieutenant.
 SARDA, sous-lieutenant.
 PICHARD, sous-lieutenant.
26ᵉ Compagnie... MM. MARTY, capitaine, décédé à Kelung, en novembre 1884, remplacé par
 GARDIOL, lieutenant. [Jacomel de Cauvigny.
 COLLINET, sous-lieutenant.
 SAGOLS, sous-lieutenant.
27ᵉ Compagnie... MM. CARRÉ, capitaine, tué à l'ennemi le 26 janvier 1885, remplacé par Lançard.
 BRASSEUR, lieutenant.
 TÉTARD, sous-lieutenant.
 COLLEIN, sous-lieutenant.
28ᵉ Compagnie... MM. MELSE, capitaine.
 CORTIAL, lieutenant.
 MARÉCHAL, sous-lieutenant.
 TEYSSANDIER-LAUBARÈDE, sous-lieutenant.
 TOTAL : 19 officiers, 600 hommes de troupe.

2ᵉ Bataillon (*du 2ᵉ d'infanterie de marine, venu du Tonkin*).

Etat-Major...... MM. LACROIX, chef de bat., rentré en France en mars, remp. par comm. Chapelet.
 GUYONNET, capitaine-adjudant-major.
21ᵉ Compagnie... MM. BAUCHE, capitaine, évacué sur Saïgon en déc. 1884, remplacé par Schœffer.
 PANSIER, lieutenant, rentré en France le 4 février, remplacé par Famin.
 ANSART, sous-lieutenant.
22ᵉ Compagnie... MM. THIRION, capitaine.
 GAUROY, lieutenant.
 LIGIER, lieutenant, blessé le 5 mars, remplacé par Ozoux.
23ᵉ Compagnie... MM. LEVERGER, capitaine, rentré en Cochinchine 1ᵉʳ fév. 1885, remp. pʳ Herrewyn
 CORMIER, lieutenant.
 PERRIN, lieutenant.

12 dont ne voulait pas l'amiral. Le personnel des deux sections de canons-revolvers devait être constitué en temps utile par l'escadre.

Toutes les troupes avaient la tenue coloniale, vareuse et pantalon de molleton bleu foncé si pratiques aux pays chauds, et le casque de liège muni d'une coiffe en toile noire destinée à dissimuler les couleurs éclatantes dont on avait, à maintes reprises, constaté l'inconvénient au Tonkin.

L'effectif total des troupes était de 2.250 hommes.

24ᵉ Compagnie... MM. Onffroy de la Rozière, capitaine, rentré en France en mars, remplacé par Désaleux, lieutenant.   [Désaleux, nommé capitaine.
Lemoel, sous-lieutenant.
Legros, sous-lieutenant, a rejoint le bataillon à Matsou.
Total : 15 officiers, 600 hommes de troupe.

3ᵉ Bataillon (*du 2ᵉ d'infanterie de marine, venu de Cochinchine et du Tonkin*).
Etat-Major...... MM. Lange, chef de bataillon, venu de Saïgon.
Gaultier, capitaine-adjudant-major, venu de Saïgon.
25ᵉ Compagnie... MM. Amouroux, capitaine, rentré en France en mars 1885, remplacé par Logos.
(venue de Saïgon) Thiérion, lieutenant.
Grimal, sous-lieutenant.
26ᵉ Compagnie... MM. Bertin, capitaine, rentré en France en mars 1885, remplacé par Harlay.
Brion, lieutenant.
Buat, sous-lieutenant.
27ᵉ Compagnie... MM. Cramoisy, capitaine.
Du Saussois du Jonc, lieutenant, détaché auprès du lieutenant-colonel,
Bergelot, lieutenant.   [commandant le régiment.
Gachet, sous-lieutenant, a rejoint le bataillon à Matsou.
30ᵉ Compagnie... MM. Le Boulaire, capitaine, rentré en France en mars 1885, remplacé par
(venue de Saïgon) Ruillier, lieutenant.   [Vaillance.
Fraysse, lieutenant.
Total : 15 officiers, 600 hommes de troupe.

Ensemble du régiment : 53 officiers, 1.800 hommes de troupe.

CHAPITRE III

Reprise des opérations contre le Nord de Formose. — Occupation de Kelung (1er octobre). — L'échec de Tamsui (6 octobre).

Le rendez-vous général avait été fixé par l'amiral en rade de Matsou. Toutes les troupes s'y trouvant réunies, le 29 septembre, à quatre heures du soir, la *Nive*, le *Tarn*, le *Drac*, le *Bayard* et le *Lutin*, les trois premiers portant les troupes, appareillèrent au signal de l'amiral[1].

Le lendemain, à la même heure, le *La Galissonnière*, la *Triomphante* et le *D'Estaing* partirent pour Tamsui.

La traversée du canal de Formose ne demande que quelques heures. Le 30, les troupes du corps expéditionnaire, qui venaient de quitter les tristes et stériles côtes du continent asiatique, s'éveillèrent en admiration devant les hautes falaises de Kelung. Des montagnes escarpées recouvertes d'une végétation tropicale fermaient la rade; terre étrange et mystérieuse sur laquelle devait s'épuiser, pendant de longs mois, tant d'efforts stériles, tant de vaillance et d'abnégation, et qui devait être le tombeau de tant de braves !

A neuf heures du matin, l'amiral mouillait sur rade. Il trouva au rendez-vous la *Saône*, le *Châteaurenault* et le *Duguay-Trouin*, le *Parseval* et l'*Aspic*.

Le reste de la journée fut employé à une reconnaissance générale des positions, ainsi qu'à la détermination du point d'attaque et au choix du point de débarquement.

---

1. Foo-Chow, 30 septembre, onze heures matin. Amiral Courbet à marine.
« Matsou, 29 septembre :
« Je pars aujourd'hui pour Kelung. Je me tiendrai en communication avec Pic-Aigu tous les deux jours autant que possible. »

Depuis la reconnaissance que l'amiral avait effectuée le 2 septembre, les Chinois s'étaient contentés de mettre la dernière main aux moyens de défense qu'ils avaient accumulés sur les hauteurs dominant la ville et le fond de la rade. Les crêtes de l'est, du sud et de l'ouest apparaissaient couvertes d'une ligne presque ininterrompue d'épaulements en gazon sur lesquels flottaient les innombrables et multicolores étendards des Réguliers. De distance en distance, par le vide d'une embrasure tranchant nettement sur le bleu du ciel, on distinguait quelques pièces de montagne.

On distinguait facilement trois groupes d'ouvrages[1]. Ceux de l'Est, connus depuis sous le nom de lignes Ber, couronnaient les hauteurs qui dominent immédiatement la ville européenne. Ils se composaient d'un épaulement en gazon qui, partant de la cote 102, à l'est du point A, passait par ce dernier point pour se terminer par une pente assez douce à la cote 65, immédiatement au-dessus et à l'est du Yamen. Son tracé, à peu près ininterrompu, suivait exactement la ligne des crêtes.

Son profil avait une épaisseur inégale de 2 à 3 mètres et une hauteur de 1 à 2 mètres. Deux camps retranchés : le premier derrière le point A, l'autre placé assez maladroitement derrière un col, à une centaine de mètres de la cote 65, servaient de réduit en même temps que de casernement aux défenseurs, qui y avaient construit des cabanes en paillottes.

Les ouvrages du sud consistaient en une ligne continue de même épaisseur et de même relief[2]. Ils garnissaient les hauteurs dominant immédiatement, au sud, la ville chinoise. Ils étaient destinés, dans la pensée des ingénieurs chinois, à nous fermer la route de Tamsui. Un petit camp retranché, construit assez peu judicieusement au pied de la cote 155 (Nid-d'Aigle) et devenu depuis fameux sous le nom de fort Tamsui, en était, à droite, le point d'appui. La ligne, se prolongeant vers le nord-ouest, coupait la route de Tamsui à la cote 97, passait au pied de deux vieilles tours pour aboutir, en suivant capricieusement les crêtes 125, 140 et 148, au sommet 133, sur lequel un ouvrage fermé, depuis le fort Thirion, tenait la gauche[3].

Enfin les ouvrages de l'ouest consistaient : 1° en un fort fermé

---

1. Croquis n° 4 (Plan de Kelung) et croquis n° 5 (Panorama de la rade et du port).
2. Croquis n° 3 (Environs de Kelung) et n° 8 (le secteur Sud).
3. Croquis n° 3 (Environs de Kelung) et n° 7 (les lignes de l'Ouest).

LE MONT-CLÉMENT, LA RADE ET LE PORT DE KELUNG
Vue prise du Nid-d'Aigle.
D'après une photographie exécutée et communiquée par M. le capitaine de frégate Goëz.

élevé à la cote 132. Un épaulement en gazon le reliait à un camp retranché barrant l'accès d'un petit col, à l'ouest et en contre-bas du fort ;

2° En un camp retranché percé de créneaux (derrière un col au nord-ouest et en contre-bas du Mont-Clément) battant la rade. Les Chinois, en l'installant sur ce point, avaient simplement oublié qu'il suffirait à l'assaillant d'occuper le Mont-Clément pour déterminer l'évacuation immédiate de l'ouvrage[1].

Une vallée profonde sépare le Mont-Clément du fort Central, la rade et le port, qu'il domine de son fort relief, l'isolent des hauteurs du sud et de l'est. L'amiral le choisit comme l'objectif du premier jour. Le camp retranché du col de droite, le chemin qui y conduit, les collines qui le séparent de la mer devaient facilement être battus par l'artillerie des navires sur rade. A proximité, se trouvait un point de débarquement abrité de la mer non moins que des feux de l'ouvrage. Enfin, les contreforts de la montagne étaient disposés de façon à offrir aux assaillants plusieurs échelons couverts[2].

Du Mont-Clément, enfin, à en juger par les altitudes, on devait, beaucoup plus facilement que du large, apprécier la nature et l'importance des travaux de défense et même en dominer plusieurs.

Toutes ces raisons décidèrent l'amiral.

Le *Bayard*, le *Duguay-Trouin*, le *Châteaurenault* et le *Lutin* furent mouillés de façon à battre le camp retranché du col et l'ouvrage de l'ouest (fort Central). Les autres bâtiments étaient en bonne position pour riposter, le cas échéant, à l'artillerie des ouvrages de l'est.

Le débarquement fut fixé au lendemain 1er octobre.

Le même jour, les bâtiments ouvrirent le feu avec leur précision habituelle. Le débarquement des troupes commença sans tarder par le bataillon Ber, qui accosta la plage à l'est du Mont-Clément, au sud du fortin détruit le 5 août et que l'ennemi avait abandonné depuis cette époque.

La 26e compagnie du 3e régiment (capitaine Marty)[3] se mit

---

1. Croquis n° 4.
2. Rapport de l'amiral Courbet du 18 octobre 1884.
3. Le capitaine Marty mourut à Kelung du choléra quelques semaines après. Il fut un de ceux dont la sépulture fut violée par les rôdeurs chinois. Sa tête, séparée du tronc, fut emportée par les profanateurs dans le but de gagner la prime offerte par le gouvernement chinois.

immédiatement en mesure de gagner le Mont-Clément pour y prendre à revers le col et le camp retranché de l'ennemi. En même temps, la 25ᵉ compagnie (capitaine Casse) et la 27ᵉ (capitaine Carré)[1] prenaient position à mi-pente et engageaient le feu à 150 mètres, bientôt renforcées par la 28ᵉ compagnie (capitaine Melve).

L'ennemi, fusillé du haut du Mont-Clément par la compagnie Marty, ne tarda pas à abandonner précipitamment les défenses du col. A neuf heures du matin, la déroute était complète et la journée était à nous. Les Chinois, s'enfuyant à travers la vallée dans la direction du fort Central, furent poursuivis et décimés par nos feux de salve. Leurs pertes étaient de plus de 400 hommes. Nous avions, de notre côté, cinq tués et douze blessés[2].

Les bataillons Lacroix et Lange, débarqués vers onze heures, allèrent occuper le fortin évacué par l'ennemi, et les troupes s'installèrent, pour y passer la nuit, sur les hauteurs du Mont-Clément. L'artillerie (23ᵉ batterie) n'arriva en position que vers quatre heures. L'escarpement du terrain et le manque de chemins praticables l'avaient forcée à employer près de quatre heures pour avancer de quelques centaines de mètres.

Pendant la nuit, les Chinois évacuèrent leur deuxième ligne de défense, c'est-à-dire l'ouvrage qui prit dans la suite le nom de fort Central.

Cette position fut occupée dans la journée du 2 octobre sans coup férir, mais non sans de grandes difficultés dues au manque de chemins, aux nombreux accidents du terrain et surtout à une chaleur excessive.

Les crêtes de l'ouest étant toutes occupées par l'infanterie de marine, l'amiral désigna, pour occuper les ouvrages de l'est, les compagnies de débarquement.

L'opération fut exécutée dans la matinée du 4 octobre sous la direction du lieutenant de vaisseau Gourdon et sans résistance. L'ennemi avait profité de la nuit précédente pour se retirer dans

---

1. Tué depuis à l'ennemi, le 26 janvier 1885.
2. Tués ou blessés des 1ᵉʳ et 2 octobre 1884, 3ᵉ régiment d'infanterie de marine : Vermare, Reniac, Nurdin, Abadie, Laurencine, tués ; Martini, Pichot caporal fourrier, Chevalier, Aubain, Gallan, Contosse, Laffargue, Roret caporal, Théas, Getten, Dagonas, Lambert, blessés (*Journal officiel*).
Les tués furent ensevelis au pied du Mont-Clément à côté du fort chinois de la plage.

la direction de Tamsui. Quant aux ouvrages du sud, l'infanterie de marine en avait, de son côté, pris possession sans difficulté.

Kelung et ses abords immédiats étaient en notre pouvoir. L'amiral fit commencer, séance tenante, les travaux d'occupation.

On avait débarqué, le 3 octobre, deux pièces de 12. Elle furent à grand'peine hissées sur le Mont-Clément, où elles furent mises en position. Les compagnies de débarquement furent relevées sur les lignes de l'est par le bataillon Ber, et rentrèrent à leurs bords.

Une marche rapide sur Tamsui combinée avec une action de l'escadre eût peut-être présenté à cette date de sérieuses chances de réussite. Mais que d'obstacles à l'exécution d'un tel projet! L'effectif plus qu'insuffisant des troupes, le manque de moyens de transport, enfin le manque presque absolu de renseignements sur la région à traverser firent décider qu'on ne pousserait pas plus loin. Nous étions condamnés à rester dans Kelung et ses abords immédiats, sans en sortir.

Le programme des opérations à exécuter contre le nord de Formose consistait en un coup de main sur Kelung et sur Tamsui. Pendant que l'amiral Courbet occupait Kelung, le contre-amiral Lespès recevait la mission de tenter contre Tamsui une opération analogue.

Les difficultés qu'il devait rencontrer dans l'exécution de sa mission présentaient un caractère autrement sérieux, en raison des défenses accumulées par l'ennemi devant Tamsui et des forces nombreuses contre lesquelles il devait avoir à lutter.

Il est à regretter que l'amiral Courbet n'eût pu mettre à la disposition de son lieutenant l'un au moins des trois bataillons d'infanterie restés, l'arme au pied, à Kelung. Un tel renfort eût singulièrement facilité la tâche de l'amiral Lespès. Malheureusement un retour offensif de l'ennemi était à prévoir, et l'amiral Courbet ne crut pas devoir exposer un effectif aussi réduit à lutter sur des positions à peine connues et préparées. Fut-ce un tort, et l'envoi d'un bataillon à l'amiral Lespès n'était-il pas absolument impossible? Il est permis de se le demander; dans tous les cas, il suffit d'envisager les résultats qui eussent été la conséquence de l'occupation de Tamsui pour voir combien eût été différente pour l'avenir la situation du corps d'occupation.

Si, depuis les affaires d'août, un blocus des plus sévères n'avait cessé d'être entretenu devant Kelung, il n'en avait pas été de même en ce qui concernait Tamsui. Ce ne fut que dans les derniers jours de septembre que l'amiral reçut l'autorisation d'envoyer devant ce port un de ses navires.

« Le *Lutin* y avait fait, le 3 septembre, une courte reconnaissance, en s'y présentant, le pavillon de pilote à son mât de misaine. Aucun pilote n'était venu à son appel ; mais il avait eu le temps de voir que la rivière était fermée par un barrage de jonques coulées et chargées de pierres et que même un aviso anglais, le *Cockshafer*, se trouvait, par ce fait, bloqué dans le port sans pouvoir en sortir. Le *Lutin* ayant voulu communiquer par le code international avec cet aviso, le capitaine anglais avait signalé qu'il ne pouvait répondre à aucune question afin de ne pas violer la neutralité[1]. »

Le 26 septembre, la *Vipère* avait bien empêché le débarquement à Tamsui de 150 Chinois qu'un vapeur anglais amenait de Shanghaï, mais, en définitive, il n'y avait eu aucun blocus, à peine une surveillance des derniers jours, en sorte que l'ennemi, en possession complète de ses moyens de défense, était prêt à une résistance des plus vigoureuses.

Le contre-amiral Lespès avait à sa disposition deux cuirassés, le *La Galissonnière* et la *Triomphante*, et un croiseur, le *D'Estaing*. Il devait, en outre, trouver devant Tamsui la canonnière la *Vipère*. Il avait reçu l'ordre d'appareiller de façon à se trouver devant ce port le 1er octobre de bon matin.

« Mon intention, lui écrivait l'amiral[2], est que vous détruisiez les fortifications qui battent les mouillages extérieurs et intérieurs. Ensuite, vous aurez probablement à déblayer un barrage formé avec des jonques coulées. Pour affranchir complètement la passe, il y aura lieu de la débarrasser des torpilles de fond qui y ont été mouillées. Un croquis, fait par le pilote, vous indiquera la position approchée des forts, du barrage et des torpilles[3].

1. Maurice Loir.
2. Matsou, 29 septembre 1884.
3. « Le pilote mis à la disposition du contre-amiral Lespès était l'unique pilote de Tamsui. Il avait offert son concours à l'amiral Courbet en l'informant, dans les premiers jours de septembre, qu'il quittait Formose et qu'on le trouverait au consulat de France à Hong-Kong. Il avait été immédiatement engagé à raison de 50.000 francs par an. Les renseignements qu'il donna furent si précis que l'on acquit la conviction qu'il était lui-même l'auteur des travaux d'obstruction de la rivière et que, notamment, les torpilles placées en avant du barrage avaient été mouillées sous sa direction. Après avoir travaillé pour le compte des Chinois, il était venu nous vendre ses services, estimant avantageux de manger ainsi à deux râteliers. Ces torpilles étaient au nombre de 10, chargées de dynamite et électro-automatiques. Leurs postes d'inflammation et d'observation étaient, selon lui, derrière le fort Blanc. » (Maurice Loir.)

« En ce qui concerne les torpilles dormantes, le moyen le plus sûr et le plus prompt consiste à s'emparer des postes d'inflammation, et une fois là, de les faire exploser. Le pilote vous indiquera la position d'un de ces postes. Mais ce coup de main, ainsi que la démolition des canons nécessitera un débarquement. Il vous appartiendra de juger si les compagnies de vos trois bâtiments vous suffiront, appuyées par des embarcations armées en guerre. Dans le cas contraire, vous me demanderiez du renfort, ou vous essayeriez de draguer les fils à l'atterrissage.

. . . .

Occuper en toute sécurité le mouillage de Tamsui avec de petits bâtiments pour le bloquer, tel est le but à atteindre. . . . . »

Il était dix heures du matin, le 1er octobre, quand l'amiral Lespès mouilla devant Tamsui. Le *Cockshafer*, toujours bloqué, était au mouillage devant les résidences européennes. L'amiral lui signala que son intention était de bombarder les défenses de la place au bout de 24 heures, laissant ainsi aux Européens le temps de pourvoir à leur sécurité.

Ces défenses[1], auxquelles un millier de Chinois travaillèrent ostensiblement et activement toute la journée du 1er, se composaient d'un fort en construction (Fort Neuf) sur les parapets duquel on ne voyait pas encore de pièces d'artillerie, mais qu'on était sans doute en train d'armer, à en juger par des bigues montées. Il y avait en outre un vieux fort, servant de phare, connu sous le nom de Fort Blanc, blindé avec des sacs à terre et dans les embrasures duquel on distinguait au moins la bouche d'une pièce en acier[2].

Le mouillage des navires, rapproché autant que possible des petits fonds, les plaçait à 3.400 mètres du Fort Neuf et à 2.500 mètres du Fort Blanc.

Le lendemain 2 octobre, pendant que le soleil levant illuminait la crête des montagnes, un brouillard épais couvrait les parties basses, enveloppant la ville et les forts et les dérobant à la vue de l'escadre déjà gênée par les rayons du soleil qui frappaient les pointeurs en plein dans les yeux. Un phénomène de réfraction, relevant toute la côte, déplaçait en outre, la hauteur apparente des buts.

L'ennemi en profita pour ouvrir immédiatement le feu avec

---

1. Croquis n° 6 (Le port de Tamsui).
2. Rapport du contre-amiral Lespès.

trois pièces qu'il avait pu, mettant la nuit à profit, monter en barbette sur le Fort Neuf.

Les canonniers français ne distinguaient la position des pièces ennemies qu'à la lueur des coups ; tir incertain qu'il ne fut possible de rectifier que vers sept heures et demie, moment où le brouillard s'étant dissipé, l'éclairage devint meilleur. Le Fort Neuf ne tarda pas à être accablé sous une grêle de projectiles ; mais les canonniers chinois tinrent jusqu'à ce que leurs pièces fussent complètement démontées. De notre côté, aucun mal ; les projectiles chinois éclataient sur les rochers, en avant de la ligne des navires. Le *D'Estaing* seul reçut quelques éclats dans la mâture. Le *Cockshafer*, dont la position nous empêchait de tirer sur le Fort Blanc, changea à ce moment de mouillage, remontant la rivière. Nos obus concentrés sur cet ouvrage en détruisirent en peu de temps les embrasures. L'amiral Lespès se contenta, à partir de ce moment, de faire tirer de loin en loin quelques obus sur les deux forts.

Aussitôt la nuit venue, l'ingénieur hydrographe Renaud alla reconnaître le barrage, afin d'y choisir la meilleure place pour y faire une brèche. Il fut arrêté, à 100 mètres en aval, par une ligne ininterrompue de bouées qu'il ne crut pas prudent de franchir sans s'être rendu compte de ce qu'elles indiquaient.

Il rentra à bord. Le lendemain nos embarcations entreprirent de lever ces bouées. Mouillées avec de grosses pierres, ces dernières semblaient, en apparence, n'avoir pour but que d'entraver nos hélices[1].

Mais l'on eut bientôt la preuve du contraire. Une magnifique explosion ne tarda pas à se produire sur l'avant de l'un des canots, sans l'atteindre d'ailleurs ; la torpille avait été mise en action trop tôt. Il devenait évident qu'un poste d'inflammation était à terre et, avant toute chose, il devenait indispensable de s'en emparer.

Le contre-amiral Lespès jugea qu'il n'avait pas assez de monde pour opérer un débarquement. Il envoya le *D'Estaing* à Kelung demander à l'amiral Courbet quelques troupes d'infanterie. Il reçut seulement le 5, au soir, le *Tarn*, le *Châteaurenault* et le *Duguay-Trouin* qui lui apportaient le concours de leurs compagnies de débarquement. C'étaient les seules forces dont l'amiral Courbet avait cru possible de se dessaisir.

---

1. Rapport du contre-amiral Lespès, 13 octobre 1884.

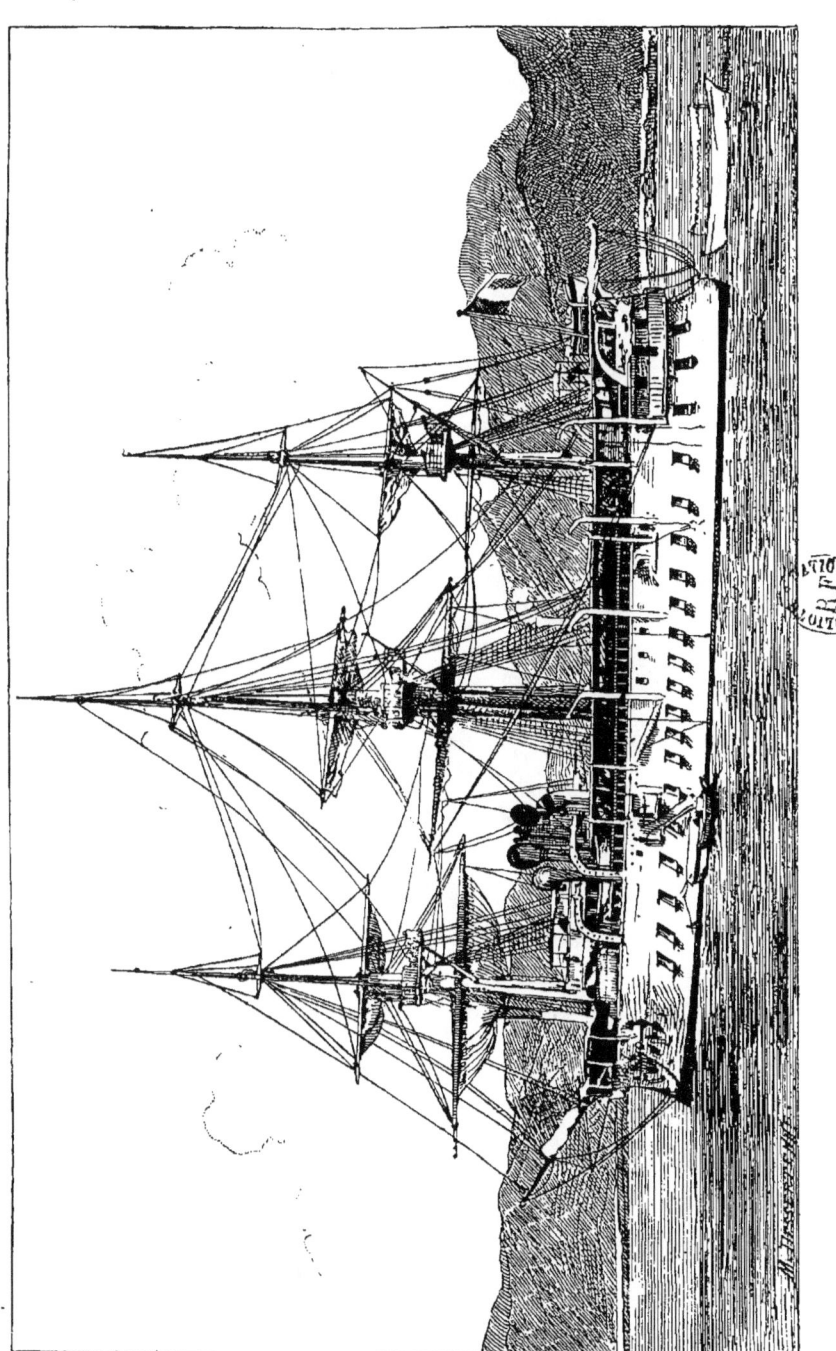

LE « BAYARD »

D'après une photographie exécutée et communiquée par M. le capitaine de frégate Goëz.

Ce renfort portait à 600 hommes l'effectif des marins disponibles pour une opération à terre. On en forma un bataillon à 5 compagnies dont le commandement fut confié au capitaine de frégate Martin, le même qui avait conduit le débarquement du 5 août à Kelung.

Le débarquement fut fixé au lendemain 6 octobre ; mais ce jour-là, ainsi que le surlendemain 7, le temps qui avait été très beau jusqu'alors changea, et la mer devint houleuse au point de forcer les navires à changer de mouillage.

Tout débarquement devint impossible.

Enfin le 8, le temps s'étant remis au calme, le contre-amiral signala, à neuf heures du matin, de faire pousser les compagnies de débarquement. Le commandant Martin, pris ce jour-là d'une violente crise de rhumatisme, dut céder la direction de l'affaire au commandant Boulineau, capitaine du *Châteaurenault*, qui choisit pour adjudant-major le lieutenant de vaisseau Duval, de la *Triomphante*[1].

Le corps de débarquement avait un effectif de cinq compagnies, plus deux escouades de torpilleurs. Chaque homme portait un jour de vivres plus seize paquets de cartouches et le magasin approvisionné[2].

L'objectif était de marcher directement contre le Fort Neuf, d'en détruire les pièces, de se rabattre ensuite sur le Fort Blanc en prenant le poste d'inflammation situé sur la route et en faisant sauter les torpilles, puis de rembarquer : en tout, six kilomètres environ[3]. Le terrain était placé sous le feu des bâtiments ; mais avant d'atteindre les pentes que couronnait le Fort Neuf, il y avait à traverser une plaine basse couverte de fourrés et d'une épaisse végétation.

Le débarquement s'opéra sans trop de difficultés. Les hommes furent cependant obligés de se mettre à l'eau jusqu'à mi-jambes. Pendant que les navires couvraient la côte d'obus jusqu'au fort et au camp retranché[4], les compagnies se formèrent sur la plage.

A dix heures commença le mouvement en avant.

Les 1re et 2e compagnies (*La Galissonnière* et *Triomphante*), prenant aussitôt leur développement de combat[5], se dirigèrent

---

1. Maurice Loir.
2. Les fusiliers marins étaient armés du fusil de marine dit Kropatcheck.
3. Rapport du contre-amiral Lespès.
4. Voir croquis n° 6 (Le port de Tamsui).
5. Rapport du commandant Boulineau.

un peu à droite du Fort Neuf. Elles étaient suivies à 200 mètres environ par les 3ᵉ et 4ᵉ (*D'Estaing* et *Châteaurenault*, *Tarn* et *Duguay-Trouin*) formant réserve.

La 5ᵉ compagnie (*Bayard*) avait pour mission de couvrir le flanc gauche, qu'il importait de surveiller. En conséquence, elle obliqua fortement de ce côté.

« Aussitôt après avoir traversé les premières dunes couvertes de broussailles, nous avons trouvé devant nous un terrain tout différent de celui auquel je m'attendais ; au lieu de rizières et de bouquets d'arbres, nous trouvions un terrain très couvert ; la vallée comprenait des petits champs cultivés entourés de haies vives et de plantes épineuses ; des arbres touffus, des fossés avec eau et sans eau, s'étendaient sur une largeur de 1 kilomètre environ. C'était là-dedans qu'il fallait s'engager ; j'espérais encore que l'ennemi, délogé par quelques obus tombés à point, n'aurait pu y prendre position[1]. »

A peine engagées dans le fourré, les compagnies, les sections se perdirent de vue. Dans ces conditions, la direction devenait impossible : il n'y avait plus qu'à compter sur l'initiative des capitaines, marchant vers le but à atteindre, qui était le Fort Neuf encore visible.

Vers onze heures et demie, l'une des compagnies prit le contact ; la fusillade commença sur la droite et, devenant rapidement très vive, s'étendit vers la gauche. L'ennemi, solidement posté dans les fourrés, nous attendait de pied ferme.

Les deux compagnies de réserve étaient arrivées presque en même temps sur la ligne, en désordre, mais encore en état d'être ralliées par leurs officiers. La 4ᵉ entrait immédiatement en soutien des deux compagnies de première ligne ; mais la 3ᵉ, prenant d'elle-même sa formation de combat et trouvant également l'ennemi devant elle, ouvrait le feu de son côté. La 5ᵉ, que des difficultés de terrain avaient empêchée d'obliquer à gauche, venait se relier à la 4ᵉ, ouvrant le feu sur des groupes qui descendaient rapidement du nord-est, malgré le tir des bâtiments.

En moins de dix minutes le feu avait été ouvert sur une ligne de 1.500 mètres, garnie du plus grand nombre des combattants presque tous à la même hauteur, 2ᵉ, 4ᵉ, 1ʳᵉ, 3ᵉ et la 5ᵉ à la gauche. Il ne restait plus de réserves.

La fusillade redouble, elle se change en un roulement continu.

---

[1]. Rapport du commandant Boulineau.

Le commandant Boulineau, la jugeant exagérée, veut la faire cesser. Le clairon qu'il a près de lui tombe, au même instant, grièvement blessé à la tête. Le commandant a recours aux ordres verbaux, il les multiplie : c'est en vain, la fusillade devient insensée. Les Chinois sont alors à 100 mètres de la ligne française.

Sur la droite, sortant en grand nombre du Fort Blanc, les Réguliers essayent de nous tourner. Leur mouvement n'est arrêté que par des charges à la baïonnette vigoureusement poussées par quelques groupes. En même temps, un mouvement tournant des Chinois menace notre flanc gauche ; la 5ᵉ va être débordée. Une partie de la 3ᵉ, retirée de la ligne de feu, vient l'appuyer en temps utile. Il y avait environ une heure que le feu était engagé et les deux tiers des munitions étaient consommées. Le nombre des blessés augmente rapidement, leur transport occasionne un vrai mouvement de recul ; les lieutenants de vaisseau Fontaine, commandant de la 1ʳᵉ, Dehorter, de la 2ᵉ, l'enseigne Deman, de la 3ᵉ, sont hors de combat.

A ce moment des coups de feu partent de derrière la gauche, faisant craindre que nous ne soyons complètement tournés. La 5ᵉ est un moment coupée par des groupes chinois descendus des collines de gauche. La situation devient des plus dangereuses, la droite a fléchi : elle est refoulée sur la gauche, l'épuisement des munitions est imminent.

A onze heures quarante-cinq minutes, un timonier monté sur la pile de pierre du feu du port signala à bras : « Obligés de nous replier, plus de munitions, pertes sérieuses »[1]. L'ordre de la retraite est donné ; il est midi.

Le mouvement commence en obliquant à gauche, les marins du *La Galissonnière* et de la *Triomphante* (1ʳᵉ et 2ᵉ) soutenant la retraite. Le transport des blessés double les difficultés de la marche.

Heureusement l'ennemi, resté embusqué dans les fourrés, ne nous poursuit pas. Pour comble de malheur, la houle s'est levée et les canots ne peuvent plus accoster.

Pour arriver jusqu'à eux, il faut se mettre dans l'eau jusqu'au cou. La *Vipère*, changeant de position, se rapproche de terre et s'embosse dans la crique même où sont les canots, tenant en respect les troupes chinoises. A une heure dix minutes, toutes

---

1. Maurice Loir.

les embarcations avaient quitté la plage, laissant aux mains de l'ennemi 9 tués et 8 disparus. Le lieutenant de vaisseau Fontaine était tombé aux mains des Chinois avec les deux hommes qui le portaient, tous trois avaient été immédiatement décapités.

Un canon-revolver était tombé d'une embarcation et avait été abandonné par quelques mètres de fond. Les têtes de nos marins furent portées triomphalement dans les rues de Tamsui par une foule en délire et il fallut l'intervention du commandant du *Cockshafer* pour faire ensevelir ces tristes restes.

Outre les 9 tués et les 8 disparus, l'affaire de Tamsui nous coûtait 49 blessés, dont 4 officiers[1]. Quelques jours après, le lieutenant de vaisseau Dehorter mourait à Saïgon des suites de sa blessure.

Les Chinois, au dire des fonctionnaires des douanes, auraient eu 80 tués et 200 blessés.

Pour atténuer l'effet de cette douloureuse affaire, on l'appela reconnaissance; en réalité, c'était un échec des plus graves. Il devait influer de la façon la plus fâcheuse sur les suites de la campagne. Toute entente avec la Chine devenait impossible. L'idée d'une médiation des Etats-Unis mise en avant depuis quelque temps dut être abandonnée.

La première cause de cet échec fut incontestablement l'insuffisance numérique des troupes de débarquement, mais, faut-il le dire, elle semble devoir être attribuée aussi à leur inexpérience tactique.

Aucune avant-garde ne couvrit le mouvement en avant de la ligne de combat, qui se jeta, sans préparation, dans un terrain difficile et inexploré, sous le feu des tirailleurs chinois, solidement abrités et embusqués. Le manque de direction et de cohésion se manifesta dès la formation de combat. Une ouverture du feu désordonnée, une entrée en ligne des réserves prématurée et non prévue par le commandement, le manque de sang-froid de la troupe qui, par une fusillade insensée, épuisa en quelques instants ses munitions, ne purent être rachetés par le brillant courage des officiers et des marins, mal préparés à une opération à terre. La tactique de l'infanterie ne s'improvise pas; les compagnies de débarquement devaient en faire la cruelle expérience.

1. Le lieutenant de vaisseau Dehorter, l'enseigne Deman, les aspirants Rolland et Diacre.

« Il faut laisser au fusilier marin son unique destination pendant le combat, qui est de tirailler des hunes et du pont sur les ponts et passerelles de l'ennemi. Mais qu'on ne le débarque jamais que pour des opérations de courte haleine, faites sous la protection des canons des navires et dans certains pays à peine civilisés, où n'existe aucun simulacre d'armée organisée. Les Chinois, qui manœuvrent à l'européenne, qui se déploient, se rallient et s'embusquent pour faire feu, sont déjà trop forts pour lui.

« L'amiral Lespès avait peu de confiance dans les compagnies de débarquement. « Jamais de matelots à terre ! » s'était-il écrié le soir du 2 octobre. La nécessité l'obligea d'en envoyer, et une inexorable fatalité voulut que son opinion, si nettement exprimée, reçût, sous ses yeux, la plus navrante confirmation [1]. »

Le coup de main tenté sur Tamsui, le 8 octobre, ne fut jamais renouvelé. Ce point devint la base d'opérations des troupes chinoises contre Kelung. Les navires de l'escadre, détachés à tour de rôle à l'embouchure de la rivière, se bornèrent à entretenir, jusqu'à la signature de la paix, devant le port, un blocus des plus sévères.

1. Maurice Loir.

CHAPITRE IV

**L'installation à Kelung. — Les premiers mois de l'occupation.
La fièvre algide. — Déclaration du blocus
des côtes de Formose. — Envoi à Kelung des renforts.**

Un brillant succès pour nos armes avait clos les journées du 1ᵉʳ et 2 octobre. L'occupation de Kelung, si heureusement commencée, autorisait à bien augurer des suites de la campagne; mais l'échec de Tamsui survint et, en même temps qu'il nous révéla la puissance des forces chinoises, il nous éclaira sur les dangers de la situation. Cet échec était difficilement réparable. Attaquer Tamsui par terre devenait une folie : il y avait 50 kilomètres à parcourir dans un pays totalement inconnu, sans autre moyen de transport que quelques coolies, presque sans artillerie; enfin l'effectif que l'on eût pu mettre en mouvement en gardant Kelung, base des opérations, eût été dérisoire : tout au plus un bataillon.

Faute de monde, l'occupation devait donc, dès les premiers jours, subir un temps d'arrêt; il n'y avait même pas à songer à occuper les Mines, les fameuses Mines, situées à quelques kilomètres dans l'est de la ville et en dehors du périmètre défensif dans lequel les troupes d'occupation devaient être contraintes de se renfermer.

Dès lors le petit corps expéditionnaire n'avait plus qu'à s'installer. Cette installation devint pendant quelques semaines la préoccupation journalière de l'amiral, en même temps qu'il signalait au gouvernement l'impossibilité de faire un pas en avant sans avoir reçu de nouveaux et puissants renforts[1].

---

1. « Depuis nous travaillons activement à nous fortifier dans les ouvrages que l'ennemi a abandonnés, ou plutôt dans une partie de ces ouvrages. Il

Sous sa haute et active impulsion, Kelung devint en quelques semaines un dépôt d'approvisionnements et un centre de ravitaillement pour l'escadre. Ses abords, transformés en camp retranché, abritèrent tant bien que mal les troupes contre les retours offensifs d'un ennemi demeuré, heureusement, peu entreprenant dans le début.

La ligne générale de défense suivit les premières hauteurs qui dominent immédiatement la rade et la ville. Ces hauteurs sont elles-mêmes fortement dominées par les crêtes du second plan. Il eût été plus rationnel d'occuper ces dernières. C'est ainsi que des emplacements de forts étaient tout indiqués aux cotes 205 et 212[1], sommets des deux énormes soulèvements granitiques qui dominent l'ensemble du terrain. Mais, si rationnel qu'il fût, le choix d'une telle ligne exigeait une étendue de périmètre défensif hors de proportion avec l'effectif des troupes. En outre, le manque presqu'absolu de tout moyen de communication eût singulièrement compliqué les différentes difficultés et les lenteurs de l'installation.

Il fallut donc y renoncer, l'on alla au plus pressé et l'on se contenta de la première ligne, défectueuse comme site, mais permettant une facile concentration des forces et laissant entièrement les moyens de défense sous l'action immédiate du commandant supérieur.

Etablis en vue d'une défense de la rade, et tout imparfaits qu'ils fussent de profil et de tracé, les ouvrages chinois purent être utilisés. On se contenta généralement de les retourner en profitant des abris en paillotes que les Réguliers y avaient installés. La plupart de ces ouvrages reçurent dans la suite le nom de l'officier qui en eut le premier commandement.

---

faut modifier de fond en comble ce que nous gardons et abandonner le reste. Le vide qui s'est fait à notre arrivée s'est encore accentué depuis l'échec de Tamsui. Faute de terrassiers, nos soldats travaillent huit heures par jour.

« Nous nous contentons pour le moment de reconnaître les chemins et les vallées par lesquels un retour offensif serait possible.

« Aussitôt que je serai en mesure de le faire, nous occuperons les Mines.

« Rien ne rappelle mieux la Corse que le pays qui environne Kelung. La défensive exigera toujours une vigilance parfaite et l'offensive une grande circonspection tant qu'on ne disposera pas de troupes nombreuses. Quand les travaux de fortification seront terminés, il faudra y laisser au moins la moitié du régiment, le reste seul pourra être employé en colonne mobile. C'est peu, beaucoup trop peu. On devra donc, dans le principe, limiter à quelques kilomètres le champ des opérations. » (Rapport de l'amiral Courbet sur l'occupation de Kelung, 18 octobre 1884.)

1. Voir croquis n° 9 (Les positions du Sud et du Sud-Est).

Il y eut trois secteurs :

1° *Les lignes de l'Ouest*, barrant les chemins dans la direction de Masou.

Le fort Clément fut établi sur la haute falaise du même nom qui domine, au Sud-Ouest, l'entrée de la rade, et au pied de laquelle avait été effectué le débarquement du 2 octobre[1]. Entrepris dès les premiers jours, il fut construit en entier par les troupes. Il consistait en deux ouvrages : un fortin établi à la cote 131 (point culminant de l'arête) et battant la petite vallée vers le Nord-Ouest, et une demi-redoute sur la pente est donnant des feux sur la rade et la ville. Le fortin fut armé de deux canons de 12 rayés sur plate-forme en bois. La garnison fut au début d'une compagnie, mais elle fut progressivement réduite, le fort n'ayant jamais été inquiété. Le camp retranché chinois qui était en contre-bas, absolument inutile, ne tarda pas à s'écrouler sous l'action des pluies diluviennes de l'hiver.

Une profonde vallée sépare la hauteur du fort Clément de la haute falaise sur laquelle fut établi le fort Central, à 1.040 mètres du premier ; cette falaise présente des pentes abruptes vers le Sud-Ouest et incline au contraire de longs glacis uniformes du côté de la rade[2].

C'était un ancien fort chinois dont il suffit d'aménager les talus et de compléter les défenses accessoires. Il reçut comme artillerie une pièce de 80 millimètres de montagne battant la vallée du Nord-Ouest et la direction de Masou, une pièce de 4 rayée de montagne, et un canon-revolver Hotchkiss battant les hauteurs du Sud. Sa garnison comporta une compagnie, plus un détachement d'artillerie, en grande partie composé de la section de la 11° batterie du 12° régiment (armée de terre), dont le chef, le lieutenant Naud, ne tarda pas à mourir du choléra.

Pour remédier à ce que les vues du fort avaient d'incomplet vers le Nord-Ouest, un poste de surveillance pour sentinelle double complété par un abri de tirailleurs fut établi à la cote 146.

Le fort Thirion complétait l'ensemble des lignes de l'Ouest. La hauteur sur laquelle il fut établi présentait la même orientation et la même formation géologique que celle du fort Central. Ses vues, très étendues, permettaient de surveiller la vallée de Masou en même temps que les pentes boisées descendant vers la vallée de Tamsui.

1. Voir croquis n° 4 (Kelung).
2. Croquis n° 7 (Les lignes de l'Ouest).

Le fort Thirion fut établi sur l'emplacement d'un fort chinois très bien aménagé et que quelques coups de pioche suffirent à compléter. Il reçut comme garnison la compagnie Thirion. Malheureusement cette compagnie, déjà fort éprouvée par le climat du Tonkin, ne tarda pas à être décimée par les épidémies. Les hommes s'en affectèrent outre mesure, attribuant à l'emplacement du fort l'origine du mal qui les emportait. Pour y couper court, l'amiral en décida l'évacuation provisoire. Les circonstances firent que le fort ne fut plus réoccupé dans la suite et resta abandonné, visité seulement de temps à autre par quelques reconnaissances.

Le ravitaillement des lignes de l'Ouest, séparées de la ville par la rade et le port, s'effectuait principalement par embarcations. Un embarcadère fut aménagé à la pointe est, au pied du fort Central, en face de l'îlot du Port. De là, un chemin de 1m50 de largeur longeait l'estuaire envasé de la petite rivière, détachait un embranchement vers le fort Central et se prolongeait jusqu'au fort Clément. Par terre, on se rendait aux lignes de l'Ouest en traversant la ville chinoise et, sur deux ponts en bois, les deux bras de rivière enveloppant la ville. Puis on suivait la route indigène de Masou, qui détachait des sentiers dans les diverses directions. Cette route, comme toutes celles de la région, est une piste de piétons, dallée en grande partie, mais inaccessible aux voitures inconnues, d'ailleurs, dans tout le pays. Elle se prolonge jusqu'à Masou.

2° *Le secteur du Sud.* — L'amphithéâtre de hauteurs qui entoure Kelung s'abaisse légèrement du côté du sud et donne passage, en un col coté 97, à la route ou plutôt au chemin de piétons qui relie Kelung à Tamsui. Un escalier dallé, d'une centaine de marches, escalade la pente abrupte du versant nord. Les Chinois avaient établi, pour barrer ce col, une ligne continue qui se prolongeait au nord-ouest jusqu'au fort Thirion. Elle s'appuyait au sud-est à un petit camp retranché. Cet ouvrage construit pour résister à une attaque venant de la rade était en contre-bas sur le versant sud[1].

Tout défectueux qu'il fût, son emplacement avait l'avantage d'être tout prêt ; il reçut un fort d'arrêt qui fut dénommé d'abord fort Leverger[2] et prit ensuite le nom de fort Tamsui. Sa pente

---

1. Croquis n° 8 (Le fort Tamsui).
2. Du nom du capitaine Leverger.

était inclinée du côté de l'ennemi, il était adossé du côté du nord à un précipice. Son terre-plein offrait une véritable cible aux coups des Chinois, en même temps que sa position en flèche par rapport aux autres ouvrages en faisait l'objectif désigné de toutes les attaques. On y installa des abris en palanques pour protéger les baraquements ; le travail fut long et pénible et la sécurité y demeura toujours incertaine.

Lorsque les Chinois se furent installés sur la Dent, à quelques centaines de mètres dans le sud, il arriva fréquemment que des hommes furent blessés en plein jour, dans l'intérieur du fort, et bien souvent les officiers furent dérangés dans leurs repas par les projectiles ennemis qui passaient par les interstices du revêtement en palanques de la salle commune.

La défense du secteur Sud fut complétée par l'installation de deux blockhaus blindés, l'un au nord-ouest commandant immédiatement la route de Tamsui, l'autre au sud-est, au sommet d'une aiguille escarpée (cote 155) qui reçut le nom significatif de Nid-d'Aigle et qui commandait le fort Tamsui. Ce dernier reçut comme armement deux pièces de 12 rayées et un canon-revolver. Cet armement fut complété, dans la suite, par deux 80 millimètres de campagne du système de Lahitolle. Le petit fortin du blockhaus Nord-Ouest fut pourvu d'un canon-revolver.

La garnison du fort Tamsui et des deux blockhaus comporta deux compagnies d'infanterie. L'artillerie de ces ouvrages était relativement importante, et d'autre part le corps d'occupation ne disposait que d'un nombre d'artilleurs des plus restreints. Pour y remédier, l'amiral détacha au fort Tamsui une section de canonniers-marins commandés par un enseigne de vaisseau[1]. Ils furent chargés du service des pièces.

La vallée au sud de Kelung est sillonnée par une petite rivière et suivie par un sentier qui relie la ville à Loan-Loan et à la vallée de Tamsui en passant par le groupe de cabanes de Naï-Nin-Ka. Les parties planes de cette vallée sont couvertes de rizières et parsemées de bouquets de bambous et d'aréquiers on ne peut plus propices à dissimuler la marche de rôdeurs ennemis. Il importait de mettre la ville chinoise à l'abri de leurs incursions. Dans ce but, un poste fortifié fut établi dans une grande construction carrée située au sud de la ville. C'était l'habitation d'un riche Chinois. Elle fut percée de meurtrières, barricadée, et complétée

---

1. L'enseigne de vaisseau Wallut, puis l'enseigne de vaisseau de Marsay.

par la construction de tourelles flanquant les quatre angles. Elle reçut comme garnison une compagnie du 2ᵉ régiment d'infanterie de marine, la 27ᵉ, commandée par le capitaine Cramoisy. Cette compagnie, constamment sur le qui-vive, eut fréquemment à faire le coup de feu contre les rôdeurs ennemis; chargée d'assurer la sécurité de la ville, elle dut, à plusieurs reprises, faire de sanglantes exécutions[1].

Les journaux anglais de Hong-Kong et de Shanghaï, à court de copie, racontèrent en les dénaturant les faits d'armes de la pagode Cramoisy; mais, imitant la méprise du singe de la Fontaine, ils prirent un homme pour le Pirée, et Cramoisy fut traduit par

---

1. Vers la fin d'octobre la garnison du secteur du Sud remarquait fréquemment de nombreux groupes d'indigènes allant et venant de la vallée Cramoisy à la ville.

Le 1ᵉʳ novembre, la 27ᵉ compagnie du 2ᵉ régiment (bataillon Lange) fut envoyée en reconnaissance dans la vallée. Le capitaine Cramoisy qui la commandait constata que ces nombreux Chinois étaient tout simplement occupés à déménager le paddy (riz non décortiqué) qui se trouvait en grande quantité dans la pagode ou maison qui prit son nom dans la suite.

En même temps qu'il en rendait compte à son retour, le capitaine Cramoisy fit remarquer que cette pagode, après qu'on en aurait dégagé les abords par la démolition de quelques maisons, pourrait servir de poste avancé battant aussi bien la vallée des Mines que la vallée à l'est du Nid-d'Aigle. En outre elle gênerait les Chinois qui seraient tentés de piller la ville ou qui viendraient forcer les quelques habitants qui voulaient rester à quitter Kelung. Le lendemain matin, le capitaine Cramoisy reçut l'ordre de venir s'installer dans la pagode avec sa compagnie; ce qui fut fait dans la matinée. Dans l'après-midi, l'amiral se rendit à la pagode accompagné du lieutenant-colonel Bertaux-Levillain.

L'amiral remarqua que le poste se trouvait bien en l'air et qu'il fallait au plus tôt dégager l'enceinte des maisons qui y étaient soudées. Le capitaine Cramoisy, reçut l'ordre de créer, sans tarder, un champ de tir autour de son poste en brûlant et en démolissant les maisons qui les gênaient. En deux ou trois jours la pagode fut dégagée. Les portes furent, en outre, murées, à l'exception d'une seule donnant accès sur la face ouest. Bien lui en avait pris au capitaine Cramoisy.

Le 3 novembre, dans la matinée une bande assez nombreuse vint attaquer la pagode. La garnison la laissa approcher jusqu'à une vingtaine de mètres et l'accueillit par un feu rapide. La bande affolée disparut. Cette leçon avait suffi aux Chinois, qui dès lors renoncèrent à une attaque de vive force.

Quelque temps après, profitant d'une nuit obscure, ils placèrent contre la porte d'entrée une caisse de poudre et y mirent le feu. Heureusement la garnison était aguerrie. Au cri d'alarme de la sentinelle, chacun se rendit à son poste de combat. Il y avait dans la cour une fumée intense. La garde s'était rangée derrière ce qu'on croyait tout d'abord être une brèche, attendant, l'arme chargée et baïonnette au canon, le moment d'agir. Les Chinois avaient disparu. Le premier moment d'émotion passé, on constata que la porte était encore debout, seule une partie du toit avait sauté. Elle fut réparée immédiatement. Le lendemain on construisit à droite de la porte d'entrée un petit blockhaus en bois qui permit à l'avenir d'éviter de pareilles surprises.

LA PAGODE CRAMOISY, VUE EXTÉRIEURE

D'après une photographie exécutée et communiquée par M. le capitaine de frégate Goëz.

le mot « *Red* ». Traduit de nouveau en français « *Red* » fit *Rouge*, évoquant par son nom de sanglantes images et ouvrant libre carrière à l'imagination des romanciers[1].

En même temps qu'elle barrait la vallée qui, par analogie, s'appela la vallée Cramoisy, la pagode *Rouge* avait l'avantage d'assurer la liaison des lignes du Sud et des lignes de l'Est. Elle suppléait en partie à ce que la ligne de défense avait d'insuffisant en face de l'énorme soulèvement de granit qui fut désigné sous le nom de Cirque et qui, pour une distance de 1.500 mètres, domine la ville de 212 mètres. Couvert d'une végétation inextricable, d'énormes blocs rocheux le surmontent, des parois verticales le relient aux hauteurs voisines[2]. Quelques brèches suivies par des sentiers de chèvre donnent difficilement accès sur cette falaise ; elle commande non seulement les hauteurs voisines, mais tout l'ensemble de la ville et de la rade. On dut renoncer à l'occuper, car cette occupation eût augmenté hors de toute proportion l'étendue du périmètre défensif, qui fut reporté à la pagode Cramoisy et à la citadelle pour rejoindre la ligne des hauteurs surplombant le faubourg de Soo-Wan sur lesquelles furent installées les lignes de l'Est.

3º *Les lignes de l'Est*[3]. — Etablies sur les ouvrages de l'ennemi, les lignes de l'Est comprenaient trois forts reliés par un épaulement continu en gazon, travail des Chinois : les forts Ber, Gardiol, et Bayard, ce dernier connu plus communément sous le nom de Point A. Le Point A était le point d'appui vers l'est de la ligne de défense. Il fut considérablement remanié et pourvu d'une batterie-barbette mi-circulaire avec plate-forme, qui rendit pendant toute la durée de l'occupation les plus grands services. Le Point A reçut comme artillerie, deux pièces de 12 rayées (les deux dernières de la batterie), deux pièces de 80 millimètres de campagne et une pièce de 80 millimètres de montagne, toutes servies par l'artillerie de marine, en grande partie détachée dans le fort. La garnison d'infanterie était de deux compagnies du bataillon Ber, dont le commandant avait le commandement supérieur de la défense des lignes de l'Est.

Le fort Gardiol, à mi-distance entre le Point A et le fort Ber, reçut une compagnie (lieutenant Gardiol).

Enfin le fort Ber, le plus rapproché de la ville chinoise, qu'il

---

1. Voir un roman intitulé : *Le feu à Formose*, par Jean Dargène.
2. Croquis nº 9 (Les positions Sud et Sud-Ouest).
3. Croquis nº 4 (Kelung).

domine de 65 mètres, reçut également une compagnie, la dernière du bataillon Ber. Il consistait en un simple épaulement sur la hauteur, pour une pièce de 4 de montagne. La compagnie qui le gardait avait ses baraquements dans l'ancien camp chinois, en contre-bas sur les pentes sud, présentant son terre-plein aux coups de l'ennemi. Il offrait un large but aux salves que les Chinois eussent pu diriger des hauteurs du Cirque. Heureusement ces derniers ne surent jamais apprécier la portée réelle de leurs armes, sans quoi ils eussent certainement rendu intenable le fort Ber ainsi que le fort Gardiol établi dans des conditions analogues au premier.

L'amiral se proposait de compléter ces défenses par la construction, aux environs du fort Tamsui et du Point A, de quatre blockhaus établis dans des conditions de solidité et d'installation que les moyens réduits du corps d'occupation étaient impuissants à réaliser. Il fit à plusieurs reprises, à cette occasion, des propositions diverses au ministère. L'autorisation lui fut accordée le 16 octobre, mais une dépêche du 30 du même mois prescrivit de surseoir à ces installations[1].

Si nous récapitulons l'ensemble des forces employées à la garde du périmètre défensif, nous constaterons que presque toute l'artillerie et huit compagnies sur douze y étaient employées. Il ne restait en réalité, comme troupe disponible pour une action extérieure, que quatre compagnies, une pièce de 80 millimètres de montagne et trois canons de 4 rayés de montagne. Une telle insuffisance d'effectif condamnait à priori le corps d'occupation à la résistance à peu près passive, jusqu'à ce que l'arrivée de nouveaux renforts lui permît de sortir de son inaction.

Les états-majors, les services, les ambulances et les magasins furent installés dans le faubourg de Soo-Wan et dans les résidences européennes.

La ville chinoise et le Yamen restèrent provisoirement sans destination.

---

1. Kelung, 2 octobre. Courbet à Marine: « D'après les plans et devis établis par le capitaine du génie, aux prix de Saïgon, blockhaus pour 60 hommes coûterait 120.000 francs. Il faudrait en plus transporter matériaux, ouvriers, contre-maître de Saïgon ici. Je demande au gouverneur s'il trouverait à Saigon un entrepreneur qui consentirait, sous la surveillance du génie. Ce serait le moyen le plus expéditif. On préparerait le terrain en attendant. »

Kelung, 4 novembre. Courbet à Marine: « Il faut au moins 4 blockhaus pour le moment. Construction sera faite avec la plus grande économie. »

Pendant les premiers jours de l'occupation, la population indigène rassurée par notre attitude était restée dans la ville, vaquant à ses occupations habituelles, fraternisant même jusqu'à un certain point avec nos soldats. Mais bientôt, obéissant aux injonctions de leurs mandarins, les habitants avaient fait le vide autour de nous, emportant ce qu'ils avaient de plus précieux, se joignant aux soldats dans la guerre sans merci qui allait commencer. La ville n'avait pas tardé à être complètement abandonnée, visitée seulement le jour par nos corvées en armes qui tiraient des charpentes leurs provisions de bois de chauffage, la nuit par les rôdeurs ennemis qui cherchaient à surprendre nos sentinelles. Les boutiques à moitié détruites laissaient échapper par leurs cloisons éventrées les débris de leur mobilier broyé par le talon du soldat après avoir excité sa curiosité d'un instant. Ustensiles de ménage, poteries vernissées, meubles laqués aux formes étranges, fauteuils en bambou, longues enseignes recouvertes d'inscriptions dorées, membres rompus et troncs mutilés des Bouddhas, lanternes multicolores en baudruche, livres de comptes des négociants, encombraient les rues, piétinés par les passants.

Une âcre puanteur d'incendie se mêlait à la fade odeur de musc et d'opium qu'exhalaient ces habitations ravagées. De temps en temps, un chien hargneux ou un chat famélique filait dans l'ombre, surpris dans la quête aux débris sans nom dont ils faisaient leur unique nourriture.

Pour donner de l'air aux cantonnements, l'amiral décida la destruction d'une partie de ces masures qui servaient de repaires à une agglomération de bandits et qui auraient pu, le cas échéant, abriter des troupes ennemies[1]. Le groupe de maisons et de huttes contiguës au cimetière chinois et à la face sud du faubourg de Soo-Wan fut ainsi complètement rasé. Une barricade en pierres, recouverte de gazon, barra la route entre cette partie de la ville et le faubourg (barricade Sud).

Le faubourg devint le cantonnement des compagnies disponibles de l'infanterie de marine, qui s'installèrent de leur mieux au milieu des décombres et des immondices, dans l'horrible puanteur des intérieurs chinois.

Soo-Wan reçut aussi le détachement de gendarmes, à proximité desquels fut réservé un local pour les prisonniers de guerre

---

1. Maurice Loir.

et un cantonnement pour les coolies. On y installa également les dépôts de vivres.

Sur la plage, au nord de Soo-Wan, avant d'arriver aux résidences européennes, une construction assez spacieuse abrita ce qui restait disponible de l'artillerie, les quelques maisonnettes voisines devinrent des logements d'officiers.

Un premier groupe de constructions européennes fut affecté à la direction et au parc d'artillerie, malheureusement bien rudimentaire, ainsi qu'à l'ambulance. D'énormes tas de charbon amoncelés sur la plage fournirent, pendant toute la durée de l'occupation, un combustible inépuisable, mais souvent dédaigné, en raison de sa qualité médiocre. Les troupiers trouvaient infiniment plus simple de démolir, pour se chauffer, les charpentes en bois des maisons indigènes. On essaya, dans les premiers temps, d'utiliser ce combustible sur les bâtiments de l'escadre, mais le charbon très bitumineux et très menu donnait, aussitôt allumé, une chaleur énorme et beaucoup de fumée. Il encrassait rapidement les appareils de chauffe.

« Il brûlait très vite, avec une longue flamme, si bien que le premier jour où la *Vipère* s'en servit, elle vit bientôt sa cheminée rougir et des flammèches incendier ses mâts et sa voilure. Son commandant dut faire éteindre les feux et continuer la route à la voile. Dès lors on n'employa plus la houille de Kelung sans la mélanger à une autre plus lente. Elle servit simplement à entretenir les feux au mouillage. Elle était d'un emploi commode quand on voulait activer les feux pour revenir en pression[1]. »

Il eût fallu pouvoir l'agglomérer en briquettes. L'amiral demanda au gouvernement de lui en fournir les moyens, mais au milieu des préoccupations de toute nature qui survinrent, cette demande ne reçut aucune suite[2].

1. Maurice Loir.
2. Kelung, 21 janvier. Amiral Courbet au Ministre de la marine: « Les tas de charbon que nous avons trouvés ici et au port Petao contiennent une énorme quantité de menu mal utilisable sur nos grilles. Il y a tout lieu de croire que cet état résulte d'un procédé d'extraction défectueux plutôt que de la nature du combustible. Néanmoins, il est probable que le menu sera toujours en abondance, quelque procédé que l'on emploie ; je crois donc que, pour tirer du menu tout le parti possible, il faudra établir ici une fabrique de briquettes. En attendant le moment de libre exploitation je désirerais pouvoir transformer en aggloméré pour l'usage de l'escadre les quelques milliers de tonneaux de menu qui resteront, sans cela, inutilisables. Il y a à Brest une machine dont les constructions navales se servent peu, des ouvriers et des contremaîtres habitués à cette fabrication. Je vous prierai de donner des ordres pour que personnel, matériel et ingrédients nécessaires soient envoyés à Kelung. »

LE POINT A, VUE INTÉRIEURE

D'après une photographie exécutée par M. le lieutenant Jehenne.

Les Chinois, pour nous empêcher d'employer le charbon, l'avaient, d'ailleurs, arrosé de pétrole, auquel ils avaient mis le feu. Malgré les pluies persistantes de la saison d'hiver, la combustion des tas continua lentement pendant toute la durée de l'occupation.

Au delà des parcs à charbon, les établissements de la douane formaient un second groupe d'habitations européennes. Elles furent affectées à l'ambulance (qui ne tarda pas, d'ailleurs, à être encombrée et qu'il fallut dédoubler) et au logement des médecins. Enfin la dernière habitation devint le logement du commandant supérieur et de son état-major.

Une ligne téléphonique la relia au Point A et rendit, dans la suite, les plus grands services.

Plus loin encore, le long de la plage, juste à l'entrée de la rade, au pied des murailles calcinées du fort La Galissonnière, adossé aux derniers escarpements des lignes Ber, un coin de terrain presque plat, chose rare aux environs de Kelung, devint le cimetière du corps expéditionnaire; lugubre emplacement qui devait, en quelques mois, recevoir une vingtaine d'officiers et plus de 500 marins ou soldats.

« Enfin, une direction du port fut organisée. Un enseigne de vaisseau du *Châteaurenault*, M. Guédon, en fut chargé. Deux chaloupes à vapeur, le *Georges* et le *Kowlown*, achetées à Hong-Kong, furent mises à sa disposition, ainsi que deux canots à vapeur et une série de jonques, transformées en chalands. Un dépôt de charbon fut établi sur l'île Palm, il fut alimenté par des steamers de Hong-Kong, naviguant sous pavillon allemand ou russe. Il contenait une réserve minima de 2.000 tonneaux. Un appontement y donnait accès. Dans son voisinage, se trouvaient une douzaine de baraques servant de hangars et un parc aux ancres avec une bigue. Devant Kelung on installa deux appontements pour les embarcations, ainsi que des appareils distillatoires pour l'eau potable et des fours pour la fabrication du pain[1]. »

Les travaux d'installation furent poussés avec la plus grande activité pendant tout le mois d'octobre, sans qu'aucun incident de guerre vînt, d'ailleurs, en troubler la monotonie. On eût dit que les Chinois avaient disparu.

Cruellement éprouvée par les combats du 2 octobre, la gar-

---

1. Maurice Loir.

nison de Kelung s'était retirée dans la direction de Tamsui et se tenait dans un camp retranché aux environs de Switenka. Le gouvernement chinois semblait, d'ailleurs, avoir pris son parti de la perte de Kelung, concentrant tous ses efforts sur les défenses de Tamsui, qui venait de résister victorieusement à notre attaque du 8, mais qui, par le fait même de l'échec qu'elle nous avait infligé, était en droit de s'attendre à devenir l'objectif de nos prochains coups. Toutes les forces disponibles de l'île, tous les renforts qui y débarquèrent y furent appelés. En quelques semaines, Tamsui, à l'abri d'une attaque par mer, devint le centre d'une région fantastiquement fortifiée, formidablement armée, dans laquelle les Réguliers défièrent nos entreprises en attendant qu'ils reprissent eux-mêmes, enhardis par notre inaction forcée, l'offensive contre Kelung.

Les opérations militaires de la fin d'octobre se bornèrent donc à de petites reconnaissances rayonnant à quelques kilomètres autour de Kelung, rendues, d'ailleurs, bien inoffensives par la faiblesse de leurs effectifs et par les difficultés incroyables de la marche dans un pays où, à part trois ou quatre sentiers de piétons, toute voie de communication faisait à peu près défaut.

Le temps se montra superbe, avec quelques journées de forte chaleur, jusqu'aux premiers jours de novembre.

Si la tranquillité du corps expéditionnaire fut à peu près complète pendant cette période, en revanche l'état sanitaire ne tarda pas à devenir détestable.

Le 23 octobre, l'amiral télégraphiait à Paris :

« Acclimatement des troupes difficile, cas nombreux de fièvre typhoïde et même quelques symptômes cholériformes. Du 11 au 23, nous avons perdu 11 hommes, il y a 56 malades à l'Hôpital, dont 12 cas graves. Je ménage autant que possible les troupes jusqu'à la fin de la période malsaine, mais cela retarde beaucoup les travaux et les reconnaissances. »

Prélevés sur les garnisons de la Cochinchine ou sur les colonnes d'opérations du Tonkin, les soldats du corps expéditionnaire avaient, pour la plupart, accompli leurs deux années de séjour colonial. C'est dire que, si leur courage et leur abnégation étaient, comme toujours, incomparables, leur santé était depuis longtemps ébranlée par le climat des tropiques ou par le surmenage d'une campagne pendant laquelle ils avaient donné à la France Sontay et Bac-Ninh, Hong-Hoa, Thaï-Nguyen et Tuyen-Quan. Incapables de résister aux atteintes du mal, ils devaient

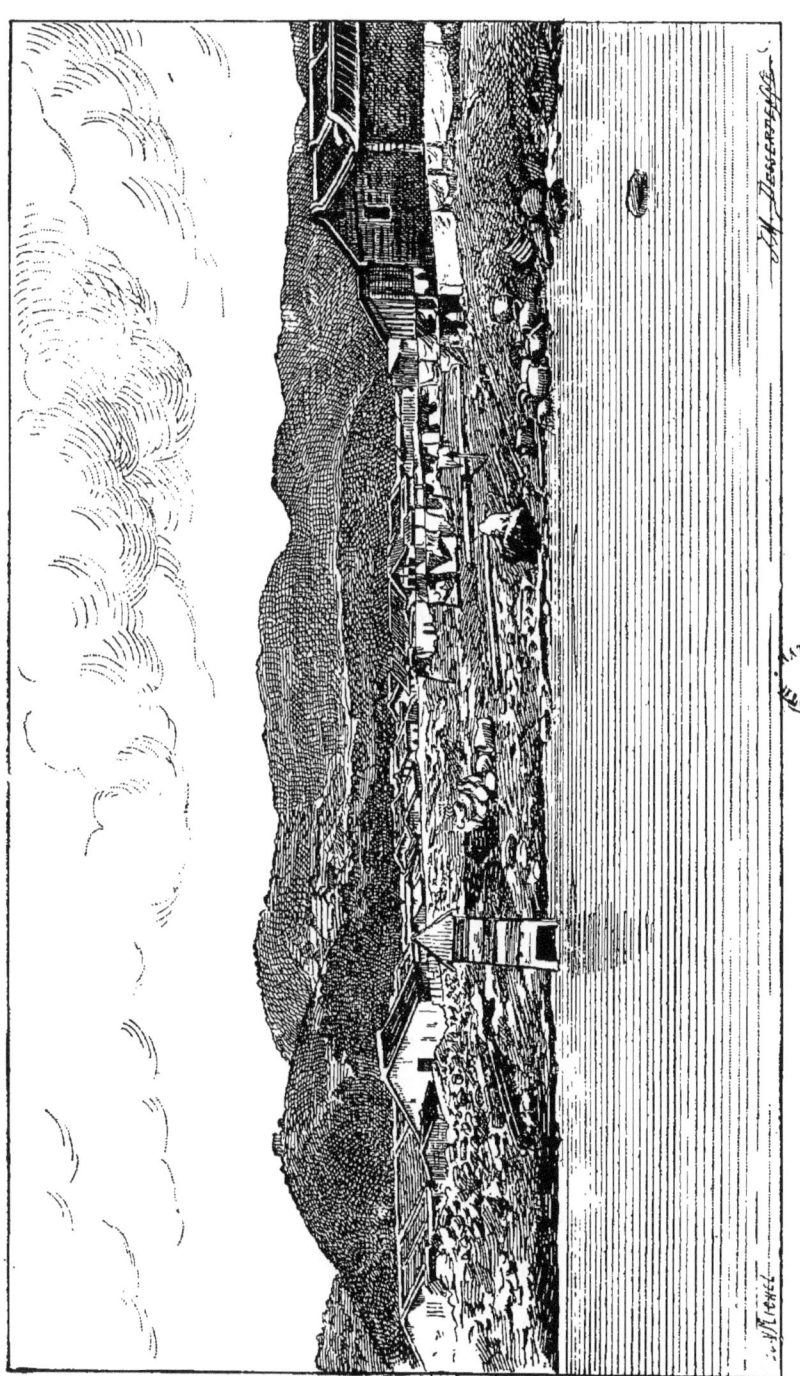

LES LIGNES DE L'EST DE LA VILLE CHINOISE
Vue prise de la pagode Cramoisy.
D'après une photographie exécutée et communiquée par M. le capitaine de frégate Goëz.

fatalement payer un large tribut à l'insalubrité de Kelung, l'un des points réputés, depuis longtemps, les plus malsains de la côte d'Asie.

De quoi mouraient-ils ? De la dysenterie, d'épuisement général, de la fièvre typhoïde, mais surtout d'un mal inconnu que les médecins appelaient fièvre des bois, accès algide, que les hommes appelaient « la maladie » et que l'on attribuait à l'intoxication par l'eau du pays saturée de matières végétales en décomposition. La maladie débutait par de violents maux de tête, des vertiges et des nausées, puis survenait la fièvre avec son cortège de douleurs articulaires, un abattement général, le délire, l'algidité et la mort. L'évolution complète de la maladie ne demandait, le plus souvent, que quelques heures, et tel homme valide le matin était mort dans l'après-midi avant qu'on eût eu le temps de le transporter à l'Hôpital.

La maladie débuta dans les ouvrages de l'Ouest, dont la garnison fut rapidement décimée. Elle prit de telles proportions que l'état moral des hommes (si aguerri et si résigné que soit le soldat de marine) en fut profondément affecté et que, par mesure de prudence, l'amiral dut faire évacuer le fort Thirion, où les atteintes avaient été les plus graves. Les hommes prétendaient que l'eau et le sol étaient empoisonnés. L'évacuation, qui n'eut d'abord qu'un caractère provisoire, devint dans la suite définitive[1].

Malgré ces mesures, l'épidémie continua. Le 9 novembre la *Nive* partit pour Saïgon emportant 52 malades. L'effectif du corps d'occupation était à cette date réduit à 1.750 hommes parmi

---

1. Kelung, 29 octobre. Amiral Courbet à Ministre marine : « Des fièvres typhoïdes graves avec accidents cholériformes ont atteint les garnisons des ouvrages de l'Ouest dès la première quinzaine. Dans les autres, des affections moins sérieuses, quoique nombreuses, se sont manifestées. L'infection des locaux par les troupes chinoises paraît être la cause des premières. On y avait trouvé des blessés, des morts même.

« Un examen attentif et la diminution progressive de la gravité des cas, bien que leur nombre augmentât, permettent aujourd'hui d'imputer cette période malsaine aux difficultés d'acclimatement, aux alternatives de chaleurs et de pluies qui se sont succédé et surtout à la fatigue des troupes venues du Tonkin. Dans le bataillon de cette provenance, la compagnie qui a séjourné longtemps à Thaï-Nguyen a été la plus éprouvée, les officiers n'ayant échappé à l'affection pas plus que les hommes.

« Par mesure de prudence et pour tenir compte de l'état moral du 2º bataillon, j'ai fait évacuer celui des ouvrages qu'il occupait et dans lequel les atteintes du mal avaient été les plus graves. J'y remettrai une garnison dans une quinzaine de jours si l'état sanitaire redevient normal. »

lesquels 350 indisponibles pour raison de santé. Du 1ᵉʳ au 9 novembre il y eut 17 décès.

La pluie continuelle qu'amena le renversement des moussons empêchait d'ailleurs toute amélioration.

Pendant que le petit corps expéditionnaire, tout entier à ses travaux de défense et d'installation, luttait péniblement contre l'insalubrité du climat, le gouvernement chinois, décidé à une lutte à outrance, préparait sur le continent de nouveaux renforts en troupes et en matériel, profitant des occasions favorables pour les jeter à Formose et recourant pour leur transport à l'aide intéressée des navires neutres commandés par des aventuriers de toutes les nations, *les frères de la côte*, comme ils s'appellent, toujours en quête d'aventures et d'argent.

Sous peine d'avoir à lutter contre des difficultés insurmontables lorsqu'il serait devenu possible de reprendre l'offensive, il importait au plus haut point de mettre obstacle au débarquement de ces renforts.

L'amiral avait demandé instamment au gouvernement de sortir de l'*état de représailles*, et, en déclarant franchement la guerre à la Chine, de le débarrasser de toutes les entraves qui paralysaient l'action de son escadre. Le gouvernement ne crut pas devoir entrer dans cette voie.

Cependant il autorisa l'amiral à exercer contre les côtes de Formose un *blocus pacifique*, lequel lui semblait suffisant pour empêcher les Chinois de jeter dans le nord de l'île les troupes et le matériel qu'ils réunissaient à grands frais.

Le 20 octobre, l'amiral lançait du *Bayard* la déclaration suivante :

« Nous soussigné, vice-amiral commandant en chef les forces navales françaises dans l'Extrême-Orient, agissant en vertu des pouvoirs qui nous appartiennent, déclarons :

« Qu'à partir du 23 octobre 1884 tous les ports et rades de Formose compris entre le cap Sud ou Nan-Sha et la baie Soo-Au en passant par l'Ouest et le Nord (ces points placés, le premier par 21°55 de latitude nord et 118°30 de longitude est, le second par 24°30 de latitude nord et 119°34 de longitude est de Paris), seront tenus à l'état de blocus effectif par les forces navales placées sous notre commandement et que les bâtiments armés auront un délai de trois jours pour achever leur chargement et quitter les lieux bloqués[1]. »

---

1. Croquis n° 1 (Ile et détroit de Formose).

« Il sera procédé contre tout bâtiment qui tenterait de violer ledit blocus conformément aux lois internationales et aux traités en vigueur. »

Le blocus ainsi inauguré limitait le droit de visite aux abords immédiats de l'île ; plus tard, le 22 novembre, cette limite fut étendue à cinq milles des côtes. En dedans de cette limite, les navires français avaient le droit de visiter les neutres, de les repousser même par la force ; ils pouvaient les saisir après une première notification spéciale, mais en dehors de cette limite ils n'avaient aucun des droits que leur eût conféré l'état de guerre[1].

Ce genre de blocus reconnu par tous les pays et dont l'Angleterre avait usé largement dans le courant du siècle, fut, d'ailleurs, admis sans protestation par les puissances neutres. Nous n'exercions pas le droit de visite et de capture en haute mer, mais nous nous réservions le droit de fermer hermétiquement l'accès des ports bloqués : « En définitive, il ne différait d'un « blocus de guerre que par un seul point, capital il est vrai : la « concession que nous faisions aux neutres de ne pas exercer en « haute mer la visite de leurs navires[2]. » En retour, il présentait, de l'avis du gouvernement, l'avantage de permettre, quand on le voudrait, la reprise des négociations ; il autorisait vis-à-vis des Chinois toute mesure de guerre sans que celle-ci fût déclarée et, par suite, sans que l'Angleterre, répondant par une déclaration de neutralité, nous fermât l'accès de ses ports de ravitaillement et de relâche : Singapore et Hong Kong. Enfin, il permettait de saisir les navires naviguant sous pavillon chinois[3]. »

Si le blocus pacifique présentait des avantages au point de vue politique, il avait, dans la pratique, de nombreux inconvénients dont le plus grave était, sans contredit, l'énorme disproportion que l'étendue des côtes à surveiller présentait avec la zone extrêmement réduite dans laquelle nos croiseurs avaient le droit d'exercer leur action effective. Quoique renforcée récemment par trois croiseurs, le *Rigault-de-Genouilly*, le *Nielly* et le *Champlain*, l'escadre était numériquement insuffisante pour assurer un blocus efficace au milieu des difficultés sans nombre résultant de la pluie, de la brume, de la mer énorme et des coups de vent continuels de la mousson du nord-est.

---

1. Instruction de l'amiral (22 novembre).
2. Maurice Loir.
3. Réponse de M. Jules Ferry à la Commission des crédits du Tonkin. Séance du 6 novembre.

« Pour que le blocus fût efficace, les navires échelonnés le long de la côte auraient dû toujours être, deux à deux, en vue l'un de l'autre. Mais, pour arriver à ce résultat, il aurait fallu quadrupler le nombre des croiseurs de l'amiral[1]. Tels qu'ils étaient, ils ne pouvaient se rapprocher davantage et les espaces qui les séparaient laissaient sur la côte bien des points libres et facilement accessibles. Du reste, notre présence était signalée aux forceurs de blocus par les insulaires eux-mêmes. Suivant que nos croiseurs étaient un, deux ou trois, ils allumaient sur le rivage un, deux ou trois feux visibles de la haute mer. Et, si les croiseurs longeaient la côte, les feux se déplaçaient dans le même sens indiquant que tel ou tel point était gardé et que tel ou tel autre ne l'était pas[2]. »

Le peu de largeur du canal de Formose permettait aux navires neutres d'effectuer aisément leurs voyages de contrebande. Une véritable industrie de transports clandestins ne tarda pas à s'organiser dans les ports du continent. Encouragés par les énormes primes qui leur étaient offertes, les steamers cosmopolites des côtes d'Asie, en quête d'un chargement, se mirent à la disposition du gouvernement chinois et, transformés en audacieux forceurs de blocus, trompant par les nuits orageuses la surveillance de nos navires, jetèrent leurs chargements, hommes, armes et munitions, en des points perdus de la côte de Formose. C'est ainsi que les vapeurs anglais *Namoa*, *Ping-On*, *Douglas*, *Activ* et surtout le *Wawerley* réussirent, à plusieurs reprises, à faire passer les soldats et le matériel qu'attendait le général Liu Min-Chang[3]; au point que l'effectif des troupes de ce dernier, limité en septembre 1884 à 5.000 hommes, atteignit, en janvier 1885, le nombre de 30.000 combattants, parfaitement armés et équipés.

Quant aux navires de commerce chinois, sur la saisie desquels comptait le gouvernement, une vente fictive avait suffi pour

---

1. Kelung 11 novembre. Amiral Courbet au Ministre de la marine: « Je regrette vivement nouvelle entrave qui résulte interdiction visiter les neutres. Le service du blocus est extrêmement pénible pour la marine en cette saison et perd ainsi la majeure partie de son efficacité. Si les neutres chargés de contrebande ou de troupes ne craignent pas d'être visités et saisis hors de la zone bloquée, ils trouveront l'occasion de tromper la vigilance de nos bâtiments. Il faudrait employer 40 bâtiments à ce blocus pour les empêcher. »

2. Maurice Loir.

3. Commandant en chef des forces chinoises à Formose.

les mettre à l'abri des investigations de nos croiseurs en changeant leur nationalité [1].

Si les efforts des croiseurs ne purent avoir raison des forceurs de blocus, du moins capturèrent-ils un grand nombre de jonques de commerce dont le chargement alla, suivant sa nature, grossir les approvisionnements de Kelung, ou à Saïgon pour être vendu comme prise sur l'ennemi. En outre, dès le début du blocus, une canonnière des douanes anglo-chinoises, le *Feï-Ho*, qui avait, au mépris de la parole donnée, violé le blocus de Taïwan-Fou, fut mise sous séquestre (30 octobre). Son état-major fut détenu, jusqu'à la fin des hostilités, à bord des différents navires de l'escadre, et un lieutenant de vaisseau reçut le commandement de la canonnière qui, en raison de son faible tirant d'eau, fut avantageusement utilisée par l'amiral dans les opérations autour de Kelung.

Pendant que la Chine se disposait à défendre si énergiquement le coin du territoire où nous avions pris pied, le gouvernement français, reconnaissant enfin l'insuffisance du corps expéditionnaire, préparait l'envoi de nouveaux renforts. Mais, fidèle aux demi-mesures qu'il pratiquait au Tonkin, il marchandait à l'amiral quelques bataillons, et au lieu de 3.000 hommes et de l'artillerie demandés [2], n'envoyait que deux bataillons sur

---

[1]. La seule compagnie chinoise de navigation à vapeur, la *China Merchant Company*, dont le principal actionnaire était Li Hung Chang, avait été dès le mois d'août vendue à la Compagnie américaine Russel pour 5 millions 1/4 de taëls, soit environ 40 millions de francs. C'était probablement une vente fictive. Il n'en fut pas moins acquis que tous les navires de la *China Merchant* naviguèrent depuis lors sous pavillon américain (Maurice Loir).

[2]. Le 23 octobre, au lendemain de la déclaration du blocus pacifique, l'amiral avait télégraphié au Gouvernement :

« L'occupation de Kelung sera sans influence sur les décisions de la Chine. Cependant, avec le blocus de Formose nécessité par l'échec de Tamsui, elle immobilisera la majeure partie de nos bâtiments. Cette campagne, mal engagée, nous conduira inévitablement à un déploiement plus considérable des forces de terre et de mer au printemps pour en finir. »

Comme mesure transitoire, le Gouvernement avait annoncé, le 30 octobre, à l'amiral, l'envoi prochain d'un renfort de 1.000 hommes ; puis jugeant que l'échec subi devant Tamsui rendait la prise et l'occupation de cette ville indispensables, il avait, le 4 novembre, invité par télégramme l'amiral à faire connaître sans retard les renforts dont il aurait besoin en prévision de cette opération, infanterie, génie, matériel et munitions. En même temps, ce dernier était informé qu'un bataillon d'Afrique à l'effectif de 800 hommes allait incessamment lui être envoyé. (Télégrammes des 30 octobre et 4 novembre 1884.)

L'amiral répondit, le 11 novembre, qu'il était impossible de songer à un débarquement devant Tamsui pendant la mousson du nord-est. Il était nécessaire, à cette époque de l'année, d'attaquer par terre en partant de Kelung avec le concours des bâtiments au mouillage extérieur. Cette opérale pied de guerre et le matériel d'une batterie de 80 millimètres de campagne. Dans les premiers jours de novembre, deux bataillons de l'armée d'Afrique furent appelés à l'honneur de servir, en Extrême-Orient, sous les ordres de l'amiral Courbet. C'étaient le 3ᵉ bataillon d'infanterie légère d'Afrique, stationné à Batna, et le 4ᵉ bataillon du 2ᵉ régiment Étranger, à Saïda. Ces bataillons devaient être prêts à s'embarquer le 20 novembre. Deux transports affrétés de la Compagnie nationale, le *Cholon* et le *Canton*, devaient les recevoir et les porter à Kelung sans perdre un jour. L'amiral avait demandé en même temps au gouvernement de mettre à sa disposition un général de brigade pour commander le corps expéditionnaire et diriger les opérations à terre. Le colonel Duchesne, alors au Tonkin et qui venait de s'illustrer par le combat de Yuoc, fut désigné.

Le *Cholon* partit de Philippeville le 22 novembre. Malgré sa vitesse, maintenue constamment supérieure à 12 nœuds, après n'avoir fait qu'une escale de vingt-quatre heures à Singapore et une relâche de quarante-huit heures à Saïgon, ce navire n'arriva à Kelung que le 6 janvier 1885. Le *Canton* n'y fut que le 20 du même mois.

Le corps expéditionnaire devait donc, à cette date seulement, être en mesure de reprendre l'offensive. Les Chinois attendirent moins longtemps. Enhardis par notre inaction, ils ne tardèrent pas à sortir de leurs positions de Tamsui, et, remontant la vallée, se rapprochèrent, non seulement sans être inquiétés, mais encore sans donner l'éveil. Le 2 novembre, ils rouvrirent les hostilités par une vigoureuse attaque du secteur Sud.

tion devait, d'après l'amiral, nécessiter l'envoi d'au moins 3.000 hommes, plus deux batteries de montagne, une compagnie du génie, le personnel de l'intendance et les services auxiliaires pour 6.000 hommes. Ceci, sans préjudice de l'envoi du bataillon d'Afrique déjà annoncé et en admettant que l'effectif des bataillons de marine serait complété. Il y avait alors 10.000 hommes de troupes chinoises entre Kelung et Tamsui et autant à Taïwan-Fou. Enfin l'amiral demandait en même temps l'envoi d'un général de brigade pour commander le corps d'occupation et l'expédition, étant lui-même trop fatigué pour prendre la direction effective des opérations à terre. (Télégramme de l'amiral du 11 novembre 1884).

Un tel déploiement de forces ne fut pas jugé possible par le Gouvernement qui, après un nouvel examen de la question, ajourna l'opération contre Tamsui en invitant l'amiral à se contenter d'occuper les Mines, et l'informa qu'en conséquence l'envoi du bataillon d'Afrique était seul décidé. (Télégrammes des 14 et 16 novembre.)

Enfin le 21 novembre, le Gouvernement revenant sur cette décision informa l'amiral que le steamer *Canton* portant un bataillon de Légion étrangère à 1.000 hommes quitterait Alger le 25 novembre à destination de Kelung.

CHAPITRE V

**Reprise des opérations actives devant Kelung.
Attaque du secteur Sud par les Chinois. — Reconnaissances du 13
et du 14 novembre. — Reconnaissance de la Dent.
Opération du 12 décembre. — Arrivée du colonel Duchesne.
La situation au 1ᵉʳ janvier 1885.**

Il était à peu près six heures du matin, le 2 novembre, lorsque les sentinelles du secteur Sud signalèrent l'approche de nombreuses troupes chinoises débouchant du coude de la rivière de Tamsui et remontant la vallée qui aboutit au fort Leverger (fort Tamsui). On sonna aux postes de combat et l'on ouvrit le feu immédiatement[1]. Les groupes chinois manœuvraient de façon à déborder la droite de notre ligne de défense. Leur premier objectif semblait être le fort Thirion que nous venions d'évacuer depuis trois jours, en raison de l'épidémie qui ravageait la garnison. Cette particularité ne leur était évidemment pas inconnue.

Ce mouvement de l'ennemi fut arrêté net. Vigoureusement accueillis par nos feux de salves, par la mitraille et les coups de Hotchkiss, les Chinois renoncèrent au bout d'une demi-heure à l'exécution de leur mouvement enveloppant et cherchèrent un refuge derrière les crêtes du sud-ouest.

Au même instant, une autre bande se montrait vers le sud-est, au sommet des gorges qui débouchent dans la vallée de Tamsui, couronnait les crêtes et s'avançait en ordre de combat sur la gauche du secteur. Obligée de se découvrir de temps en temps pour gagner du terrain, elle éprouvait des pertes sensibles et finalement lâchait pied à son tour.

L'attaque de l'ennemi était arrêtée sur toute la ligne; cepen-

---

1. Croquis nº 8 (Le secteur Sud et le fort Tamsui).

dant il ne se tenait pas pour battu. A sept heures, il reprit l'offensive contre le Nid d'Aigle ; une pièce légère fut même amenée par lui à 200 mètres battant une partie du blockhaus[1]. Ce fut un combat acharné pendant lequel les Chinois déployèrent une remarquable intrépidité. Les ouvrages français furent un moment complètement cernés, le Nid d'Aigle eut à plusieurs reprises à repousser des assauts furieux. Fusillé à bout portant par la garnison du blockhaus, pris à revers et d'écharpe par l'artillerie et la mousqueterie du fort Tamsui, l'ennemi plia enfin après une demi-heure d'efforts infructueux. Il battit en retraite vers le sud, dissimulant ses traces à la faveur des brousses et des replis de terrain et laissant entre nos mains un drapeau de mandarin de 1re classe. A ce moment, un renfort arrivait de Kelung : la 23e compagnie du 2e régiment avec le commandant Lacroix. Elle ne put que contribuer à accélérer la retraite de l'ennemi, en prenant position sur les hauteurs à l'ouest de la route, d'où elle poursuivit les fuyards de ses feux de salves jusqu'à dix heures du matin.

Des renseignements recueillis dans la suite il résulta que deux mille Chinois étaient partis vers minuit, du camp de Switenka, à 17 kilomètres de Kelung, sur la route de Tamsui. Sur le nombre, 1,200 environ avaient pris part à l'action. Leurs pertes, dont le chiffre exact ne put être déterminé, furent considérables. De notre côté, nous n'eûmes qu'un blessé[2].

Le 4 novembre, une colonne légère (les 22e et 27e compagnies du 2e régiment, capitaines Thirion et Cramoisy, ainsi que deux compagnies du 3e régiment), quitta Kelung à six heures du matin sous les ordres du commandant Lacroix pour aller reconnaître la vallée de Tamsui. Nos troupes franchirent la rivière de Tamsui au gué de Tché-Taou et s'avancèrent à environ 4 kilomètres au delà des postes français. Elles revinrent à Kelung après avoir échangé quelques coups de feu avec un ennemi qui s'était prudemment tenu à distance de nos armes. Les pertes de la colonne étaient nulles[3].

L'alerte du 2 novembre avait été chaude. L'attaque des Chinois, déjouée par la vigilance de nos sentinelles, n'avait échoué que grâce à la présence d'esprit et à l'habileté du capitaine Leverger, commandant du fort de Tamsui. Cet officier fut cité à l'ordre de l'escadre

---

1. Rapport de l'amiral Courbet, 10 novembre 1884.
2. L'artilleur Delrue, blessé d'une balle à la joue.
3. Extrait de l'*Historique du 2e régiment d'infanterie de la marine*.

LA VALLÉE CRAMOISY, CASCADE DE NAÏ-NIN KA

D'après une photographie exécutée et communiquée par M. le capitaine de frégate Goëz.

et du corps expéditionnaire avec l'enseigne de vaisseau Wallut, commandant la section de canonniers marins, le lieutenant Perrin, chef de poste du Nid d'Aigle, et le lieutenant Cormier qui reçurent, à cette occasion, leurs troisièmes galons [1].

Ce retour offensif des troupes chinoises attestait de leur part une vigueur et une confiance auxquelles nous n'étions pas habitués. C'était un indice évident que l'ennemi avait reçu de puissants renforts. De notre côté la situation numérique, loin de s'améliorer, n'avait fait qu'empirer. Il eût fallu pouvoir continuer immédiatement la poursuite avec deux ou trois bataillons et culbuter l'ennemi de ses avant-postes de Switenka ; nous n'en n'avions pas les moyens : il restait tout au plus 1.400 hommes en état de porter les armes, sur lesquels deux ou trois compagnies pouvaient être réunies pour marcher [2].

Succès stérile pour nous, l'affaire du 2 novembre était pour l'ennemi une sévère leçon. Convaincus, dès lors, de l'inutilité d'un retour offensif, les Chinois adoptèrent un genre de tactique plus conforme à leur caractère. Ils entreprirent l'investissement méthodique de Kelung, ne s'installant sur une position qu'après s'y être retranchés, se rapprochant peu à peu de nos lignes, mais toujours à couvert, barrant d'abord les vallées, puis fermant les cols d'accès et couronnant les sommets.

Le 12 novembre, une compagnie fut envoyée en reconnaissance dans la vallée qui sépare le Nid d'Aigle des hauteurs du Cirque. Vers l'extrémité de cette vallée se trouve une cascade et, tout auprès, le petit village de Naï-Nin Ka. Arrivée à la hauteur de la cascade, la compagnie se heurta à un ouvrage chinois nouvellement installé. C'était une tranchée établie sur une position escarpée dont les abords paraissaient inattaquables. Assaillie à coups de fusil, la reconnaissance revint en bon ordre, tenant l'ennemi en respect par des feux de salves [3].

Il devenait évident que l'ennemi avait entrepris de nouveaux travaux dont il importait de reconnaître, sans tarder, la force et le caractère. Une forte reconnaissance offensive fut organisée en mettant sur pied tous les éléments disponibles. Elle se mit en marche, le 13 au matin, forte de quatre compagnies et d'une section d'artillerie [4], sous les ordres du commandant Lange. Le

---

1. Le capitaine Perrin a été tué à l'ennemi au Tonkin en 1892.
2. Rapport de l'amiral Courbet.
3. Croquis n° 3 (Les positions sud et sud-est de Kelung).
4. Deux pièces de 4 de montagne portées par des coolies.

lieutenant-colonel Bertaux-Levillain en réglait la marche et en surveillait l'exécution.

La position occupée par l'ennemi se trouvait à deux kilomètres environ de Kelung. Des sentiers à peine tracés semblaient y conduire. La colonne s'engagea dans les hauteurs qui dominent immédiatement la vallée à l'est. Après deux heures d'une marche très pénible dans un terrain couvert de hautes herbes et de fourrés épais, l'avant-garde se heurta contre un gros de Chinois qui l'attaqua presque à bout portant, sans cependant lui faire essuyer la moindre perte[1]. La colonne se porta immédiatement sur la hauteur voisine, vers la gauche, où il était possible de mettre les pièces en batterie. L'ennemi ne tarda pas à être délogé par les projectiles, mais la journée était trop avancée pour qu'on pût continuer le mouvement en avant.

La colonne prit ses dispositions pour passer la nuit sur place, quoique l'apparence du temps fût des moins engageantes. On se trouvait exactement à sept cents mètres de l'entrée de la vallée et de la pagode Cramoisy.

Le lendemain 14, après une nuit sans alerte, mais pendant laquelle une pluie torrentielle ne cessa de tomber, on se remit en marche dès la pointe du jour. Les difficultés du terrain rendaient la marche encore plus pénible que la veille. Plus de sentier : on se frayait lentement un passage à travers la brousse. Au bout de deux heures, la tête de la colonne atteignait la hauteur occupée la veille par l'ennemi et y prenait position sans être inquiétée. Elle avait gagné trois cents mètres en ligne droite. Elle descendit ensuite avec les mêmes difficultés dans la vallée suivante, protégée par l'artillerie qui venait de se mettre en batterie sur la nouvelle position. Bientôt un escarpement infranchissable ne tarda pas à barrer tout passage. Il fallut rebrousser chemin et chercher un col. Quel pays ! et combien il eût été facile à un ennemi entreprenant d'anéantir la colonne ! Enfin une brèche est trouvée, l'obstacle est tourné et l'avant-garde débouche tout d'un coup devant Naï-Nin Ka et l'ouvrage chinois. Il était évacué. Pendant qu'une partie de la colonne prenait position face au sud, des escouades de travailleurs démolirent l'ouvrage ainsi qu'une petite coupure barrant un sentier qui semblait rejoindre la route de Tamsui[2]. Les paillottes de Naï-Nin Ka qu'on avait tout lieu

---

1. Rapport de l'amiral Courbet, 25 novembre 1884.
2. Ibid.

de croire un centre d'approvisionnement pour l'ennemi furent incendiées.

Le but de la reconnaissance était atteint. Nous n'avions, en somme, eu affaire qu'à des postes d'observation. Le gros des forces chinoises était en arrière, à Locktou et à Switenka[1]. Le 13, dès le début de la reconnaissance, des renforts étaient partis de ces deux points ; mais les ouvrages du secteur Sud qui avaient des vues sur la vallée de Tamsui arrêtèrent leur marche à coups de Hotchkiss.

La colonne, après avoir passé une deuxième nuit dehors, rentra le 15 à Kelung, à quatre heures du soir, exténuée de fatigue. Un officier, le lieutenant Cortial, et 2 hommes avaient été légèrement blessés.

Un tel effort, demandé à des troupes depuis longtemps anémiées et affaiblies, n'était pas de nature à améliorer leur état sanitaire, que des coups de vent et une pluie continuelle contribuaient, au contraire, à empirer. Il y eut 16 décès du 9 au 20 novembre[2]. Il y avait, à cette dernière date, 136 malades à l'Hôpital, et 229 indisponibles, l'effectif valide était réduit à 1.200 hommes.

En outre, 272 sous-officiers et soldats avaient ou étaient sur le point d'atteindre l'époque de leur libération. Il était urgent de les rapatrier, l'effectif allait donc tomber à 900 hommes. Les renforts annoncés étaient bien sur le point de s'embarquer; mais il leur fallait encore un minimum de six semaines pour arriver à Kelung et, pendant ce temps, la situation, déjà bien précaire, pouvait devenir des plus inquiétantes.

L'amiral voulut emprunter à la Cochinchine quelques compagnies de tirailleurs annamites. Habituées au climat de l'Extrême-Orient, elles eussent rendu à Kelung les plus grands services en attendant l'arrivée des troupes d'Afrique. Une demande fut adressée en ce sens au gouvernement le 14 novembre[3]; mais le gouverneur de la Cochinchine, après avoir pris l'avis du général Bouët, commandant les troupes, informa l'amiral qu'il renonçait à lui envoyer ce contingent[4].

C'était donc avec la plus vive impatience que le corps expé-

---

1. Croquis n° 2 (Le nord de Formose).
2. Dont le capitaine Marty.
3. Kelung, 14 novembre : « 8 artilleurs et 264 soldats d'infanterie auront 5 ans de service le 31 décembre. Je compte sur beaucoup de non-disponibles parmi ceux qui terminent 2 ans aux colonies. Pourriez-vous les remplacer par 300 tirailleurs annamites ? La *Nive*, qui est à Saïgon, les rapporterait. »
4. Lettre de l'amiral, 23 décembre.

ditionnaire, réduit à ses seules ressources, attendait l'arrivée des renforts. Tour à tour terrassiers ou combattants, les soldats laissaient le fusil pour prendre la pioche, s'efforçant d'enrayer l'œuvre d'investissement à laquelle ils assistaient impuissants, ou réparant à grand'peine les dégâts que les pluies torrentielles occasionnaient dans nos ouvrages. Une bonne partie des abris en paillottes étaient devenus insuffisants, il était urgent de les remplacer par des constructions plus solides. L'amiral traita avec un entrepreneur de Saïgon pour la construction de baraquements en planches.

Rien n'était négligé, d'ailleurs, pour améliorer les conditions d'existence et surtout l'état moral des troupes.

« La sollicitude de l'amiral était si constante et si vive que le découragement ne s'emparait de personne. Chaque jour, malgré la pluie, malgré le vent, malgré la mer, malgré ses écrasantes occupations, il quittait le *Bayard* pour aller faire sa tournée aux ambulances; avec un mot, il redonnait la confiance à ces pauvres gens, victimes de la fièvre ou de la dysenterie, et il se faisait un devoir de suivre jusqu'au cimetière le convoi de chaque officier mort à la peine. Il envoyait à terre la musique de son navire pour distraire un peu les malades et les convalescents[1]. »

A sa demande, les paquebots réguliers des Messageries maritimes qui vont de Hong Kong au Japon touchaient à Kelung, apportant le courrier de France et des vivres frais. Quatre jours leur suffisaient généralement pour effectuer la traversée de Yokohama à Kelung. Ils apportaient du bétail vivant (des petits bœufs à bosse que des gardiens en armes faisaient ensuite pâturer aux environs du Point A), des monceaux de gibier, cerfs, lièvres et faisans, des volailles et des œufs, toutes choses absolument introuvables à Kelung.

Les pommes de terre venaient de Hong Kong, la farine de l'Australie ou de la Californie.

Un négociant français de Hong Kong, nommé Marty, était venu s'établir à Kelung avec une cargaison de conserves de toutes sortes. Un Anglais et un Américain s'installèrent également; mais, soupçonnés d'entretenir des relations avec l'ennemi, ils furent expulsés au bout de quelque temps.

Cependant l'ennemi, reprenant confiance, se rapprochait de jour en jour. En face du Nid d'Aigle, un soulèvement rocheux

---

1. Maurice Loir.

LA PAGODE CRAMOISY, VUE INTÉRIEURE

D'après une photographie exécutée et communiquée par M. le capitaine de frégate Goëz.

situé à 300 mètres dans le sud-est, présente l'aspect d'une dent tournant ses escarpements vers le nord. Le versant sud, moins abrupt, est complètement défilé des vues du Nid d'Aigle. La Dent domine le Nid d'Aigle d'une vingtaine de mètres. C'était un emplacement tout indiqué pour un poste d'observation. Les Chinois en profitèrent[1].

Le 27 novembre, une compagnie exécuta une reconnaissance de la Dent. Elle la trouva occupée et en délogea l'ennemi, mais les Chinois réoccupèrent la position aussitôt après le départ de la reconnaissance.

Le 7 décembre, une nouvelle reconnaissance fut dirigée sur le même point. Le capitaine Thirion, qui la commandait, y surprit un parti chinois installé sous un abri casematé. Il bouleversait les travaux en cours d'exécution, lorsque l'ennemi, revenant à la charge avec des forces nombreuses, l'obligea à regagner nos lignes. Le capitaine Thirion avait eu le temps de constater la présence, sur un escarpement à 300 mètres en arrière de la Dent, d'un nouvel ouvrage que ne battaient ni les feux du Nid d'Aigle, ni les projectiles du fort Tamsui. Cet ouvrage commandait complètement la vallée qui aboutit à la pagode Cramoisy.

C'était, à n'en pas douter, l'amorce des travaux que l'ennemi se proposait d'entreprendre de ce côté. Une nouvelle reconnaissance, plus forte cette fois, fut organisée pour en déloger les défenseurs et détruire les ouvrages commencés.

Elle se composait de deux compagnies, formant un total de 130 hommes, sous le commandement du capitaine Thirion. La garnison du secteur Sud, 200 hommes environ, devait également concourir à l'opération. Le commandant Lacroix la dirigeait.

La colonne fut concentrée dans le fort Tamsui, qu'elle quitta à six heures du matin. On n'avait tiré auparavant ni un coup de canon ni un coup de fusil, afin ne pas donner l'éveil à l'ennemi[2]. Le capitaine Thirion, avec une centaine d'hommes, se porta directement sur l'ouvrage, pendant que deux pelotons de 30 fusils chacun se plaçaient en embuscade au sud et à l'est, de façon à prendre en flanc les défenseurs ; le premier, commandé par le lieutenant Cormier, prit position sur un contrefort au sud du fort Tamsui, pendant que le 2º (lieutenant Legros) se postait au sud du Nid d'Aigle.

La compagnie Thirion, s'avançant avec des précautions

---

1. Croquis nº 8 (Le secteur Sud et le fort Tamsui).
2. Rapport de l'amiral, Kelung, 23 décembre 1885.

infinies, atteignit l'ouvrage à sept heures vingt minutes, sans avoir éveillé l'attention de sa garnison. En un instant, elle est dans le fort. Les Chinois, affolés, se jettent sur leurs armes, les uns s'enfuient, d'autres sont expédiés sur place à coups de baïonnette. C'est une lutte corps à corps. Une vingtaine de Chinois se sont enfermés dans un abri casematé. Une seule porte basse y donne accès. Impossible d'y pénétrer sans s'exposer à des pertes sérieuses. Le capitaine Thirion fait, en quelques minutes, amonceler devant la porte un tas d'herbes sèches et y met le feu. Les Chinois, enfumés, sortent les uns après les autres et sont tués ou pris à la sortie.

L'ouvrage consistait en un parapet formant une enceinte triangulaire, dont le sommet le plus élevé était dirigé vers nos lignes. Il renfermait deux casemates, l'une achevée (c'était celle qui fut enfumée), l'autre en construction. Il n'y avait pas une minute à perdre pour les bouleverser.

Une partie de la compagnie Thirion, déposant ses armes dont elle venait de se servir avec tant de sang-froid, se mit immédiatement à l'ouvrage. Elle eut bientôt à tenir tête au gros des troupes chinoises qui, revenues de leur surprise, reprirent l'offensive. Pendant que quelques escouades font le coup de feu contre l'ennemi, qui s'approche à moins de 100 mètres à la faveur des fourrés, plusieurs travailleurs sont blessés.

Le colonel Bertaux-Levillain, qui était arrivé au Nid d'Aigle avec une compagnie de renfort, fit soutenir par un peloton le capitaine Thirion et lui fit envoyer des munitions.

Enfin, à neuf heures trente minutes, la partie de l'ouvrage tournée vers nos positions étant bouleversée, la compagnie Thirion se replia en bon ordre sur le fort Tamsui, suivie de près par la ligne chinoise qui attribuait à l'effet de son feu cette marche rétrograde.

Ce mouvement de la ligne ennemie ne tarda pas à être arrêté net par un feu terrible des deux pelotons Cormier et Legros qui, habilement dissimulés, avaient attendu ce moment pour se démasquer. Les Chinois ne tardèrent pas à lâcher pied et s'enfuirent en désordre en éprouvant des pertes énormes. Ils eurent plus de 300 tués ou blessés. Nous n'avions de notre côté qu'un tué et 7 blessés dont deux mortellement.

Cette opération, conduite avec autant de bravoure que de décision par le capitaine Thirion, faisait honneur à nos troupes. Elles y avaient déployé, une fois de plus, une solidité à toute épreuve[1]. Mais, comme toutes celles qui l'avaient précédée, tout en rendant les Chinois plus circonspects, elle ne les éloignait pas de façon à garantir à nos lignes la tranquillité dont elles avaient besoin.

De jour en jour, le cercle d'investissement se resserrait. Les ouvrages détruits le 12, puis la Dent, ne tardèrent pas à être réoccupés, cette fois d'une façon définitive. Ce fut, dès lors, entre ce dernier point et le secteur Sud un échange journalier de coups de fusil.

De temps en temps, pour en finir, un obus du fort Tamsui bouleversait le sommet de l'ouvrage chinois. On avait alors quelques heures de tranquillité. Mais, la nuit suivante, les Chinois refaisaient, en sécurité, leur abri et le lendemain, à la pointe du jour, l'énervante fusillade recommençait.

Dès le milieu de décembre, les Chinois ayant reçu, sans doute, de nouveaux renforts, s'étendirent vers l'est, si bien qu'un matin les sentinelles des lignes Ber s'aperçurent qu'elles avaient en face d'elles, de l'autre côté de la vallée, des sentinelles ennemies qui les observaient derrière des bourrelets de terre fraîchement remuée. Les Chinois venaient de s'installer sur le Cirque, ils couronnaient la ligne des crêtes depuis la vallée Cramoisy jusqu'à la route de Pétao. Ils s'établirent d'abord aux cotes 212 et 171, fermèrent par une coupure le col donnant accès sur l'autre versant, à la cote 89, ainsi que l'escalier par lequel la route de Pétao franchit la ligne de partage. Puis ils fortifièrent les sommets secondaires de la longue falaise, les pitons 180 et 147, reliant le tout par des tranchées continues.

On les laissa faire; à quoi bon d'ailleurs les déloger au prix de sanglants sacrifices, puisqu'on était dans l'impossibilité de les empêcher de recommencer? On attendait les renforts avec résignation, il n'y avait plus rien à faire avant leur arrivée.

L'état sanitaire allait d'ailleurs de mal en pis. Du 20 novembre au 1er décembre il y avait eu 26 décès, 220 malades encombraient les hôpitaux qu'il avait fallu dédoubler de nouveau, 260 hommes étaient indisponibles dans les compagnies. L'effectif valide était de 1.100 hommes[2]. Le 23 décembre il tomba au-dessous d'un millier.

---

1. Rapport de l'amiral. Le commandant Lacroix, le capitaine Thirion, les lieutenants Cormier et Legros furent cités à l'ordre du corps expéditionnaire.

2. Kelung, 1er décembre. Amiral Courbet à Ministre marine: « Etat sanitaire pire que jamais. Du 20 novembre au 1er décembre, 26 décès. Aujour-

Des hauteurs du Cirque et du fond de la vallée Cramoisy, les Chinois poussaient, la nuit, des partis jusque dans Kelung ; le déplacement de la moindre corvée exigeait une escorte en armes. Les abords du cantonnement et la ville regorgeaient d'espions et de Réguliers en maraude.

Les généraux chinois avaient mis à prix les têtes françaises : 50 taëls par soldat, soit un peu plus de 350 francs.

« Cette mise à prix des têtes françaises, dit Maurice Loir, donna lieu à des horreurs sans nom. Les Chinois allaient, pendant la nuit, violer les tombes fraîches pour déterrer les morts et leur couper la tête. Il fallut organiser sous la tente un poste chargé de garder le cimetière. Cette profanation de la mort exaspérait à un haut degré les soldats et quelques-uns méditèrent une vengeance bien légitime. Ils firent un enterrement simulé. Dans le cercueil, des artilleurs mirent deux obus dont les fusées, par une disposition quelconque, devaient prendre feu au moment de l'ouverture du couvercle. Les coupeurs de têtes furent aperçus la nuit suivante, rôdant auprès de la tombe. Le poste leur laissa accomplir leur lugubre besogne ; malheureusement les obus n'éclatèrent pas, mais les sinistres travailleurs de nuit n'en furent pas moins fusillés sur place. »

L'amiral ne cessait de signaler au gouvernement le côté critique de la situation. Un instant, il avait compté sur l'arrivée des 300 Tirailleurs annamites demandés à la Cochinchine pour affermir un peu l'occupation et tirer un meilleur parti des reconnaissances offensives. Il avait dû renoncer à les recevoir.

Le colonel Duchesne était arrivé à bord de la *Vipère*, le 15 décembre ; il partageait sans réserves l'avis de l'amiral[1].

---

d'hui, avons 220 malades à l'hôpital et 260 à la chambre. Prière envoyer médecin principal pour le service à terre. Il reste aujourd'hui 1.100 hommes disponibles. »

1. Kelung, 23 décembre. L'amiral Courbet au Ministre de la marine: « Il reste à peine 1 millier d'hommes en état de porter les armes. Je comptais sur l'arrivée des deux compagnies de Tirailleurs annamites pour affermir un peu notre occupation et tirer un meilleur parti des reconnaissances offensives que nécessite le voisinage immédiat de l'ennemi. Le gouverneur de la Cochinchine, après avoir consulté le général Bouët et le lieutenant-colonel Miramond, a dû renoncer à m'envoyer ce contingent. Aussi j'attends avec la plus vive impatience l'arrivée des renforts. Jusque-là la situation sera précaire et peut devenir critique d'un moment à l'autre. Le colonel Duchesne, arrivé le 15 par la *Vipère*, partage mon avis sans réserves. »

« En présence de notre inaction, et n'ignorant ni l'état sanitaire de nos troupes ni la réduction d'effectif qui en a été la conséquence, les Chinois s'enhardissent. Ils rapprochent leurs lignes des nôtres et viennent construire

L'escadre assistait impuissante à la contrebande des neutres, qu'il lui était interdit de visiter en haute mer. Quant au gouvernement chinois, continuant à utiliser le concours de ces derniers sur la plus large échelle, il en profitait pour développer ses préparatifs de guerre. Les journaux de Hong Kong et de Shanghaï étaient remplis des prouesses des forceurs de blocus qui jetaient journellement, aux quatre coins de l'île, matériel et bataillons de renforts.

« C'était la conséquence de l'état de représailles. L'amiral avait espéré y échapper après les affaires de la rivière Min. Il lui semblait que le gouvernement se déciderait alors à le débarrasser de ces entraves en déclarant la guerre. Il espérait encore qu'après Fou-Chéou, Port-Arthur serait devenu le seul objectif de son escadre. C'était dans le Nord, il ne cessait de le répéter, qu'il fallait frapper un nouveau coup. Son télégramme du 13 septembre exposait clairement son plan de campagne, mais ses instances restaient stériles. Vainement avait-il exprimé toute sa pensée contre l'occupation de Kelung, il avait été loin cependant d'y prévoir tous les déboires qui l'y attendaient.

« L'occupation de Kelung et des Mines ne pouvait, de l'avis de l'amiral, donner ni base d'opérations ni gages sérieux. Même quand nous aurions possédé Tamsui et toute la partie comprise entre ces deux points, nous n'aurions retiré de cette possession que des avantages hors de proportion avec les dépenses obligées. La Chine nous y combattrait sans cesse. Pour le moment, disposé

des ouvrages à quelques centaines de mètres de nos positions. On forme alors une petite colonne avec des portions de compagnies, ce que l'on peut trouver d'hommes valides, et on déloge l'ennemi. Tel a été le but des reconnaissances des 13 et 14 novembre et du 12 décembre. Elles ont pleinement réussi. L'ennemi a fait même des pertes plus considérables que nous ne l'avions supposé tout d'abord. Des informations puisées à des sources chinoises donnent le chiffre de 300 ou 400 tués et blessés pendant les 13 et 14 novembre ; les pertes du 12 décembre dépassent 300.

« Ces sévères leçons rendent les Chinois plus circonspects pendant quelque temps, mais ne les éloignent pas de façon à nous garantir quelque tranquillité. Après une reconnaissance comme celle-là, il faudrait pouvoir marcher en avant et refouler l'ennemi à quelques kilomètres. Notre effectif réduit ne nous permet pas d'y songer.

« La ville de Kelung et les environs regorgent d'espions et de soldats chinois. Ceux dont on s'empare sont fusillés. Les habitants sont devenus de plus en plus défiants à notre endroit, ils disent que nos troupes sont trop peu nombreuses pour les garantir dans l'avenir des vengeances des soldats chinois. L'émigration s'est tellement accentuée qu'il nous est impossible de recruter des travailleurs en ville. L'île Palm seule nous fournit quelques coolies. »

à une lutte acharnée, moins peut-être pour nous chasser de Kelung que pour nous contraindre à y immobiliser des forces de terre et de mer qui le menaceraient plus efficacement ailleurs, le Céleste-Empire faisait tout pour nous occuper sur ce point. A ce dernier point de vue, les événements l'avaient d'ailleurs servi à souhait. L'occupation de Kelung nous était devenue funeste pour deux causes : l'échec de Tamsui qui avait nécessité le blocus, et le pitoyable état de santé du corps expéditionnaire, dont la protection forçait l'amiral à rester devant Kelung, en y affectant toutes ses forces disponibles. » (Dépêche de l'amiral au Ministre de la marine, du 24 décembre 1884.)

Sur ces entrefaites, une nouvelle complication survint encore. Le gouvernement chinois fit annoncer à grand fracas, par les journaux anglais, la sortie d'une escadre partie du Petchili pour une destination inconnue. Cette escadre, au dire des mêmes journaux, comportait une frégate en bois, un aviso et trois croiseurs en acier à marche rapide, commandés par des capitaines allemands. C'était l'époque à laquelle de nombreux renforts, tant pour le Tonkin que pour Formose, étaient en route sur des paquebots affrétés ; 7.000 à 8.000 hommes allaient donc être exposés à tomber sous les coups des bâtiments chinois. Le gouvernement français, justement préoccupé de cette situation, prescrivit à l'amiral de faire escorter les paquebots à partir de Saïgon, ainsi que de capturer et de détruire à tout prix les croiseurs ennemis. Pour rendre disponibles quelques bâtiments, l'amiral se décida à supprimer momentanément le blocus de la zone sud, restreignant la zone bloquée aux seuls points de Kelung et de Tamsui[1]. Le *Duguay-Trouin*, puis le *Villars* partirent pour Saïgon chercher le *Cholon*; quelques jours après un autre croiseur fut envoyé pour escorter le *Canton*.

« Cette préoccupation de l'escadre chinoise obligeait l'amiral à ordonner une véritable expédition toutes les fois qu'il voulait envoyer un télégramme à la station de Sharp-Peak (Pic-Aigu).

---

1. « La situation précaire du corps expéditionnaire immobilise une partie de nos forces navales qui seraient si utilement employées ailleurs, ne fût-ce qu'à empêcher les croiseurs chinois de prendre la mer. Pour parer à une éventualité d'une attaque de ceux-ci, j'ai dû réduire les limites du blocus à deux points principaux: Kelung et Tamsui. C'est autour de ces points que nos croiseurs surveillent la côte, mais seulement dans un petit rayon, jusqu' ce que l'arrivée des paquebots porteurs de troupes remette à ma disposition les trois croiseurs chargés de les protéger. » (Lettre de l'amiral au Ministre de la marine du 23 décembre.)

KELUNG. — RUINES

Vue prise de la pagode Cramoisy.

D'après une photographie exécutée et communiquée par M. le capitaine de frégate Goëz.

Deux grands croiseurs escortaient la canonnière chargée d'aller communiquer avec le poste télégraphique. Aussi l'amiral, devant de semblables difficultés, décida qu'à l'avenir toutes les dépêches se transmettraient par Hong Kong[1]. »

Ce fut dans ces conditions que s'ouvrit l'année 1885. C'était le quatrième mois de l'occupation de Kelung et le troisième du blocus de Formose.

En attendant l'arrivée prochaine des renforts, l'amiral avait chargé le colonel Duchesne de lui faire un rapport sur la situation. Il avait, en outre, fait venir à Kelung le lieutenant-colonel de Poyen-Bellisle[2], pour qu'il examinât les travaux de fortification et les casernements à exécuter ou à améliorer.

L'avis du colonel Duchesne fut que les renforts annoncés permettraient d'occuper les Mines et d'écarter l'ennemi à quelques kilomètres, mais qu'il serait impossible de détacher du corps de Formose le moindre contingent en vue d'une opération ultérieure sur les côtes de Chine.

Pour prendre Tamsui, il eût fallu un supplément de 3.000 hommes, avec artillerie, génie et services administratifs en conséquence.

Enfin, pour satisfaire aux nécessités du moment et non en vue d'une expédition sur Tamsui, le colonel Duchesne demandait l'envoi de 150 mulets avec bâts, destinés au transport des vivres et des munitions, dès qu'il serait devenu possible de reprendre l'offensive.

Le lieutenant-colonel de Poyen-Bellisle remit son rapport le 21 janvier. Il concluait à la nécessité de construire de nouveaux ouvrages, mieux disposés, et d'agrandir au plus tôt le cercle des opérations. Du côté de l'ouest, il proposait de conserver le Mont-Clément, de construire un ouvrage au fort Thirion et de supprimer le fort Central, ou tout au moins de n'y laisser qu'un simple poste d'observation reliant les deux forts[3].

Du côté du sud, il regardait comme urgent de s'emparer des hauteurs de la Table et du Cirque, ce qui entraînait la possession de la Dent, et d'y établir des forts bien aménagés, dans lesquels on reporterait la garnison des lignes Ber. Enfin, il réclamait l'envoi d'une section de compagnie divisionnaire du génie et du matériel nécessaire pour l'armement des futurs ouvrages.

---

1. Maurice Loir.
2. Directeur de l'artillerie à Saïgon.
3. Voir croquis n° 3 (Les environs de Kelung).

Le 3 janvier, l'amiral exposa par télégramme au gouvernement les conclusions du colonel Duchesne[1].

Le gouvernement se rendit compte qu'on s'était fourvoyé à Formose et que les succès que pourrait y remporter le petit corps expéditionnaire, même après l'arrivée des deux bataillons en cours de route, seraient sans portée.

Mais de puissants renforts étaient, à cette même époque, en route pour le Tonkin, la marche sur Lang-Son était en préparation et, sur cette partie du théâtre de la guerre, la France était en droit de compter sur des succès qui amèneraient la Chine à composition.

Dans le cas contraire, le gouvernement était décidé à déclarer officiellement la guerre. Il y avait donc lieu d'envisager l'éventualité d'une campagne de printemps contre les côtes de Chine et pour cela il devenait indispensable de rendre, le cas échéant, à l'amiral la liberté d'action dont le privait le blocus de Formose et d'entreprendre la nouvelle série d'hostilités sur de nouvelles bases.

En conséquence, le gouvernement français décida qu'au cas où la guerre serait officiellement déclarée, Formose serait préalablement évacuée. Les opérations à faire seraient alors limitées, d'une part au Tonkin et peut-être au sud de la Chine, d'autre part à ce que l'amiral pourrait entreprendre avec ses forces navales et une partie du corps de Formose, sans autre occupation permanente que celle des points qui deviendraient nécessaires comme centres de ravitaillement.

Dans cet ordre d'idées, on était en droit d'espérer qu'en possession de tous les moyens que lui donnerait l'état de guerre, l'amiral pourrait faire un mal sensible à la Chine, ce qui, joint aux opérations du Sud et au blocus du Petchili, pourrait amener cette puissance à céder.

---

1. Kelung, 3 janvier, Hong Kong, 8 janvier, 1 h. 50. L'amiral Courbet au Ministre de la marine : « J'ai reçu votre dépêche du 27 décembre. Duchesne après visite des positions et étude du terrain estime que les renforts annoncés permettent d'occuper les Mines et d'écarter l'ennemi à quelques kilomètres, mais qu'il est impossible de détacher contingents nécessaires pour établir base blocus aux Pescadores ou à Tché-Fou. Pour prendre Tamsui supplément 3.000 hommes avec artillerie et génie indispensable. Je partage l'opinion de Duchesne. Le gouverneur de la Cochinchine n'ayant pu envoyer de coolies pour le transport des vivres et des munitions en expédition, prière d'envoyer par la plus prochaine occasion 150 mulets avec bâts. Ce nombre est nécessaire pour les besoins actuels et non en vue d'une expédition sur Tamsui. »

C'est pourquoi, écartant toute idée d'une grande expédition combinée dans le Nord, expédition dans laquelle la situation intérieure et extérieure du pays ne permettait pas de s'engager et qui eût exigé l'envoi d'un corps d'armée de 50.000 hommes, le gouvernement informa l'amiral que les renforts apportés par le *Cholon* et par le *Canton* ne seraient pas augmentés. S'ils étaient insuffisants pour prendre Tamsui, ils permettraient du moins d'occuper les Mines et d'infliger aux Chinois un échec sérieux. En même temps l'amiral était invité à faire connaître son opinion sur les projets ultérieurs qu'il croirait possible d'entreprendre, notamment sur la possibilité d'une occupation des Pescadores ou des îles Miau-Tao, comme futurs centres de ravitaillement[1].

Si l'évacuation de Formose devait se réaliser, pour effacer le mauvais effet qu'elle n'eût pas manqué de produire, il était bon qu'elle fût précédée d'un succès et suivie d'une action immédiate sur les côtes de Chine. Amoy paraissait au gouvernement un point favorable pour cette première opération, à laquelle eût pris part tout le corps expéditionnaire, mais après laquelle l'amiral eût renvoyé au Tonkin toutes les troupes de la Guerre et celles de la Marine qu'il n'eût pu garder sur ses bâtiments.

L'amiral répondit à ces propositions qu'une évacuation de Formose dans les conditions du moment serait d'un effet déplorable[2]. Cette évacuation demandait au moins trois semaines après l'arrivée des renforts nécessaires. Il y avait à Kelung des vivres jusqu'au 1er avril, plus un matériel considérable.

Le gouvernement décida, en conséquence, que l'évacuation de Kelung, arrêtée en principe, ne serait pas mise à exécution avant le mois d'avril et que l'occupation serait maintenue jusqu'à cette époque. D'ici là, la prise de Lang-Son et les succès qu'il serait possible de remporter à Formose amèneraient, peut-être, la Chine à accepter les conditions qu'on lui proposait et qui étaient fort modérées ; c'est-à-dire la reconnaissance du traité de Tien-Tsin en échange de l'évacuation de Formose.

Dans ces prévisions, l'amiral était autorisé à donner de l'air au corps expéditionnaire ; mais il devait borner ses établissements

---

1. Dépêche du Ministre de la marine à l'amiral Courbet du 12 janvier 1885.
2. Amiral Courbet à Marine. Kelung, 22 janvier : « Evacuation Formose effet déplorable. Essentiel de remarquer que cette évacuation demanderait trois semaines après l'arrivée des renforts nécessaires. Il y a actuellement des vivres jusqu'au 1er avril, plus matériel considérable.

permanents à l'indispensable pour le bien-être et la sécurité des troupes.

Enfin, pour atténuer l'effet produit par l'abandon de Kelung, le gouvernement décidait l'occupation des Pescadores qui, par leur position centrale, leur port et leurs ressources, offraient une base avantageuse aux futures opérations de la campagne de printemps. Le plus grand secret devait être gardé sur ces projets[1].

Une batterie d'artillerie de marine, destinée à renforcer celle du corps expéditionnaire, fut préparée à Toulon. Elle fut embarquée dans ce port, le 17 janvier, à bord du *Cachar*, navire affrété qui emportait en même temps un nombreux matériel de guerre, tant pour le Tonkin que pour les mers de Chine. Elle comprenait : 4 officiers, 11 sous-officiers et 89 soldats, et était armée de pièces de 80^{mm} de montagne. Ce matériel devait être cédé par le ministère de la guerre à celui de la marine[2].

Les conclusions du rapport du lieutenant-colonel de Poyen-Bellisle, remises à l'amiral le 24 janvier, furent sans tarder transmises au Gouvernement. Elles complétaient, en les corroborant, celles du colonel Duchesne.

---

1. Paris, 28 janvier 1885. Le Ministre de la marine à l'amiral Courbet : « Réponse à vos télégrammes du 22 et 24 janvier. L'évacuation de Kelung étant seulement possible en avril, le Gouvernement a décidé le maintien de l'occupation jusqu'à cette époque. Nous espérons que, d'ici là, la prise de Lang-Son et les succès que vous aurez pu obtenir à Formose amèneront la Chine à accepter les conditions que nous lui proposons : reconnaissance de sa part du traité de Tien-Tsin et, de la nôtre, évacuation de Formose.

« Dans ces prévisions, effectuez opérations que vous annonciez dans vos télégrammes des 3 et 14 janvier (voir page 114), mais bornez vos établissements permanents à l'indispensable pour bien-être et sécurité des troupes, l'évacuation étant décidée en principe.

« Pour atténuer l'effet produit par l'abandon de Formose, le Gouvernement a décidé d'occuper les Pescadores qui, par leur position centrale, leur port et leurs ressources, offrent une bonne base pour vos opérations subséquentes.

« Conservez le plus grand secret sur ces opérations.

« Je signale de nouveau à votre attention les bâtiments de guerre chinois que l'on dit être sortis du Yang-Tsé. L'arrivée des renforts vous aura permis de réduire le blocus et vous donnera quelques bâtiments disponibles.

« Jusqu'à preuve du contraire, le Gouvernement espère que, malgré le ravitaillement de Pékin par terre, le blocus du Petchili n'en sera pas moins très efficace.

2. 7e batterie *bis* d'artillerie de la marine. Elle reçut les cadres ci-après : MM. Lefournier, capitaine en 1er, commandant la 10e batterie (Cherbourg) ; Silvani, capitaine en 2e (direction de Brest) ; Lubert, lieutenant en 1er de la 2e batterie (Lorient) ; Fritsch, sous-lieutenant de la 16e batterie (Rochefort). (Télégramme ministériel du 7 janvier 1885 aux préfets maritimes de Lorient Cherbourg, Brest, Rochefort et Toulon.)

Par dépêche du 23 janvier, l'amiral demanda, tant pour compléter l'armement des ouvrages qu'en vue de garnir ceux qu'on pourrait construire à brève échéance sur le Cirque, huit canons de 80 mm de campagne et dix canons de 80 mm de montagne avec quatre cents coups chacun, quatre canons-revolvers sur affût de montagne avec 2.500 coups chacun, une section de compagnie divisionnaire du génie et un capitaine pour la direction des travaux [1].

Le Gouvernement, sans préjuger des opérations qu'il y aurait lieu d'entreprendre dans la suite, suivant qu'il serait amené ou non à ouvrir une campagne de printemps, prépara l'envoi immédiat de ce matériel. Le 4 février, il annonça à l'amiral l'envoi, par le *Shamrock*, transport régulier du 20 février, de 10 canons de 80 mm de campagne, 10 de montagne, 4 canons-revolvers ainsi que des munitions et du personnel demandés [2].

Enfin le capitaine du génie Joffre fut mis en route par le premier paquebot des Messageries. Cet officier arriva de sa personne à Kelung, à la fin de février.

Les choses en étaient là, quand les premiers renforts arrivèrent à Kelung. Le 6 janvier, à six heures du soir, le *Cholon* portant le 3e bataillon d'Afrique mouilla sur rade.

---

1. Dépêche de l'amiral du 21 janvier.
2. Dès le 31 décembre et sur la demande de l'amiral, le Ministre de la marine avait décidé et annoncé à l'amiral la mise en route du capitaine Périssé, de l'artillerie de la marine, désigné pour occuper l'emploi de chef du service de l'artillerie à Formose. Cet officier, sur le point de passer chef d'escadrons, devait être maintenu dans son emploi après sa promotion. Il rejoignit son poste par le transport l'*Annamite*, partant de Toulon le 20 janvier 1885. (Télégramme du Ministre de la marine à l'amiral Courbet du 31 décembre 1884.)
Furent en outre dirigés sur Kelung par le *Cachar* :
1° M. Mélo, capitaine d'artillerie de la marine, qui avait fait un stage au génie, et Oswald, garde d'artillerie conducteur de travaux ;
2° 2 maréchaux des logis, 2 brigadiers, 2 maîtres ouvriers et 23 ouvriers qui devaient être adjoints à la 23e batterie.

CHAPITRE VI

L'arrivée des renforts. — L'affaire du 10 Janvier.
Les combats du 25 au 30 Janvier. — Les Postes avancés.
Combat de nuit du 1ᵉʳ Février.
Situation du corps expéditionnaire à la fin de Février.
Nouvelles dispositions en vue d'une campagne de printemps
basées sur l'évacuation de Formose et l'occupation
des Pescadores.

C'était une troupe singulière que ce bataillon d'Afrique. Libérés des pénitenciers militaires et des ateliers de travaux publics, jeunes soldats ayant eu, avant leur appel sous les drapeaux, de nombreux démêlés avec la justice, tels étaient les chasseurs du bataillon : « les zéphirs ou joyeux », comme ils s'appellent. Pas un dont le casier judiciaire fût immaculé. Enclins au vol et à la rapine, fanfarons d'indiscipline plutôt qu'indisciplinés, ils sont ardents au mal, mais aussi capables de belles actions : le tout est de savoir tirer parti de leurs défauts comme de leurs qualités. Avides d'actions d'éclat, ils tiennent leur vie pour peu de chose, décidés qu'ils sont pour se signaler, à se lancer dans les aventures les plus extravagantes. Habitués à la rude existence du Sud algérien, les fatigues et les privations sont leur lot habituel. Déshérités de la vie, s'ils sont en garnison de mauvais soldats donnant essor à leurs pires instincts, ils deviennent en campagne, surtout dans une campagne pénible, de merveilleux instruments de combat, grâce à leur endurance et à leur incroyable esprit d'aventures. Pour diriger de tels hommes, il faut au chef, surtout à l'officier, une main de fer et un grand fonds de bienveillance et de justice. Peu de paroles, rarement des conseils et des compliments, mais une décision prompte et une répression énergique.

Le « zéphir » devient un soldat incomparable du jour où il est convaincu que la volonté de son chef forcera la sienne, coûte que coûte, et qu'il trouvera en toute circonstance, auprès de ce dernier, la protection et la justice qu'il est en droit d'en attendre. Ne lui demandez que l'indispensable des obligations journalières du service militaire, mais exigez-le alors d'une manière absolue; punissez impitoyablement, mais à propos : il faut, au joyeux, dit un dicton du bataillon, son pain, son prêt et sa prison.

L'officier de « zéphirs » doit être prêt aux éventualités les plus imprévues. S'il peut être appelé, d'un moment à l'autre, à faire usage de ses armes pour forcer l'obéissance, il est assuré, dans la plupart des cas, de trouver chez ses hommes un dévouement aveugle dès que ceux-ci ont appris, en même temps qu'à le craindre, à l'apprécier et à l'estimer.

La plupart des gradés, sous-officiers et caporaux, proviennent de tous les corps d'infanterie, principalement des régiments de Zouaves et de Tirailleurs. Avides d'avancement ou simplement d'aventures, ils sont passés au bataillon sur leur demande ; vigoureux et énergiques, ils connaissent à fond leurs hommes dont ils partagent l'existence, et ils savent que leur premier devoir est de s'en faire obéir.

Cependant, tout avancement n'est pas fermé aux chasseurs. Indépendamment des galons de 1re classe, auxquels ils peuvent aspirer dans les proportions ordinaires, ils peuvent obtenir ceux de caporal et même ceux de sous-officier si, braves et intrépides, ils sont reconnus réellement aptes au commandement. Plus d'un devait trouver à Formose ces galons en même temps qu'une réhabilitation dont la promesse fut, pour les officiers, un puissant levier de commandement[1].

---

1. La composition du bataillon d'Afrique à son arrivée à Kelung était la suivante :

État-Major. — MM. Fontebride, chef de bataillon commandant; Bercand, capitaine adjudant-major ; Henrion, lieutenant, officier-payeur ; Delater, lieutenant, officier d'habillement; Didier, médecin-major de 2e classe.

Section active. — 4 sous-officiers, 2 caporaux, 3 chasseurs.

3e Compagnie (Les 1re et 2e Compagnies du bataillon étaient restées en Afrique). — MM. Pénasse, capitaine (tué le 30 janvier); Leconte, lieutenant (blessé le 10 janvier); Sicard, sous-lieutenant (tué le 7 mars); 11 sous-officiers, 16 caporaux, 171 chasseurs.

4e Compagnie. — MM. de Fradel, capitaine (blessé le 5 mars); Rolland, lieutenant; Figoli, sous-lieutenant; 11 sous-officiers, 16 caporaux, 171 chasseurs.

5e Compagnie. — MM. Michaud-Gros-Benoît, capitaine (mort au Tonkin

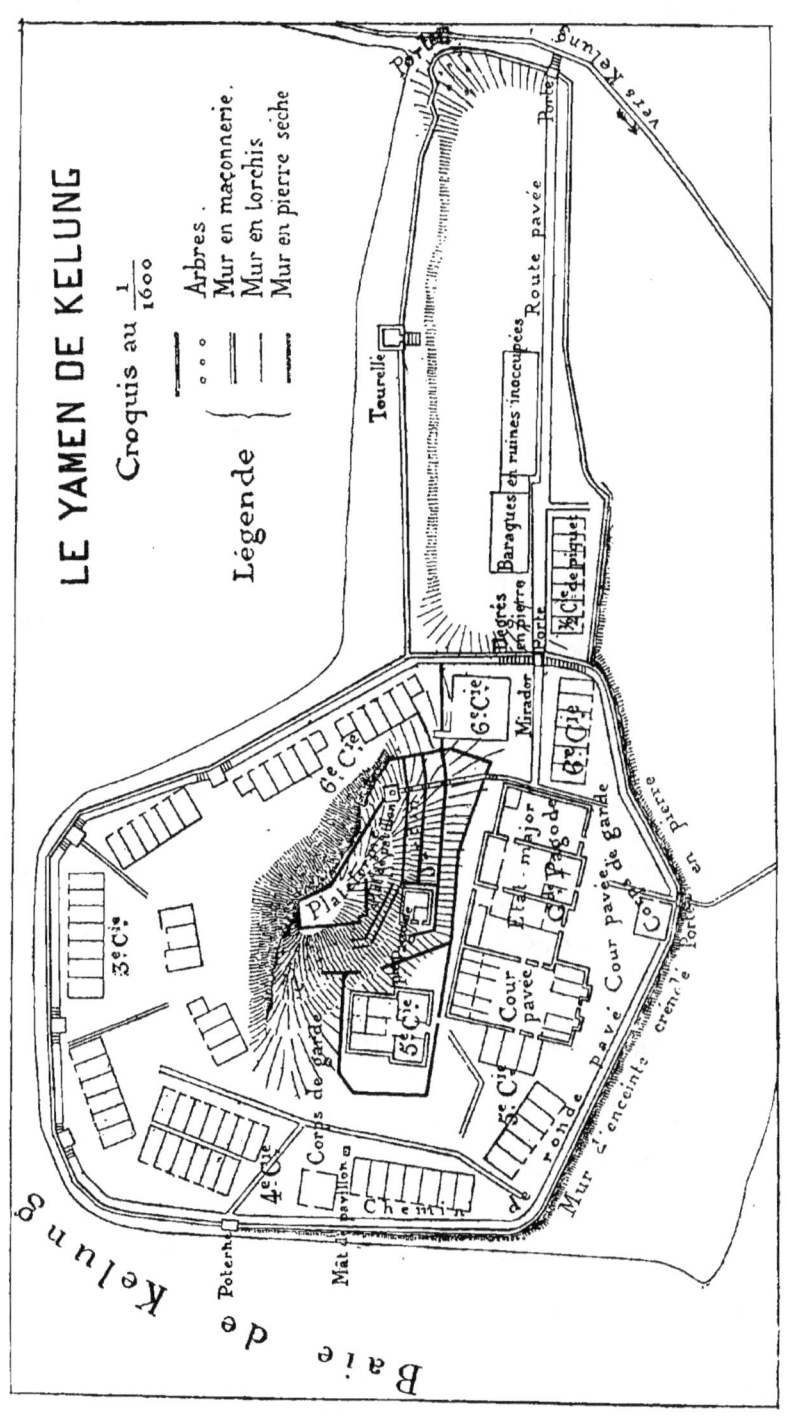

Le bataillon, débarqué dans la journée du 7 mars, fut installé dans la citadelle ou Yamen, qui était jusqu'alors demeurée sans destination.

Un parapet en maçonnerie, crénelé sur sa face sud, entourait ce cantonnement. Des baraques en bois, avec murs en torchis, pouvant abriter chacune une trentaine d'hommes, en couvraient irrégulièrement la superficie. Au centre, quelques constructions en pierre et une grande pagode servirent de logement au chef de bataillon et à l'état-major. Le cantonnement, d'une saleté repoussante et rempli de décombres, fut assaini et réparé en quelques heures.

Le lendemain, l'aspect des baraques était transformé. Des râteliers d'armes et des lits de camp avaient été improvisés au moyen de matériaux empruntés à la ville chinoise, les cuisines confortablement installées, des places de rassemblement aménagées devant les emplacements de chaque compagnie. En raison de la grande proximité de l'ennemi (on était à 1.400 mètres du Cirque, du haut duquel les Chinois suivaient des yeux les allées et venues du moindre rassemblement), le colonel Duchesne avait interdit absolument l'emploi des sonneries, mesure, d'ailleurs, réglementaire en campagne [1].

Réunion des corvées, rassemblements quotidiens, prises d'armes se firent en silence, plus régulièrement, d'ailleurs, et avec plus d'exactitude qu'en temps ordinaire. Le dispositif de sûreté au cantonnement fut réduit au strict nécessaire : pas d'avant-postes extérieurs qui eussent surmené inutilement les hommes ; seulement, des sentinelles furent postées le long de l'enceinte, fournies à tour de rôle par une demi-compagnie de piquet.

Le deuxième jour qui suivit le débarquement, les travaux d'installation étaient terminés. Les hauteurs du Cirque, occupées par l'ennemi, excitaient au plus haut point la curiosité des nouveaux arrivés, surtout un drapeau chinois attaché à l'extrémité d'un long bambou et qui flottait à la corne d'un ouvrage établi à

en 1886; Garnot, lieutenant (blessé le 5 mars); Douez, sous-lieutenant (blessé le 7 mars); 11 sous-officiers, 17 caporaux, 171 chasseurs.

6º Compagnie. — MM. Bernhart, capitaine; Thomas de Colligny, lieutenant (mort au Tonkin en 1885); Crochat, sous-lieutenant (mort au Tonkin en 1885); 11 sous-officiers, 16 caporaux, 171 chasseurs.

TOTAL: 17 officiers, 45 sous-officiers, 855 caporaux ou chasseurs.

1. Article 69 du décret du 26 octobre 1883 sur le service des armées en campagne.

la cote 212. Les zéphirs avaient, pour cette raison, baptisé l'ouvrage du nom de fort Bambou, nom qui lui resta dans la suite. Ce drapeau était, depuis l'arrivée, l'objet des commentaires et des paris les plus extravagants. Après une inaction de quarante-cinq jours passés à bord, il n'en fallait pas plus pour surexciter les esprits.

Le 10 janvier, vers midi, le caporal Mourier, de la 6e, et 11 chasseurs firent le pari d'aller chercher, au fort Bambou, ce drapeau qui semblait narguer le bataillon. Ne pouvant passer par les portes de la citadelle, qui étaient consignées et gardées, ils escaladèrent les murs, porteurs de leurs armes et de leurs cartouches. Malgré les ordres réitérés de rappel dont ils furent l'objet, ils traversèrent rapidement la vallée des Mines et disparurent dans les broussailles qui couvrent la base des hauteurs du Cirque.

Sur ces entrefaites, la 5e compagnie du bataillon qui avait reçu l'ordre d'aller brûler l'entrepôt des douanes, grande construction isolée dans laquelle des tirailleurs ennemis s'embusquaient fréquemment, et de reconnaître le terrain avoisinant, était sous les armes. Elle sortit de la citadelle, traversa la vallée en formation de combat et sa première section vint occuper les mamelons bordant la rive gauche de la rivière pour protéger l'opération.

On espérait encore que la folle équipée de la bande Mourier n'aurait pas de suites ; mais on l'aperçut bientôt escaladant les pentes du Cirque et s'engageant avec les tirailleurs ennemis, qui la prenaient pour l'avant-garde d'une de nos colonnes. En quelques minutes elle était à mi-hauteur.

Les trois compagnies du bataillon d'Afrique qui, des murailles du Yamen, assistaient à cette escalade, étaient en pleine effervescence. Les têtes fermentaient à ce point que le commandant avait dû donner l'ordre de tirer sur quiconque sortirait de l'enceinte. A ce moment arriva le colonel Duchesne, qu'on avait averti de l'incident. Sur la demande du commandant Fontebride, il autorisa une sortie ayant pour but d'empêcher, autant que possible, ces têtes compromises de rester aux mains de l'ennemi et de reconnaître en même temps les positions du Cirque[1].

En un clin d'œil, le bataillon fut sous les armes. La 6e compagnie reçut l'ordre de traverser la rivière et de se porter jusqu'aux escarpements situés à mi-hauteur, de manière à

---

1. Rapport officiel de l'amiral Courbet. Kelung, 20 janvier 1885.

amener une diversion des Chinois, qui pourchassaient à ce moment la bande Mourier dans les brousses[1]. Un instant après, la première ligne de cette compagnie ripostait au feu de l'ennemi en avant et vers la gauche. Il fallut la soutenir. La 4ᵉ compagnie vint se déployer à la gauche de la 6ᵉ et à peu près à la même hauteur. Les capitaines ne devaient pas s'avancer plus loin sans de nouveaux ordres. Bientôt le feu s'ouvrit sur toute la ligne à des distances variant de 400 à 700 mètres. A ce moment, la 5ᵉ compagnie s'était acquittée de la mission dont elle avait été chargée ; l'entrepôt de la Douane flambait, une épaisse fumée couvrait la vallée, formant rideau entre la citadelle et le Cirque. Le capitaine Michaud (5ᵉ) porta sa compagnie en avant pour prendre part à l'action. Il l'engagea dans le ravin au nord de l'entrepôt. Cette compagnie parvint rapidement et sans difficulté jusqu'à la tête du ravin ; mais, à cet endroit, elle fut arrêtée par un feu violent des lignes chinoises, dont la séparait encore un espace de 400 mètres. Deux profondes vallées, couvertes d'une végétation impénétrable et sans chemin d'accès, formaient sur ce front un obstacle infranchissable. La 5ᵉ compagnie se contenta de rester en position sur la crête, couvrant la droite du bataillon d'Afrique contre les entreprises possibles de groupes ennemis du côté de l'ouest.

Le commandant Fontebride était parti à la suite de la 4ᵉ compagnie, emmenant avec lui la 3ᵉ, la seule qui ne fût pas engagée. Cette compagnie, après avoir franchi les mêmes ravins que la 4ᵉ sous un feu très violent, reçut l'ordre de déployer en crochet défensif deux sections pour répondre à la fusillade dirigée sur le flanc gauche de la 4ᵉ, et qui partait des ouvrages des crêtes, des broussailles et de quelques paillottes[2].

Le feu de ces deux compagnies ne tarda pas à avoir raison de l'avant-ligne chinoise, qui fut rejetée dans ses tranchées.

Il était trois heures et demie. Les hommes de la bande Mourier avaient, pour la plupart, rejoint leurs compagnies. En avant des fractions engagées du bataillon d'Afrique se dressaient des escarpements infranchissables. Le fort Bambou était reconnu flanqué à droite et à gauche par d'autres ouvrages. Les uns et les autres étaient pourvus sur leurs abords de défenses accessoires que battaient des feux croisés. Le but de l'opération paraissait atteint jusqu'à sa limite pratique[3].

1. Voir croquis nº 9 (Les positions Sud et Sud-Est de Kelung).
2. *Journal de marche du 3ᵉ bataillon d'Afrique.*
3. *Ibid.*

Le commandant Fontebride décida, en conséquence, que le retour commencerait immédiatement. La 4ᵉ compagnie, qui était la plus avancée, devait rompre d'abord le combat; puis la 6ᵉ et la 3ᵉ. La retraite devait s'effectuer par échelons.

A ce moment, le capitaine de Fradel, de la 4ᵉ, cherchant à pénétrer par un coup d'audace dans les ouvrages ennemis, s'élançait avec une de ses sections jusqu'au pied du fort Bambou. Des escarpements infranchissables brisèrent son élan. Le reste de la compagnie, sous les ordres du lieutenant Rolland, dut se maintenir en position, pour attendre la section engagée au pied des lignes chinoises. En quelques minutes, elle subit des pertes cruelles[1].

Cette échauffourée retarda de plus d'une heure la rupture du combat, qui ne put s'effectuer que vers cinq heures. La 4ᵉ compagnie commença alors seulement son mouvement rétrograde, emportant à grand'peine ses morts et ses blessés. La 6ᵉ compagnie se replia par échelons à la suite de la 4ᵉ; enfin la 3ᵉ compagnie, appelée à tenir la dernière sa position sur la gauche, ne fit son mouvement qu'à la nuit tombante.

Le mouvement du bataillon fut couvert par la 5ᵉ compagnie, restée en position sur la droite. Cette compagnie ne rentra à Kelung qu'à la nuit close, sans avoir été d'ailleurs inquiétée par l'ennemi, dont le feu avait complètement cessé. Le commandant Fontebride, le capitaine adjudant-major Bercand et le docteur Didier rentrèrent les derniers à la suite de cette compagnie.

Les pertes du bataillon étaient de 14 tués, 34 blessés dont un officier, le lieutenant Leconte, et 3 disparus. Ces trois derniers faisaient partie de la bande Mourier; leurs cadavres furent retrouvés dans la suite, au milieu des brousses, à demi dévorés par les chiens indigènes qui rôdaient autour des cantonnements[2].

1. La 4ᵉ compagnie eut, le 10 janvier, 11 tués, 22 blessés et 1 disparu.
2. Tués et blessés du 10 janvier:
3ᵉ Compagnie. — M. Leconte lieutenant, Halley sergent, Pinget, Vyain chasseurs, blessés.
4ᵉ Compagnie. — Prugnaud, Antoine, caporaux; Martin, Mathieu, Prieur, Mollard, Chanfray, Frenais, Violle, Gomy, Chesnel, chasseurs, tués; Brassard, Lamarque, Jaquot, Duvois, Cabaret, Aubreton, Éveillard, Mirouze, Pastureau, Lesourd, Jacquot, Emond caporal, Fracheboul, Morvan, Foucault, Drouin, Laville sergent-fourrier, Saint-Martin sergent-major, Lucier adjudant, Ruffroy, Soumis, Bourrel, Burkart caporal, blessés; Desrats, disparu.
5ᵉ Compagnie. — Feuillet, chasseur, tué; Huart, clairon, Boutrou, chasseur, blessés.
6ᵉ Compagnie. — Jacquet, caporal, Cartaud, Lefebvre, Chandat, Cann, Couzé, Pitaut, chasseurs, blessés; Raymond, Garat, chasseurs, disparus.
Le caporal Mourier et les chasseurs qui l'avaient accompagné furent punis de 60 jours de prison par ordre du vice-amiral Courbet.

Cette affaire, à la suite de laquelle le lieutenant Rolland fut cité à l'ordre du jour pour la bravoure et la fermeté qu'il avait déployées en maintenant la 4e compagnie sous un feu violent, affirmait, en même temps que le tempérament indiscipliné des zéphyrs, leur solidité au feu. Ils n'allaient pas tarder d'ailleurs à en donner des preuves éclatantes dans les combats suivants[1].

Elle révélait la puissance et l'étendue des lignes chinoises que nous avions en face de nous. Il devenait évident que toute attaque de front était impossible. Il fallait, pour s'en rendre maître, organiser une véritable expédition avec toutes les forces disponibles.

Le *Canton*, portant le bataillon du 2e Étranger, était annoncé. Le temps s'était, d'autre part, remis à la pluie, ajournant toute possibilité d'entreprendre une nouvelle attaque. L'amiral se décida, en conséquence, à attendre l'arrivée du *Canton*[2].

Quoi qu'il en fût, l'arrivée du bataillon d'Afrique avait eu pour effet de remédier en partie à ce que la situation du corps expéditionnaire avait de trop précaire. C'était un appoint important pour la sécurité de nos positions. En attendant la reprise des opérations, le colonel Duchesne l'employa à de petites reconnaissances de compagnies, destinées à familiariser les nouveaux arrivés avec les environs et à tenir les hommes en haleine. C'est ainsi que la 5e compagnie, puis successivement les 3e, 6e et 4e furent envoyées au delà des lignes de l'Ouest, surtout au fort Thirion, où se montraient fréquemment des partis ennemis.

Il était d'ailleurs moins prudent que jamais de s'aventurer hors des lignes isolément. Des rôdeurs ennemis s'avançaient jusqu'à l'île Palm. Deux matelots de la direction du port, attirés par une femme dans un guet-apens, avaient eu le cou coupé. Quoique le passage des jonques fût gardé nuit et jour et que tous les sampans fussent séquestrés au coucher du soleil, des soldats chinois étaient venus dans l'île à la nage pour y piller les cases. L'amiral dut y placer un petit poste pour protéger la direction

---

1. « Quant aux troupes, elles ont été très solides au feu, mais je crains bien que leur tempérament indiscipliné ne nous joue encore de vilains tours. » (Rapport de l'amiral Courbet, déjà cité.)

2. Kelung, 14 janvier. Amiral Courbet à Marine : « Le 10, dans une reconnaissance, le bataillon d'Afrique a essayé d'enlever des ouvrages chinois très fortifiés au sud de Kelung. Nous avons dû nous retirer avec 15 tués, 1 disparu et 27 blessés. Lieutenant Leconte blessé sans gravité. Je vais faire attaquer cette position dans de meilleures conditions, dès que le temps le permettra et que le bataillon de la Légion étrangère sera arrivé. »

du port et les habitants parmi lesquels il était encore possible de recruter quelques rares coolies[1].

L'état sanitaire s'améliorait bien lentement. Le 20 janvier, il y avait à l'hôpital 155 malades; 12 décès s'étaient produits depuis le 23 décembre. Le bataillon d'Afrique était jusqu'alors resté indemne; seules les pertes du 10 janvier avaient diminué son effectif disponible[2].

La levée du blocus dans la zone du Sud et la concentration de tous les navires dans la zone du Nord avaient eu pour effet de laisser arriver à Formose de nouveaux et nombreux contingents chinois. Aussi, bien que l'escadre chinoise ne fût pas encore rentrée dans ses ports d'abri, l'amiral se décida néanmoins, dans les premiers jours de janvier, à renvoyer, du côté de Taïwan, la *Triomphante*, le *D'Estaing*, et le *Champlain*. Du 5 au 20 janvier, ces trois navires exécutèrent une série d'allées et venues, entre Taïwan, Takao et les Pescadores. Cette reprise de croisière eut comme résultat une trentaine de jonques capturées et 200 prisonniers qui furent envoyés à Kelung, où on les employa au transport du matériel et des vivres. Véritables bêtes de somme, ils suppléaient à l'insuffisance des bras et à l'absence des mulets. Ils étaient d'un grand secours et rendaient de réels services[3]. Ils étaient gardés par des détachements en armes, dont la consigne était de tirer sur ceux qui tenteraient de s'échapper. Malgré ces précautions, plus d'un réussit à gagner les lignes chinoises. C'est ainsi que, le 10 janvier, pendant l'engagement du bataillon d'Afrique, un détachement de prisonniers porteurs de caisses de cartouches, jetant à terre son chargement, bouscula son escorte. Une vingtaine furent tués, mais les autres, soixante environ, réussirent à s'enfuir à travers la brousse.

Le *Canton* arriva enfin à Kelung, le 20 janvier. Le bataillon Étranger, débarqué le 21, reçut comme cantonnement la partie est de la ville chinoise, à proximité du cantonnement du bataillon d'Afrique, dont il n'était séparé que par la rivière.

C'était un magnifique bataillon de plus de 1,000 hommes, digne en tout point des trois autres bataillons de même origine qui, depuis près d'un an, guerroyaient au Tonkin, ajoutant à l'historique de la Légion tant de glorieux faits d'armes. Recruté aux quatre coins de l'Europe, il était surtout composé d'Alsa-

---

1. Lettre de l'amiral du 20 janvier.
2. Ibid.
3. Maurice Loir.

ciens-Lorrains fuyant le service militaire allemand, et de volontaires français engagés au titre étranger. Les déserteurs allemands et autrichiens y étaient également en assez grand nombre. Toutes les nations s'y coudoyaient; les légionnaires n'ont qu'une patrie : leur régiment; qu'une famille : leur compagnie, poussant au suprême degré l'esprit de discipline, d'abnégation et de fol héroïsme. C'était la confusion des langues : une vraie Babel dans laquelle cependant dominaient le français et l'allemand; le français langue officielle, l'allemand pour la conversation courante. Le légionnaire qui ne sait pas l'allemand l'apprend à la longue. Suivez les conversations d'un groupe, écoutez passer une corvée, vous entendez invariablement des « also » et des « ya ».

Supérieurement encadrés par des officiers doués de toutes les qualités militaires, ils sont aveuglément dévoués à leurs chefs. Ils ont fait le sacrifice de leur vie en signant leur engagement. Leur bravoure n'a d'égal que leur sang-froid, leur insouciance que leur résignation. Ils ont toutes les qualités des zéphirs sans en avoir les défauts. Moins causeur, plus froid et plus calme, il semble que le légionnaire songe toujours aux années écoulées d'une existence qui fut parfois brillante et qu'il cache avec soin, ou à l'avenir qui lui rendra, une fois sur cent peut-être, la situation qu'il a perdue.

Le 4ᵉ bataillon du 2ᵉ Étranger ne devait pas tarder à affirmer ses brillantes qualités militaires[1].

Le corps expéditionnaire avait enfin reçu tous les renforts sur lesquels il eût à compter; si leur effectif était encore insuffisant pour permettre d'entreprendre une expédition de longue haleine, du moins était-on en mesure de dégager les abords immédiats de Kelung.

---

1. La composition du bataillon étranger à son débarquement à Kelung était la suivante:

État-major. — MM. Vitalis, chef de bataillon, commandant; Bouyer, capitaine adjudant-major (blessé mortellement le 5 mars); Weber, lieutenant officier-payeur (blessé mortellement le 27 janvier); Idoux, lieutenant, officier d'habillement; Melnotte, médecin-major de 2ᵉ classe.

1ʳᵉ Compagnie. — MM. Du Marais, capitaine (mort au Tonkin en 1885); Bacqué, sous-lieutenant (tué le 5 mars).

2ᵉ Compagnie. — MM. Césari, capitaine (blessé le 5 mars, mort au Tonkin en 1885); Gabet, lieutenant (mort du choléra en février 1885); Delannoise, sous-lieutenant.

3ᵉ Compagnie. — MM. Lebigot, capitaine; Sarrail, lieutenant (cet officier détaché à l'école de guerre ne rejoignit pas sa compagnie); Nautré, sous-lieutenant.

4ᵉ Compagnie. — Devillers, capitaine; Jannet, lieutenant; Esnol, sous-lieutenant.

LES CANTONNEMENTS DU BATAILLON D'AFRIQUE ET DE LA LÉGION ÉTRANGÈRE

Vue prise du Cirque.

D'après une photographie exécutée et communiquée par M. le capitaine de frégate Goëz.

La reconnaissance du 10 janvier avait suffisamment démontré qu'une attaque de front des positions du Cirque ne pourrait aboutir qu'à un échec, en raison de la force des ouvrages ennemis et des difficultés du terrain. Il fallait chercher un nouvel objectif; le colonel Duchesne choisit la Table, haute falaise s'élevant à deux kilomètres environ dans l'est de Kelung, et dont l'occupation devait faire tomber les positions du Cirque en permettant d'en prendre à revers les défenseurs. Les crêtes de la Table ne semblaient pas fortifiées. Un certain nombre seulement d'ouvrages isolés couronnaient quelques sommets ou barraient quelques cols, principalement sur la ligne de partage des eaux. Les difficultés ne semblaient donc pas insurmontables.

Le 24 janvier, une colonne mobile était définitivement organisée sous les ordres du lieutenant-colonel Bertaux-Levillain. Le colonel Duchesne, retenu à Kelung par une cruelle maladie, avait dû renoncer à prendre la direction effective des opérations.

La colonne comprenait :

Infanterie : une compagnie de marche d'infanterie de marine, constituée au moyen des éléments les plus valides des trois bataillons sous le commandement du capitaine Carré : 150 hommes.

Le 3e bataillon d'Afrique : 750 hommes.

Le 4e bataillon du 2e Étranger : 900 hommes.

Artillerie : une batterie mixte comprenant une pièce de 80 mm de montagne et trois pièces de 4 rayées de montagne : environ 60 hommes sous les ordres du capitaine de Champglen.

Génie : une section auxiliaire organisée par le groupement des sapeurs de compagnie du bataillon d'Afrique et de la Légion; 20 hommes sous le commandement du capitaine Luce, de l'artillerie de marine.

Ambulance : une ambulance légère sous le commandement du docteur Gayet, médecin de la marine.

Total : environ 1.900 hommes.

Le capitaine Wuillemin, de l'artillerie de marine, et le lieutenant du Saussois du Jonc, de l'infanterie de marine, étaient adjoints au lieutenant-colonel Bertaux-Levillain, le premier en qualité de major de colonne, le second en qualité d'officier d'ordonnance.

Pas de convoi. Chaque homme emportait 120 cartouches et quatre jours de vivres, chargement énorme pour une marche dans un pays aussi accidenté, mais précaution indispensable en raison des difficultés de communications et du manque de moyens de transport. Aucune bête de somme ne pouvait accompagner la colonne dans les sentiers où elle allait s'engager; l'artillerie, l'ambulance et deux caisses de cartouches de réserve par compagnie furent transportées à dos d'hommes. Les coolies annamites et tonkinois suffirent à peine à assurer ce service. Quant aux chevaux arabes qui avaient accompagné à Kelung les officiers des deux bataillons de renfort, leurs détenteurs avaient constaté, dès le jour de leur arrivée, que le pays leur était à peu près impraticable, et ils les avaient simplement laissés aux cantonnements. Les officiers de tous grades avaient en outre renoncé au sabre qui, s'embarrassant dans les lianes, était un obstacle continuel à la marche, et l'avaient remplacé par un long bambou garni d'un fer de lance on ne peut plus pratique pour une marche en pays de montagne.

Dans la nuit du 24 au 25 janvier, les troupes, dérobant leur sortie des cantonnements à la surveillance des avant-postes chinois de la Dent et du Cirque, se forment en colonne sur le chemin qui longe la plage au sud du fort la Galissonnière.

Le dispositif de marche est le suivant[1] :

Avant-garde, commandant Vitalis : la compagnie d'infanterie de marine, un peloton de la Légion étrangère, une pièce de 4 rayée de montagne, un peloton de la Légion étrangère, la section auxiliaire du génie, une section de l'ambulance.

Gros, commandant Fontebride : deux compagnies de la Légion étrangère, artillerie (deux pièces de 4, une pièce de 80 mm de montagne), 3e et 4e compagnies de la Légion, 5e, 3e et 6e compagnies du bataillon d'Afrique, l'ambulance.

Arrière-garde : la 4e compagnie du bataillon d'Afrique.

Tournant à droite, la colonne s'engage dans la vallée à l'est du fort la Galissonnière et contourne, par le nord, les positions du Point A. L'unique sentier sur lequel on chemine en file indienne, serpente le long de rochers à pic, à travers lianes et bambous, coupé par les sauts capricieux d'un torrent dans le lit duquel il se confond en maints endroits. La marche est considérablement retardée par ces difficultés.

A la pointe du jour, l'infanterie de marine, tête d'avant-garde, atteint enfin le col qui donne accès dans la vallée de Pétao[2]. Elle

---

1. *Journal de marche du 3e bataillon d'Afrique.*
2. Voir le croquis n° 3 (Les environs de Kelung).

est accueillie au même instant par quelques coups de feu, provenant de retranchements chinois établis sur les hauteurs de gauche et dissimulés dans les brousses.

Elle riposte immédiatement par des feux de salves, pendant que le reste de l'avant-garde se déploie et que la pièce de 4 est mise en batterie. La compagnie, tête du gros (2ᵉ compagnie de la Légion), ne tarde pas à entrer en ligne ; elle s'empare en un instant d'un petit bois situé en avant et à gauche d'où partait un feu nourri de tirailleurs, puis, se rabattant vers la gauche, elle prend à revers les ouvrages ennemis et en débusque les défenseurs.

Pendant ce temps, les Chinois ont ouvert un feu violent, de trois mamelons situés vers la droite de la ligne française. L'artillerie du gros met en batterie 2 pièces de 4 qui fouillent le terrain dans cette direction ; puis les 2ᵉ et 3ᵉ compagnies du bataillon Étranger s'emparent à la baïonnette des trois mamelons, soutenues en arrière, à droite et à gauche, par le feu de l'avant-garde restée en position.

Il est dix heures et demie. Pendant que cette vigoureuse offensive débarrasse le terrain des avant-postes chinois, le reste de la colonne s'est massé lentement derrière le col. Devant nous, à 2 kilomètres dans le sud, se profilent les hautes falaises de la Table. Elles semblent inoccupées, mais de nombreux pavillons, plantés sur les premiers contreforts, indiquent clairement les emplacements des troupes chinoises.

A onze heures, la marche en avant est reprise vers le sud en deux colonnes parallèles couronnant les crêtes qui s'inclinent vers la vallée de Pétao. La Légion étrangère et l'infanterie de marine suivent la crête de l'ouest, le bataillon d'Afrique s'avance par la crête de l'est, couronnant successivement les sommets 168 et 128 et en chassant les quelques postes qui l'occupent. La résistance est insignifiante, mais la lenteur de la marche est telle qu'à la nuit tombante on a à peine progressé d'un kilomètre vers la Table. On s'arrête pour bivouaquer sur une forte position, face au sud. La ligne des avant-postes, très rapprochés d'ailleurs du gros des troupes, domine d'une centaine de mètres les rizières de la vallée de Pétao. La nuit se passe en alertes continuelles occasionnées par les entreprises des rôdeurs chinois qui cherchent, à l'aide de longs crochets, à s'emparer de nos sentinelles. Il fut impossible, en raison de l'obscurité, de se rendre compte des mouvements de l'ennemi ; deux légionnaires du poste commandé par le lieutenant Jannet furent blessés. Au jour, on trouva quatre cadavres chinois à peu de distance[1].

Dans la journée du 25, le commandant Vitalis, de la Légion étrangère, fit une chute malheureuse dans laquelle il se fractura le pied. Il dut remettre le commandement de son bataillon au capitaine Césari et fut évacué sur Kelung. Le conseil de santé décida son renvoi en France. Le capitaine Devillers, du même bataillon, qui était arrivé dans un état de santé fort précaire, dut également quitter sa compagnie et être évacué. A dater du 25 janvier, jusqu'à la fin des opérations, la 4ᵉ compagnie du bataillon Étranger fut commandée par le lieutenant Jannet.

Le 26 au matin, un brouillard épais couvre toute la vallée ; seuls, les plus hauts sommets émergent comme autant d'îlots de cette mer de vapeurs. Force est d'attendre que le brouillard soit dissipé pour reprendre l'opération.

Vers neuf heures, le temps s'éclaircit, les ouvrages environnant la Table sont garnis d'étendards ; les Chinois, à leur poste de combat, attendent que nous commencions l'attaque. Elle débute de notre côté par une violente canonnade. La colonne se trouve séparée de la Table[2] par une forte croupe se ramifiant en deux branches en forme d'Y et dont le sommet (coté 180) est couronné d'un fortin. La branche est de l'Y a la forme d'un plateau à pic du côté nord-ouest, doucement incliné, au contraire, vers le sud-est, suivant la loi générale des soulèvements de la région. Sur un ressaut de terrain se trouve une paillotte précédée d'un ouvrage. Plus en arrière, un deuxième ouvrage commande la jonction des deux branches, enfin un troisième ouvrage, celui dont il a été question plus haut, est établi au point culminant coté 180[3].

L'artillerie du Point A, appuyant celle de la colonne, bat de ses obus les deux derniers ouvrages chinois ainsi que la Table qui est l'objectif de la journée. On distingue facilement un groupe ennemi qui nous examine de cette dernière position. Un projectile de 80 ᵐᵐ, adroitement envoyé du Point A, arrive en plein milieu du groupe. L'un des Chinois est lancé en l'air et retombe foudroyé par l'explosion. Le groupe disparaît pour ne plus se montrer.

1. Rapport du lieutenant-colonel Bertaux-Levillain sur les opérations de janvier.
2. Voir le croquis n° 9 (Les positions Sud de Kelung).
3. *Journal de marche du 3ᵉ bataillon d'Afrique.*

LE POSTE DE L'ÎLE PALM

D'après une photographie exécutée et communiquée par M. le capitaine de frégate Goëz.

Les 5ᵉ et 6ᵉ compagnies du bataillon d'Afrique battent de leurs salves la paillotte et l'ouvrage le plus rapproché ; l'ennemi riposte avec vigueur. Des bois environnant la Table et des ouvrages de l'Y part une très vive fusillade, dont les projectiles crépitent bruyamment au milieu des bambous, sans faire d'ailleurs bien grand mal. L'attaque est décidée. Elle s'exécutera par deux directions. La compagnie d'infanterie de marine gravira la croupe de l'ouest, suivie d'une compagnie de la Légion. Ces compagnies seront renforcées au fur et à mesure de la marche en avant[1]. L'attaque par la croupe de l'est échoit au bataillon d'Afrique. Les 4ᵉ et 3ᵉ compagnies de ce bataillon sont désignées pour former la ligne de combat[2].

La 4ᵉ compagnie descend dans la vallée de Pétao suivie de la 3ᵉ, franchit facilement la rivière, peu profonde en cet endroit, et se dirige, sans tirer, sur la paillotte, dont elle s'empare en quelques instants malgré des pertes cruelles. La première escouade de cette compagnie est presque entièrement détruite par le feu de l'ennemi. Pendant ce temps la colonne de droite (infanterie de marine et Légion étrangère), cheminant droit au sud, aborde l'ouvrage central par la croupe de droite. Elle se fraye, sans tirer, un passage à travers une jungle haute de six pieds ; on voit les brousses s'abattre lentement sous la pression de cette marée humaine. La tête de colonne, profitant du terrain, réussit à se déployer en angle mort à moins de 100 mètres de l'ennemi. A ce moment, le clairon placé auprès du colonel Bertaux-Levillain sonne les refrains du bataillon d'Afrique et de la Légion, suivis de la charge. Les deux colonnes s'élancent en même temps. Le capitaine de Fradel[3], son casque à la pointe de son bambou, entraîne vigoureusement ses « zéphirs » et les jette sur l'ouvrage central, devant lequel apparaissent en même temps l'infanterie de marine et les légionnaires. Malgré un feu rapide des Chinois qui décime, sans les arrêter, les premiers rangs[4], le fort central est enlevé à la baïonnette, une partie des défenseurs sont jetés dans les précipices de la vallée de Kelung. Le reste se replie sur le troisième ouvrage en disputant, pied à pied, l'étroite crête sur laquelle s'avancent, avec des difficultés inouïes, les éléments confondus des deux colonnes. Vers dix

1. Rapport du lieutenant-colonel Bertaux-Levillain.
2. *Journal de marche du 3ᵉ bataillon d'Afrique.*
3. Commandant la 4ᵉ compagnie du bataillon d'Afrique.
4. Le capitaine Carré, commandant la compagnie d'infanterie, fut tué raide dans cet assaut, d'une balle dans la tête.

heures et demie, le troisième ouvrage est enlevé comme les deux premiers. Cette attaque vigoureuse nous amène à 375 mètres de la Table ; mais là, un escarpement vertical de plus de 30 mètres arrête l'élan des assaillants. Une épaisse végétation de lianes, de bambous et de fougères arborescentes en tapisse les parois ; pas un sentier n'y donne accès. La tête de colonne cherche en vain à s'y frayer un passage.

Les Chinois ont enfin compris l'importance de la Table, qu'ils avaient jusqu'alors assez faiblement occupée. Ils y appellent leurs réserves. Bientôt une ligne épaisse de tirailleurs en garnit les crêtes, les épaulements s'y élèvent à vue d'œil. Nos pertes deviennent sensibles ; l'ennemi reprend l'offensive. Une forte colonne chinoise, descendue du col 155, s'engage dans la vallée de Pétao et se jette dans notre flanc droit. Les 3e et 6e compagnies du bataillon d'Afrique lui tiennent tête, l'arrêtent par un feu rapide et la rejettent enfin sur la Table, couvrant, par cet engagement de quelques minutes, l'interminable défilé de la colonne, qui traverse la vallée et se masse peu à peu derrière les crêtes de l'Y. Mais la pluie recommence, suspendant toute opération. En une heure, une couche savonneuse et glissante rend encore une fois impraticables les étroites pistes sur lesquelles on chemine depuis le matin. Impossible de s'y maintenir en équilibre, les hommes, lourdement chargés, s'abattent à chaque pas. L'artillerie traîne péniblement son matériel ; canonniers et coolies, dans la boue jusqu'aux cuisses, s'attellent aux pièces à demi englouties dans les ravins et les fondrières[1].

---

1. Pertes du 26 janvier. 3e bataillon d'Afrique, tués : Broc caporal, Seignon, Radet, Viallis. Morts de leurs blessures : Collet caporal, Menvielle, Allot, Arnaud, Delaquerrière. Blessés grièvement : Damboise, Favier, Le Geay caporal. Blessés : Gaulnet, Masson, Muller, Melieret, Baudrier, Trécul caporal, Moisson adjudant, Priard caporal, Bernard caporal, Saint-Martin sergent-major, Hérault clairon, Fauvel, Bizot, Lainé, Bernard, Legrand, Fiévet, Buisson, Lombard, Laffargue sergent, Corneillez, Mauduit, Dherse. Total : 9 tués ou morts de leurs blessures ; 24 blessés. (Journal de marche du 3e bataillon d'Afrique).

4e bataillon du 2e Étranger : Neerings, Schmauch, Kurth, Berger, Huber, Simon, Hagen, Losa, tués ; Weynand caporal, Meyer, Missenard, Walter, Hinck, Lahaut, Martin, Vogel, Godier, Sallahen, Mettmann, Schmitt, grièvement blessés ; plus 3 sous-officiers, 1 caporal, 12 légionnaires, blessés légèrement. Total : 8 tués, 29 blessés.

Infanterie de marine : Carré, capitaine, tué ; Sarvat, Lalanne, tués ; Bonnat, Mériguel, grièvement blessés ; plus 3 soldats blessés. Total : 3 tués, 5 blessés.

Artillerie de marine : Nérac, mort de ses blessures ; 2 canonniers blessés. (Compte rendu de l'amiral Courbet).

Total général : 81, dont 21 tués ou morts de leurs blessures et 60 blessés.

LES POSTES AVANCÉS

Vue prise du sommet de la Table.

D'après un croquis du capitaine Garnot, du 3ᵉ Bataillon d'Afrique.

Vers cinq heures, le feu de l'ennemi s'est sensiblement ralenti. On se reforme et l'on commence à se compter. La journée nous avait coûté quatre-vingts tués ou blessés, dont le capitaine Carré. La 4ᵉ compagnie du bataillon d'Afrique, encore une fois éprouvée, avait, à elle seule, une vingtaine d'hommes hors de combat. Le succès était incomplet, puisque nous n'occupions pas la Table. Il était indispensable de modifier le plan d'attaque et, par un large mouvement tournant vers la gauche, d'aborder cette dernière position par l'est, c'est-à-dire par les crêtes. Là, du moins, les difficultés du terrain ne semblaient pas insurmontables ; mais une telle opération ne pouvait être entreprise par la pluie. Force était de piétiner sur place en attendant un changement de temps.

Le bataillon d'Afrique s'installa en conséquence, pour la nuit, en sape volante, sur la branche de l'Est ; l'infanterie de marine et la Légion étrangère prirent position sur la branche de l'Ouest, une compagnie gardant la route de Pétao et l'ambulance qui s'était transportée au col.

La pluie tomba, sans discontinuer toute la nuit, que troublèrent de fréquents retours offensifs des groupes chinois.

Le lendemain 27, la pluie continua de plus belle. Il fallut encore rester sur place. Si la journée du 26 n'était pas un succès complet, du moins les positions conquises permettaient de prendre à revers toute la ligne fortifiée qui va de la Table au fort Bambou en suivant les crêtes commandant la vallée des Mines. Cette partie de la ligne ennemie était, en effet, complètement évacuée. Le lieutenant-colonel Bertaux-Levillain songea à tirer parti de cette circonstance pour attaquer directement par l'est le fort Bambou, en négligeant la Table, dont la possession ne nous était pas, en définitive, absolument indispensable.

En conséquence, le 28 au matin, malgré la pluie qui continuait, la colonne se prépara à quitter les positions du 26 pour marcher sur la cote 212. Une compagnie du bataillon d'Afrique, une compagnie de la Légion étrangère et une pièce devaient rester sur place pour protéger le mouvement, qui commença vers dix heures.

La colonne s'engagea dans l'escalier, par lequel la route de Kelung à Pétao franchit la ligne de partage des eaux, dans l'ordre suivant :

Avant-garde, capitaine Césari : une compagnie et demie de la Légion, une pièce.

Gros, commandant Fontebride : une compagnie et demie de la Légion, deux pièces et le génie, la compagnie d'infanterie de marine, deux compagnies du bataillon d'Afrique, l'ambulance.

Arrière-garde : la 6ᵉ compagnie du bataillon d'Afrique.

Le mouvement s'exécuta sous le feu des Chinois postés sur la Table. Plusieurs hommes furent blessés. Le lieutenant Weber, de la Légion étrangère, en quittant un des derniers la position, reçut une balle dans les reins. Il fut transporté à Kelung dans un état désespéré et mourut le 1ᵉʳ février.

L'avant-garde était déjà engagée dans les premiers ouvrages que l'ennemi avait évacués, lorsque la colonne reçut l'ordre de rentrer sur ses positions[1].

Le mouvement fut arrêté immédiatement. L'amiral avait décidé d'attendre le beau temps pour reprendre l'offensive ; mais on devait, en même temps, se maintenir sur les positions du 26, car les abandonner eût été avouer un insuccès que l'ennemi n'eût pas manqué d'exploiter comme une victoire.

En conséquence, le lendemain 29, l'infanterie de marine et le bataillon du 2ᵉ Étranger rentrèrent à Kelung, laissant au bataillon d'Afrique la garde des nouvelles positions qui prirent le nom de « Postes avancés ». Le détachement de sapeurs auxiliaires du génie et trois pièces de 4 de montagne, sous les ordres de l'adjudant Ledieu de Ville, furent laissés à la disposition du commandant Fontebride, qui répartit ses forces de la façon suivante :

Sur la hauteur centrale, deux pièces de 4 gardées par une demi-section.

Sur le secteur Sud-Ouest, les 5ᵉ et 3ᵉ compagnies.

Sur la branche Est, en face de la Table, un peloton de la 4ᵉ compagnie (lieutenant Rolland), la 6ᵉ compagnie en grand'garde.

Sur la branche Ouest, le 2ᵉ peloton de la 4ᵉ compagnie dans une redoute.

Les positions devaient être fortifiées de manière à abriter les défenseurs des feux de la Table. A cet effet, le colonel Duchesne donna l'ordre de préparer au Point A des gabions qui furent envoyés aux Postes avancés.

Ces travaux de terrassement reçurent le jour même un commencement d'exécution ; mais il fallut, sur la plupart des points, renoncer à travailler de jour, en raison du feu continuel qu'y dirigeaient les Chinois. Le capitaine Pénasse, du bataillon d'Afrique,

---

1. *Journal de marche du 3ᵉ bataillon d'Afrique.*

fut, en dirigeant les travaux de sa compagnie, tué raide d'une balle en pleine poitrine. On se retrancha pendant la nuit.

La pluie qui persista, sans discontinuer, pendant le mois de février, prolongea, hors de toute attente, la durée de cette occupation, inondant les tranchées, transformant les sentiers en ruisseaux, rendant extrêmement pénibles les ravitaillements.

Triste séjour que celui du « Fort-Misère[1] ». Sous cette pluie interminable qui fouette le visage comme des pointes de glaçons, éteint les feux allumés à grand'peine et transforme en bourbier le sol des bivouacs, les hommes couchent dans un pied de boue liquide. Les uniformes, ignoblement souillés, n'ont plus de couleur. Les coolies annamites font peine à voir, grelottant de froid et de fièvre. La plupart sont vêtus de défroques européennes qu'ils ont dérobées à l'ambulance ou qu'ils doivent à la pitié des soldats; quelques-uns, presque nus ou à peine couverts d'une guenille, s'enroulent, pour conserver un peu de chaleur, dans des nattes ou dans des manteaux en paillotte.

Sur le terre-plein, large à peine de quelques mètres, qui sépare les épaulements et les chemins couverts des précipices de la vallée des Mines, s'entassent irrégulièrement les bivouacs improvisés par les zéphirs au moyen de branchages et de tentes-abris[2]. Ils ont, d'ailleurs, su mettre à profit leur esprit inventif pour améliorer leur situation. Les corvées régulières qui ont été envoyées aux abords de la position pour recueillir du bois sec, ont fini par découvrir des cabanes isolées dissimulées dans les ravins. Leur toiture en paille de riz a servi à faire sous les tentes une litière un peu humide, mais cependant bien préférable au bourbier des jours précédents. Puis quelques cochons égarés ont été traqués et tués, variant heureusement l'ordinaire des compagnies, composé invariablement de conserves (endaubage) de biscuit et de légumes secs. Même il fallut mettre un terme à ces petites expéditions, qui finirent par devenir un abus; les hommes, entraînés par leur témérité, poussaient leurs pointes jusque dans les avant-postes chinois et provoquaient journellement des engagements qu'on avait toutes les peines du monde à empêcher de dégénérer en véritables combats. Dans ces rudes journées de souffrance physique, jamais l'entrain et la bonne humeur ne firent défaut au bataillon d'Afrique; jamais aussi, d'ailleurs, les actes

---

1. Nom donné par les soldats aux Postes avancés.
2. Le bataillon avait reçu des grandes tentes, mais n'avait pu s'en servir, faute de place pour les déployer entre le retranchement et les précipices.

d'indiscipline et les punitions n'y furent plus rares. La solidité et l'endurance de ces hommes, presque tous repris de justice, furent au-dessus de tout éloge[1].

Le 31, les travaux étaient assez avancés pour permettre de défier tout retour offensif de l'ennemi. Une ligne improvisée de tranchées-abris, d'épaulements en gabions et de chemins couverts permettaient de circuler, à peu près en sécurité, de la droite à la gauche. Le relief de la redoute centrale et celui de la batterie étaient devenus suffisants. De temps en temps, quand la brume se dégageait, on se fusillait avec les défenseurs de la Table ; un projectile du Point A passait en ronflant au-dessus des tranchées et éclatait avec fracas dans les épaulements chinois ou sur les rochers. Toutefois, généralement par une sorte de trêve tacite, le feu était presque nul de part et d'autre.

Dans la journée du 31, l'ordre fut envoyé au commandant Fontebride de déplacer la 6ᵉ compagnie, qui se trouvait en grand'garde sur la branche Est, et d'établir cette compagnie à cheval sur la route de Kelung à Pétao, tenant le col qui donne accès dans la vallée des Mines. Ce mouvement avait l'inconvénient de découvrir le centre de la position du bataillon d'Afrique et l'artillerie. L'ennemi, s'il eût été un peu entreprenant, pouvait, par une attaque brusquée, couper en deux tronçons la ligne de défense qui présentait, dans ces nouvelles conditions, un développement de près de neuf cents mètres, de la cote 180 au col de la vallée des Mines.

Il fallait parer immédiatement au danger qui pouvait résulter de cette disposition. Le commandant Fontebride établit sans tarder un peloton de la 4ᵉ compagnie (lieutenant Rolland) en avancée à cent mètres en avant de la redoute centrale sur l'étranglement qui relie le nœud de l'Y à la branche Est. Le lieutenant Rolland reçut en même temps l'ordre de construire, en toute hâte, sur cet emplacement, un ouvrage crénelé destiné à arrêter toute tentative de l'ennemi de ce côté. Le soir même l'ouvrage était

---

1. Pendant cette période si pénible d'opérations, les troupes, constamment sous la pluie ou dans la boue, ne pouvant faire du feu pour se sécher et faire la soupe, ont donné la preuve d'une énergie et d'une solidité remarquables. Je ne parle que pour mémoire de l'entrain et de la bravoure avec lesquels elles ont enlevé les différentes positions ; entrain et bravoure certainement dignes des plus grands éloges, mais qui ne sont rien en comparaison de l'énergie morale qu'elles ont mise à supporter sans trêve ni merci les privations et les souffrances physiques, sous une pluie torrentielle, pendant cette période de six jours. (Rapport du colonel Duchesne sur les opérations de janvier.)

terminé. Il était temps, car dans la nuit suivante (du 31 janvier au 1ᵉʳ février) l'attaque prévue se produisit.

Vers onze heures du soir, l'attention des gardes de tranchée de la 5ᵉ compagnie, qui était la plus rapprochée de la Table, fut éveillée par des rumeurs insolites et des cliquetis d'armes venant du col qui nous séparait des lignes chinoises. Le commandant, averti immédiatement, fit doubler les sentinelles. Quelques instants après, vers onze heures et demie, des coups de feu furent dirigés de la vallée de Kelung sur la position occupée par la 6ᵉ; mais l'alerte ne dura que quelques minutes. Vers deux heures, de nouveaux coups de feu furent dirigés sur la 6ᵉ, cette fois de la vallée de Pétao; en même temps, sur la droite, un bruit infernal de trompes de guerre et de tam-tam éclatait à quelques mètres des tranchées de la 5ᵉ. Les Chinois essayaient de nous aborder par nos deux ailes.

Quelques secondes ont suffi pour que chacun soit à son poste de combat; la fusillade s'ouvre immédiatement. Très vive du côté des Chinois, elle s'étend sur tout le front, puis sur les derrières de la position. Le bataillon riposte par des feux rapides et par des feux de salves, dirigés principalement sur la lumière des feux ennemis. Trois fois, les Chinois, s'excitant de la voix et de leurs instruments, tentent l'assaut, principalement sur l'ouvrage crénelé de la branche Est défendu par le lieutenant Rolland et sur le secteur occupé par la 5ᵉ compagnie. A plusieurs reprises les hommes doivent faire usage de leurs baïonnettes. Les deux pièces de 4 de la batterie centrale tirent à mitraille, pendant que l'artillerie du Point A envoie sur la Table quelques projectiles; le fracas est infernal, les éclairs des détonations illuminent la vallée jusqu'à Kelung. Enfin, vers quatre heures, les Chinois, repoussés dans toutes leurs tentatives, se retirent en désordre; seuls quelques entêtés s'acharnent contre nos lignes et se font tuer en détail.

Ce combat, dont la direction était devenue presque impossible en raison de l'obscurité et de l'énorme développement de la ligne de défense, dut son heureuse issue au rare sang-froid que déployèrent le commandant, les officiers et les chasseurs. Le bataillon d'Afrique, bien abrité dans ses tranchées, n'eut qu'un tué et qu'un blessé[1]. Les pertes des Chinois furent considérables. Il laissèrent près de deux cents cadavres sur le terrain. On en

---

1. Wuillaume tué, et Leroux blessé. (*Journal de marche du 3ᵉ bataillon d'Afrique.*)

trouva le lendemain, à moins de vingt mètres de la 6ᵉ compagnie et, dans un autre ravin, en face de la 5ᵉ, une soixantaine, parmi lesquels un Européen avec une ceinture tricolore (que l'on supposa être un Américain de Shangaï) et plusieurs mandarins[1].

Pendant toute cette période, les Chinois combattirent d'ailleurs avec un rare acharnement. Du 25 janvier au 1ᵉʳ février, l'ensemble de leurs pertes s'éleva, d'après les renseignements recueillis par l'amiral, au nombre de 700 tués ou blessés.

Le lendemain, le sang-froid déployé par le bataillon en cette circonstance fut l'objet d'un rapport élogieux du colonel Duchesne, à la suite duquel les lieutenants Rolland, Henrion, Thomas de Colligny et Garnot furent proposés pour le grade de capitaine, et le sous-lieutenant Crochat pour celui de lieutenant[2].

En même temps, le colonel Duchesne mettait à l'ordre du jour, à l'occasion de l'ensemble des opérations, le lieutenant-colonel Bertaux-Levillain et le commandant Fontebride, les capitaines de Champglen, de Fradel et Césari, les lieutenants Brasseur, du Saussois du Jonc et Jannet, le docteur Gayet et le sergent Colin, de la Légion étrangère[3].

Du 1ᵉʳ au 4 février, les travaux de terrassement furent activement poussés. La 6ᵉ compagnie, qui était un peu en l'air, fut

---

1. Kelung, 3 février, Hong-Kong, 7 février. Amiral Courbet à Marine : « Dans la nuit du 31 janvier au 1ᵉʳ février nos nouvelles positions ont été attaquées par 2.000 Chinois. L'ennemi, vigoureusement repoussé, a laissé plus de 200 cadavres sur le terrain, parmi lesquels un officier européen, blond, avec ceinture tricolore, et plusieurs mandarins. Nos pertes sont de 1 tué et de 1 blessé. D'après renseignements chinois, du 25 janvier au 1ᵉʳ février l'ennemi aurait eu 700 tués ou blessés. »

2. Note du colonel commandant le corps expéditionnaire au commandant du 3ᵉ bataillon d'Afrique : « J'ai transmis à l'amiral la copie du rapport que vous m'avez adressé, en lui faisant connaître que j'allais témoigner au 3ᵉ bataillon d'Afrique toute ma satisfaction pour l'énergie et le sang-froid dont il a fait preuve, et pour la manière brillante dont il a repoussé l'attaque dirigée par les Chinois, la nuit dernière, sur les positions qu'il occupe. » (Extrait du *Journal de marche du 3ᵉ bataillon d'Afrique*.)

3. Citations. Artillerie de marine : M. le capitaine de Champglen a montré les mêmes qualités de bravoure et de sang-froid dont il avait déjà donné des preuves chaque fois que l'occasion s'était présentée.

2ᵒ Régiment de marche d'infanterie de marine : M. le lieutenant-colonel Bertaux-Levillain a conduit la colonne avec beaucoup de jugement et d'intelligence du terrain, et n'a cessé de donner le meilleur exemple dans la manière de supporter les fatigues de toutes sortes que les troupes ont eu à subir.

M. le lieutenant Brasseur, après la mort de son capitaine, a conduit sa compagnie avec bravoure et intelligence, et est entré un des premiers dans les ouvrages chinois de l'Est.

M. le lieutenant du Saussois du Jonc a déployé autant de bravoure que

rapprochée à mi-côte de l'ouvrage central et construisit, sur son nouvel emplacement, un retranchement battant la vallée de Pétao. Une pièce de 4 fut placée à l'extrémité sud de la branche Sud-Ouest, battant la Table et surtout les pentes du Cirque cachées aux vues du Point A.

Le 5 février, le bataillon d'Afrique fut relevé, aux Postes avancés, par trois compagnies de la Légion étrangère. Il était resté onze jours sous une pluie battante et sous le feu des ouvrages de la Table.

L'amiral espérait toujours qu'une embellie, si courte fût-elle, permettrait la reprise des opérations. Il n'en fut rien. La pluie ne cessa de tomber pendant tout le mois de février, rendant impossible tout mouvement offensif. Pendant cette période d'inaction forcée, le bataillon d'Afrique, la Légion étrangère, puis l'infanterie de marine, se succédèrent sur les positions de janvier, l'effectif maintenu variant de deux à trois compagnies [1].

L'activité que les Chinois déployèrent, pendant cette période, fut extraordinaire. Accumulant devant nous les moyens de défense, recevant renforts sur renforts, recrutant dans la population indigène toute une armée de travailleurs, ils firent, en un mois, des positions de la Table et du Cirque un formidable camp

---

de sang-froid en allant porter des ordres sur tous les points de la colonne sous un feu nourri.

M. le docteur Gayet : Dévouement à soigner les blessés sous le feu de l'ennemi.

3e Bataillon d'Afrique : M. le commandant Fontebride s'est particulièrement distingué par l'habileté des dispositions qu'il a prises pour repousser, dans la nuit du 1er février, une attaque de Chinois auxquels il a fait supporter des pertes sensibles.

M. le capitaine de Fradel, dont la bravoure audacieuse a été remarquée de tous.

2e Étranger : M. le capitaine Césari a attaqué avec beaucoup de vigueur la branche Ouest des lignes chinoises et a conduit avec énergie son bataillon.

M. le lieutenant Jannet a fait preuve de sang-froid, de coup d'œil et d'énergie, en repoussant une attaque tentée sur les avant-postes dans la nuit du 25 au 26 janvier.

Colin, sergent, est entré le premier dans un retranchement chinois et est resté sur le terrain malgré une blessure à la jambe. (Extrait du rapport du colonel Duchesne sur les opérations de janvier.)

1. Du 30 janv. au 5 fév. : 3 compagnies du bataillon d'Afrique.
   Du 5 au 10 février : 3 compagnies du 2e Étranger.
   Du 10 au 16 février : 2 compagnies du bataillon d'Afrique, une compagnie du 2e Étranger.
   Du 16 au 22 février : 3 compagnies d'infanterie de marine.
   Du 22 au 28 février : 3 compagnies du bataillon d'Afrique.
   Du 1er au 5 mars : 2 compagnies du 2e Étranger.

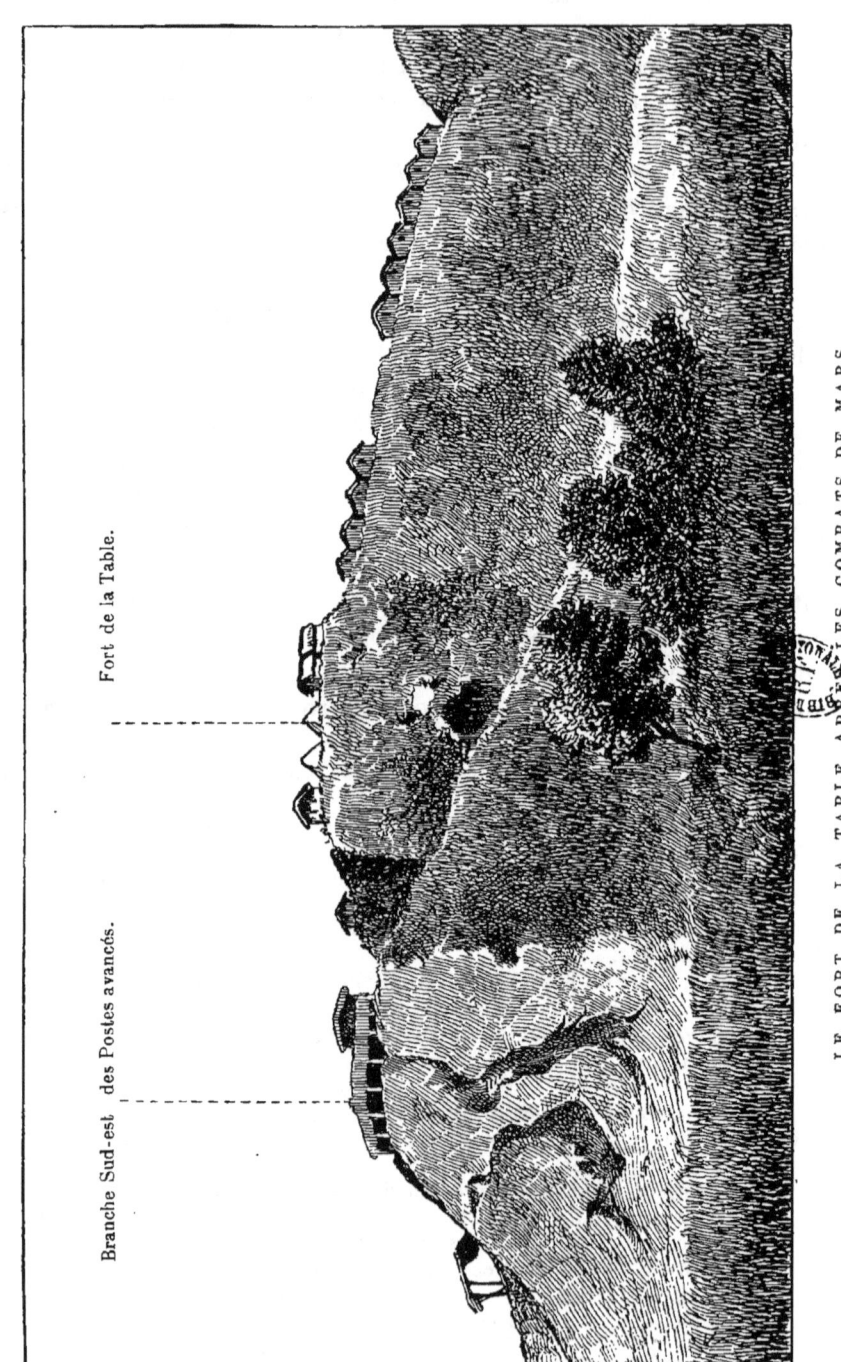

LE FORT DE LA TABLE APRÈS LES COMBATS DE MARS

retranché qu'occupait une nombreuse garnison, abondamment pourvue d'approvisionnements, d'armes et de munitions[1].

Un ouvrage continu, d'un développement de près d'un kilomètre, avec fossés et défenses accessoires, petits piquets et clôtures en bambous, couronnait, vers la fin de février, les escarpements de la Table qui font face à Pétao et ceux qui sont tournés vers le Cirque. Face à l'est, l'extrémité des défenses de la Table s'appuyait à un ouvrage fermé. Face au sud, à la cote 165, un ouvrage de même nature, mais moins important, terminait la ligne des tranchées du côté de l'ouest. Sur les principaux sommets intermédiaires étaient ménagés de petits réduits.

Entre le fort Bambou et la Table, le long des crêtes qui dominent le versant sud de la vallée des Mines, une partie des anciennes lignes prises d'enfilade et commandées par les feux des Postes avancés avait été abandonnée; mais, dès les derniers jours de janvier, les Chinois, prévoyant une prochaine attaque sur leur flanc droit, avaient entrepris, perpendiculairement à ces lignes, de nouvelles défenses. Terrassiers infatigables, ils avaient commencé par couronner les pentes mêmes du fort Bambou, puis le mamelon 182, puis, se rapprochant toujours à couvert, avaient ouvert du nord au sud, à partir de la cote 171, une tranchée blindée et percée de meurtrières d'un développement de près de 600 mètres. Derrière ces lignes, comme d'ailleurs derrière celles de la Table, la garnison, groupée en plusieurs camps, était installée à demeure sous des paillottes, prête à se porter à ses postes à la moindre alerte[2].

1. Voir croquis n° 9 (Les positions sud et sud-est de Kelung).
2. « Le terrain du nord de l'île est formé par une série de montagnes escarpées et boisées donnant naissance à des ravins et à des précipices souvent infranchissables. On n'y rencontre ni routes ni chemins, à peine quelques sentiers donnant passage à un homme de front. Ravins et précipices courent dans tous les sens, sans direction marquée, de sorte qu'il est impossible d'y manœuvrer sans exposer une partie de ses troupes à s'égarer. En outre, l'ennemi établi depuis près de quatre mois dans le pays, a fortifié très ingénieusement et très solidement tous les sommets et tous les petits cols auxquels il est possible d'accéder. Pour s'avancer d'un kilomètre, il faut enlever de vive force plusieurs de ces positions retranchées défendues avec acharnement par un ennemi très tenace et parfaitement armé de fusils à tir rapide. Non seulement ces attaques successives occasionnent des pertes en hommes, mais elles font perdre énormément de temps, ce qui est d'une importance capitale en raison du renouvellement des vivres. . . . . . .

« . . . . . Les Chinois doivent être très nombreux. Ils sont parfaitement vêtus et armés et paraissent ne manquer de rien. Ils ont, comme partout du reste, des munitions en quantité considérable. En outre, ils ont avec eux toute la population armée et à leur service pour leurs travaux et corvées. De notre côté, pas un habitant: le vide partout où nous allons. Si nous aper-

Des magasins de riz, de munitions, d'habillement, étaient établis dans chaque camp. Enfin une série de chemins couverts, d'un développement prodigieux, escaladant vallées et ravins, reliaient les ouvrages de l'Est à ceux du Cirque, et ces derniers aux défenses de la Dent, en sorte qu'en face de nous les Chinois circulaient à l'abri de nos feux sur un front de près de 6 kilomètres.

Heureusement, l'artillerie faisait encore défaut à l'ennemi, sans quoi les cantonnements du corps expéditionnaire fussent devenus intenables.

Une batterie de fusées à la Congrève, installée sur le Cirque à la cote 176, dirigea bien, pendant quelques jours, sur le Point A, ainsi que sur les cantonnements et les Postes avancés, un tir d'ailleurs assez incertain ; mais bientôt un coup heureux du Point A, tombant au milieu de la batterie, fit sauter fusées et fuséens, décourageant pour toujours les artificiers chinois. Cependant, vers la fin de février, les journaux anglais de Hong Kong donnaient comme certain que le *Wawerley* avait réussi à jeter, dans l'île, des Krupp et un nombreux matériel d'artillerie. La mise en batterie de ces pièces par l'ennemi n'était donc plus qu'une question de jours.

Les troupes que nous avions devant nous provenaient généralement du Fokien et du Petchili, elles étaient les meilleures de l'armée chinoise. Les hommes, grands et vigoureux, portaient un uniforme en toile bleu foncé : large pantalon asiatique descendant jusqu'à mi-jambe et casaque rehaussée d'un grand écusson écarlate dans lequel étaient inscrits en noir les caractères portant indication du bataillon et de la compagnie. Par les temps froids ou les pluies, une ou plusieurs casaques ouatées ou rendues imperméables au moyen de colle de poisson complétaient l'habillement. Les jambes étaient enveloppées de bandes molletières et

---

cevons de loin des indigènes, on peut dire que ce sont des rôdeurs qui cherchent à faire un mauvais coup, ces gens-là sont fanatisés par leurs mandarins . . . .

« ..... Une colonne qui se met en marche pour quelques jours, en raison des difficultés du terrain, a besoin de moyens de transport nombreux. Nous en manquons complètement, sauf 200 malheureux coolies annamites fort éprouvés par un climat différent de celui de la Cochinchine et qui réclament tous les jours leur rapatriement. Nous ne possédons ici aucune bête de somme. La question est, je crois, capitale, car il faut considérer que Formose n'est pas le Tonkin et qu'il n'y a ici ni fleuve ni arroyo qui permette le transport par eau. » (Rapport du colonel Duchesne sur les opérations de janvier, Kelung, 4 février.)

les pieds chaussés du soulier chinois avec semelles en feutre. L'équipement était de fabrication européenne, généralement du modèle allemand. Il consistait en un ceinturon et deux cartouchières, tellement semblables aux nôtres du modèle de 1882, que les zéphirs échangèrent, après les combats de mars, les leurs contre celles que l'ennemi avait abandonnées. Un porte-épée complétait l'équipement. Pas de havre-sac[1].

L'armement était assez disparate. Il consistait en Mauser allemands, en Remington, mais surtout en fusils Lee américains et en carabines du système Hotchkiss, provenant des manufactures Winchester, à New-Haven, Connecticut.

Les Américains furent les grands pourvoyeurs de la Chine pendant l'expédition du Tonkin.

Le fusil Lee, analogue au Gras comme canon et aspect général, est une arme à verrou rappelant le Berdan comme fermeture de culasse. Il est du calibre de 11 millimètres, et pourvu d'un chargeur en tôle d'acier qui se place sous la boîte de culasse, comme dans la nouvelle carabine de cavalerie du système Lebel. Chaque chargeur reçoit cinq cartouches. Comme justesse, portée et pénétration, il ne le cède en rien au fusil Gras, auquel il est supérieur comme vitesse de tir. Il tire la cartouche modèle Remington et est disposé pour recevoir, à l'embouchure, une baïonnette à douille. Il est gradué jusqu'à 1.500 yards. La carabine Hotchkiss est une

---

1. Dans son rapport sur les opérations du 26 au 30 janvier, le lieutenant-colonel Bertaux-Levillain posait les conclusions suivantes :
« L'opération a démontré :
1° Que les Chinois ont fortifié toutes leurs positions, grâce à leur effectif considérable, et aussi grâce au concours de la population qui s'est levée tout entière à l'appel de ses mandarins ;
2° Que la ténacité de l'ennemi s'est montrée avec un acharnement qu'il était impossible de prévoir ;
3° Qu'il n'a pas renoncé à ses traditions de ruse et d'habileté dans les surprises ;
4° Qu'il entraîne avec ses troupes de ligne de nombreux contingents bien armés ;
5° Qu'il est brave au-dessus de toute mesure et qu'il tient jusqu'à la dernière extrémité. L'assaut seul peut avoir raison de son opiniâtreté ;
6° Qu'il est habilement dirigé par des Européens ou qu'il a des principes militaires européens. Les fortifications ont le cachet du jour, on y trouve des avant-lignes, des lignes plus résistantes et enfin des réduits de position casematés, en terre et rondins. Comme conséquence, il faut une nombreuse et puissante artillerie pour en avoir raison ;
7° Que si l'on veut donner à la place de Kelung la sécurité qui lui manque, il faut prendre pied sur les hauteurs qui la dominent et les armer de pièces de gros calibre ; autrement nous verrons les Chinois s'y installer dans des conditions de résistance les meilleures possibles. »

arme sans baïonnette, sortant également des usines Winchester. Elle est pourvue d'un magasin dans la crosse. Sa fermeture de culasse se rapproche beaucoup de celle du Berdan; elle est pourvue, le long de la boîte de culasse, de deux poussoirs quadrillés. Celui de droite permet d'enrayer la détente, celui de gauche de fermer le magasin. La hausse est graduée jusqu'à 1.200 yards. C'est une arme un peu lourde, mais excellente. Elle n'entrait d'ailleurs qu'en petit nombre dans l'armement des Chinois; il n'y avait guère que les escortes des hauts mandarins qui en étaient pourvues. Le Hotchkiss tire une cartouche métallique sans collet et tronconique, du calibre de 11 millimètres.

Les approvisionnements dont disposaient les Chinois étaient énormes. Dans la défensive, qui était pour eux le cas le plus général, chaque soldat avait à sa disposition un sac ou un panier de cartouches dont il usait éperdument. La plupart de ces cartouches portaient sur le culot : *Société anonyme de Bruxelles*.

Malgré l'arrivée des derniers renforts, la situation du corps expéditionnaire était, en définitive, plus critique que jamais. Si nos moyens d'action avaient doublé, ceux de l'ennemi avaient quintuplé. Si les Chinois parvenaient à mettre leur artillerie en batterie sur la Table et sur le Cirque (ce qui n'était plus qu'une question de jours), les cantonnements du bataillon d'Afrique et de la Légion, les Postes avancés et le fort Tamsui devenaient intenables. Il faudrait alors reporter les troupes, pour les abriter, en arrière des lignes Ber, qui deviendraient elles-mêmes bien compromises. Même les navires sur rade seraient exposés au canon du fort Bambou. Il importait donc, plus que jamais, fût-ce au prix de cruels sacrifices, de rejeter l'ennemi au delà de la vallée de Tamsui, et, en s'emparant des hauteurs du Cirque, de se mettre au moins à l'abri du bombardement.

La situation sanitaire n'était pas meilleure. Les troupes d'Afrique, malgré leur vigueur et leur endurance, commençaient, elles aussi, à payer un large tribut à l'épidémie. Le choléra faisait de nombreuses victimes, surtout dans le bataillon du 2e Étranger. La fréquence des cas était attribuée à des excès de boisson après ingestion d'eau malsaine[1].

1. Kelung, 19 février. L'amiral Courbet au Ministre de la marine: « Depuis le 5, pluie et coups de vents continuels ont empêché les troupes de faire un pas en avant. Dans cet intervalle, il y a eu 91 cas de choléra, dont 31 décès. La Légion étrangère a été spécialement atteinte. Ces cas sont dus à des excès de boisson après ingestion d'eau malsaine. Depuis quelques jours il y a un peu d'amélioration. »

Le lieutenant Gabet, de ce bataillon, était mort, emporté en quelques heures par un accès algide foudroyant. Quant à l'infanterie de marine, elle en était arrivée à ne plus présenter que des squelettes de compagnies.

Le ministre de France au Japon avait mis à la disposition de l'amiral un hôpital de 50 lits. Il demandait seulement deux infirmiers pour assurer le service. L'amiral avait été autorisé à s'entendre avec lui; les deux infirmiers avaient été envoyés à Yokohama[1].

L'amiral désigna, pour être dirigés sur cet hôpital, les sous-officiers et soldats blessés dans les derniers combats et auxquels une courte convalescence était nécessaire. Ils reçurent à Yokohama, au milieu de la sympathie générale et de la curiosité des Japonais, tous les soins que comportait leur état et rentrèrent enthousiasmés de leur voyage[2].

En somme, pour enlever la Table et le Cirque dans des conditions normales, il eût fallu à l'amiral, outre le beau temps, un supplément d'effectif de 2.500 à 3.000 hommes. Mais, en admettant que l'arrivée à Kelung d'un tel renfort eût pu se réaliser avant le mois d'avril, date arrêtée en principe pour l'évacuation, il devenait évident que les progrès de l'ennemi nous obligeraient à profiter des premiers beaux jours pour précipiter, coûte que coûte, la crise finale. Aussi, tout en exposant la situation au gouvernement[3], l'amiral l'informait-il qu'il était décidé à attaquer l'ennemi aussitôt que possible avec les forces dont il disposait.

---

1. Paris, 22 janvier. Ministre à amiral Courbet : « Notre ministre au Japon peut mettre à votre disposition hôpital de 50 lits. Entendez-vous avec lui. Il demande seulement deux infirmiers que vous pouvez lui envoyer. Deux infirmiers partent par le *Nantes*. »

2. « On trouvait en abondance à l'ambulance toutes les douceurs envoyées généreusement par l'Union des femmes de France, et même les sucreries prises à bord des jonques par les croiseurs ; puis, une fois convalescent, on avait la bonne chance d'aller sur un paquebot des Messageries faire une tournée au Japon, dans ce pays des rêves que chacun désirait tant connaître. C'était à souhaiter de tomber malade. » (Maurice Loir.)

3. Kelung, 4 février. Amiral Courbet à Marine : « En attendant le rapport sur les opérations du 25 janvier au 1er février, je résume de nouveau l'opinion de Duchesne résultant des obstacles chinois et de la résistance que nos troupes ont rencontrée et rencontreront sans doute.

« Pour occuper avec sécurité Kelung et écarter promptement l'ennemi à bonne distance, il faut un renfort de 2.500 à 3.000 hommes et de 100 mulets de bât. Pour aller à Tamsui, il faudrait en plus 3.000 hommes. Je me range à cette opinion.

« Bien entendu, cela ne nous empêchera pas d'attaquer l'ennemi avec toutes les forces dont nous disposons, mais l'affaire sera chaude. De plus, nos pertes auront bientôt diminué l'effectif actuel. »

Mais l'affaire devait être chaude : « Il y aura de la casse ! » disaient les troupiers.

Le gouvernement confirma l'amiral dans sa résolution d'attaquer à tout prix, en l'informant que, sa décision d'évacuer Kelung en avril étant bien arrêtée, il n'eût pas, en conséquence, à compter sur de nouveaux renforts [1].

1. Quelques détachements, non de renfort mais de remplacement, furent cependant dirigés sur Kelung vers la fin de février ou dans les premiers jours de mars :

1° Par le steamer affrété le *Nantes* qui, outre les troupes et le matériel à destination du Tonkin, prit :

Le 27 janvier, à Toulon, le lieutenant-colonel Dugenne, commandant le 2ᵉ régiment de marche de Formose, un détachement de 1 sous-officier et 12 artilleurs de la marine, le capitaine Le Fournier, de l'artillerie de marine, et 2 infirmiers destinés à remplacer ceux envoyés au Japon.

Le 1ᵉʳ février, ce bâtiment prit à Alger 40 mulets, et à Philippeville 68 mulets, cédés par la Guerre à la Marine. Ces animaux devaient être soignés, pendant la traversée, par le détachement d'artilleurs embarqués à Toulon, et qui faisaient partie de la 7ᵉ batterie *bis* expédiée par le *Cachar*.

Enfin, ce navire prit à Port-Saïd un vétérinaire embarqué à bord du *Nantes-et-Havre*. Ce dernier navire chargé de matériel était resté en détresse par suite d'avaries ;

2° Le 30 janvier, le Ministre de la marine annonça à l'amiral Courbet qu'il venait de faire procéder à la location du *Château-Yquem*, navire de la Compagnie bordelaise de navigation. Ce navire remplissait les conditions voulues pour être affecté éventuellement au service de la flotte, conformément à la loi du 29 janvier 1881 et au décret ministériel du 8 février 1884. Arrivé à Toulon le 28 janvier, ce navire entra en armement définitif sous les ordres du capitaine de frégate Lejard. Il reçut la dénomination de *croiseur auxiliaire*. Le gouvernement se proposait de l'adjoindre à l'escadre de l'Extrême-Orient, concurremment aux transports de 1ʳᵉ classe déjà affectés : *Annamite* et *Tonkin*. En outre, deux bâtiments de charge étaient mis à la disposition de l'amiral : le *Tancarville* et le *Nantes-et-Bordeaux*.

Le chargement du *Château-Yquem*, à destination de l'escadre de l'Extrême-Orient et du corps de Formose, fut le suivant :

Section du Génie (de Toulon). — 1 capitaine en second, 1 lieutenant en premier, 6 sous-officiers, 8 caporaux, 1 tambour ou clairon, 85 sapeurs-mineurs, 1 maréchal des logis, 2 brigadiers, 23 sapeurs-conducteurs. — Animaux : 21 mulets de bâts, 2 mulets haut-le-pied.

2ᵉ Régiment étranger (d'Alger). — 1 chef de bataillon (M. Valette, en remplacement du commandant Vitalis évacué), 1 capitaine (M. Muller, en remplacement du capitaine Devillers évacué), 1 lieutenant (M. Bornot, en remplacement du lieutenant Weber tué), 2 sous-officiers, 30 légionnaires. — 3 chevaux d'officiers.

3ᵉ Bataillon d'Afrique (de Philippeville). — 1 capitaine (M. Schiellein, en remplacement du capitaine Pénasse tué), 2 sous-officiers, 30 chasseurs. — 1 cheval d'officier.

Matériel. — Le matériel de la section du génie, soit un demi-parc de compagnie divisionnaire avec les bâts et ellipses de transport.

Le *Château-Yquem* prit en outre, à Obock, le chargement du *Nantes* à destination de Formose ; ce navire, aussi malheureux que le *Nantes-et-Havre*, ayant dû cesser son voyage à Obock pour avaries graves. Le lieutenant-colonel Dugenne arriva à Kelung en avril par le paquebot régulier des Messageries maritimes.

Le *Château-Yquem* partit d'Alger le 5 mars et de Philippeville le 6. Les renforts qu'il portait n'arrivèrent en Extrême-Orient qu'en fin d'avril, après la conclusion de l'armistice. Ils furent débarqués aux Pescadores. Seuls, le com-

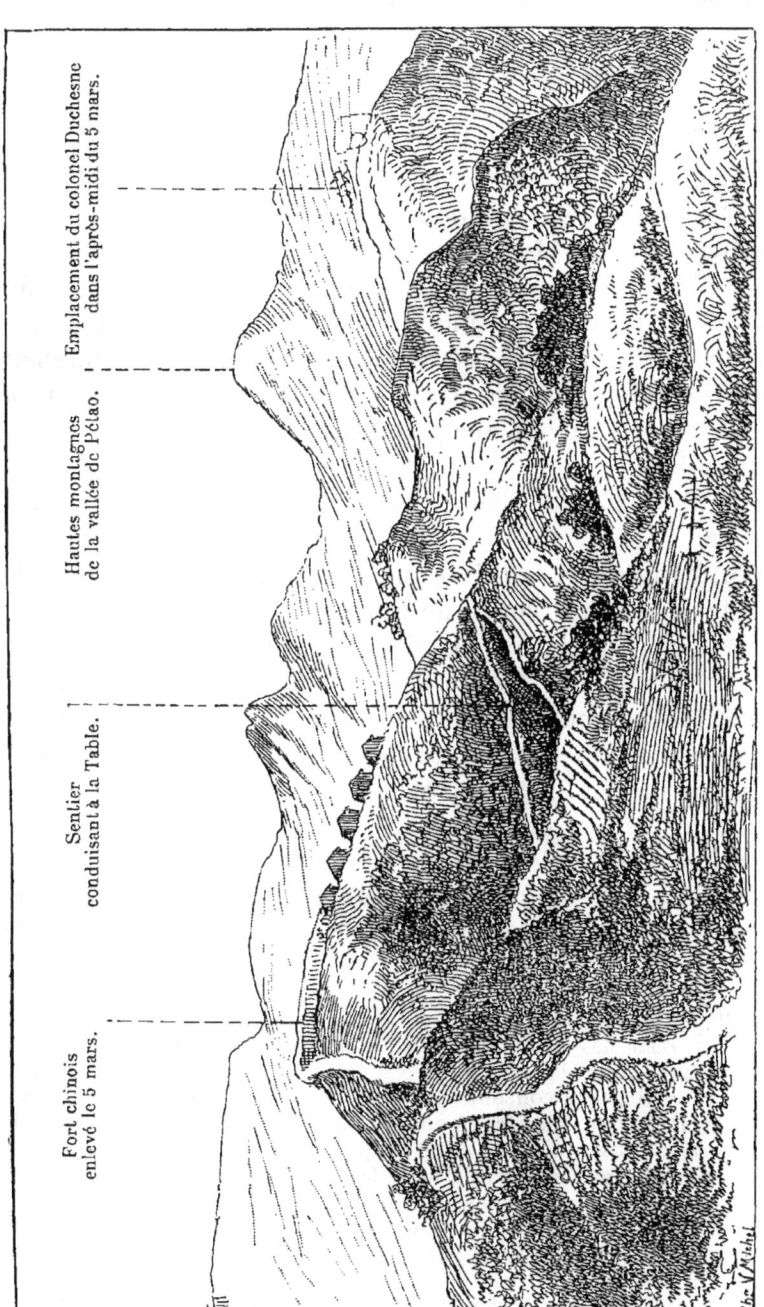

LES POSITIONS CHINOISES ENLEVÉES LE 5 MARS
Vue intérieure.

D'ici là, l'amiral était autorisé à faire ce qu'il jugerait possible avec les troupes dont il disposait[1].

Comme nous l'avons vu plus haut, le gouvernement comptait sur la prise de Langson pour déterminer la Chine à céder. Les évènements qui se déroulaient au Tonkin étaient de nature à encourager cette espérance. Les brillants combats de Dong-Song (4 et 5 février), de Pho-Vi et de Bac-Viay (11 et 12), avaient ouvert au général Brière de l'Isle la route de Langson, dans laquelle nos troupes étaient entrées le 13 février. En outre, dans la nuit du 15 au 16 du même mois, une division de l'escadre[2], sous les ordres directs de l'amiral qui, depuis plusieurs jours, cherchait la flotte chinoise dans les parages des Chusan, avait réussi à atteindre, dans la baie de Sheipoo, deux grands croiseurs qu'elle avait torpillés.

Trois autres, bloqués dans la baie de Ning-Po, avaient le même sort en perspective.

Enfin, l'Angleterre venait de mettre en vigueur les règles de neutralité, en ce qui concerne Singapore et Hong Kong. Cette attitude malveillante avait autorisé le gouvernement français à revendiquer tous les droits des belligérants. Notification en avait été faite aux puissances, et l'amiral était, à quelques jours de là, investi de l'exercice de ces mêmes droits dans les mers de Chine jusqu'au détroit de Malacca.

Donc, de quelque façon que dussent tourner les événements, l'évacuation n'était plus qu'une question de jours. Si la guerre continuait, l'amiral était autorisé à s'emparer des Pescadores et même à établir de nouveaux centres de ravitaillement et de

---

mandant Valette, les capitaines Schiellein et Muller furent autorisés à se rendre à Kelung. Le reste des renforts portés par le *Château-Yquem*, y compris la section du génie, furent laissés aux Pescadores. Ils arrivèrent trop tard pour prêter aux opérations un concours qui eût été cependant des plus précieux.

1. Paris, 11 février. Ministre à amiral Courbet, Gutzlaff : « Les renforts qui vous seraient envoyés arriveraient trop tard, le gouvernement étant bien décidé à évacuer Kelung en avril. D'ici là faites ce que vous jugerez possible avec les troupes dont vous disposez. Comme renseignement, je désire savoir si vous avez renoncé à occuper les Mines. Il est indispensable, dans l'intérêt de nos négociations, que le secret le plus absolu soit gardé sur notre décision d'évacuer Formose. »

Sheïpoo, 15 février, Shanghaï, 18 février. Courbet à Marine : « Pas renoncé à occuper les Mines. Tout dépendra des opérations possibles avec forces disponibles. Comptez que secret sera bien gardé ici sur évacuation. . . . .

« Je disposerai des troupes comme vous me l'indiquez. »

2. *Bayard, Triomphante, Nielly, Eclaireur, Duguay-Trouin, Saône* et *Aspic*.

relâche en tels points de la côte de Chine qu'il jugerait utile, îles Miau-Tao ou Tchéfou, pourvu que ces points fussent faciles à garder et à occuper. Enfin, le gouvernement estimait que la fermeture des grandes voies de communication maritimes ou fluviales aurait plus d'effet sur le gouvernement chinois, par le trouble qui en résulterait dans l'intérieur de l'empire, que les succès militaires que nous pourrions obtenir sur les points des côtes accessibles à nos bâtiments, succès dont l'effet devait rester local et qu'il serait facile à la Chine de présenter sous un faux jour. Il faisait pressentir à l'amiral son intention d'affamer Pékin, en interceptant les immenses arrivages de riz qui allaient, au printemps, être expédiés du sud dans le nord de l'empire[1].

Le 20 février, le gouvernement, en même temps qu'il félicitait l'amiral pour sa brillante affaire de Sheïpoo, le laissait libre, non seulement d'effectuer l'occupation des Pescadores quand il le jugerait convenable, mais encore d'entreprendre toute opération qu'il croirait possible avec les moyens dont il disposait ou dont il devait disposer à bref délai[2].

« L'amiral devait rechercher la destruction de la flotte chinoise, la ruine du commerce ennemi, empêcher le ravitaillement des provinces du Nord, en un mot faire à la Chine tout le mal possible. Les puissances avaient été informées qu'à partir du 26 février, le riz serait considéré et traité comme contrebande de guerre. L'amiral était en droit, par suite, sans avoir besoin de notification spéciale, d'exercer le droit de visite sur les navires sortant de Shanghaï ou du Yang-Tsé-Kiang, et de capturer les chargements de riz[3]. »

L'amiral Courbet répondit, le 21 février, en proposant, tout d'abord, que l'évacuation de Kelung ne fût pas effectuée avant l'occupation des Pescadores et l'installation, dans cette nouvelle base d'opérations, de baraquements destinés à recevoir les troupes, et ensuite de :

1° Déclarer immédiatement que le riz fût contrebande de guerre ;

2° Ne pas déclarer le blocus du Petchili, mais constituer une division volante de cinq ou six bâtiments, avec lesquels on

---

1. Lettre du Ministre à l'amiral, du 29 janvier 1885.
2. La composition de l'escadre avait été arrêtée par le Ministre de la marine, le 13 février, de la manière suivante : 5 cuirassés de croisière, 14 croiseurs, 1 aviso-transport, 5 canonnières, 2 transports de 1re classe, 2 charbonniers, 2 remorqueurs.
3. Télégramme du 20 février 1885.

pourrait, suivant le cas, courir sus aux croiseurs chinois ou aux vapeurs portant le riz ;

3° Consacrer les autres bâtiments de l'escadre à la défense de Kelung et au blocus de Formose réduit ;

4° Vers le 20 mars, au retour de cette croisière, prendre les Pescadores et nous y établir, parés à évacuer Kelung.

Après l'évacuation de Kelung et l'arrivée des croiseurs annoncés, commenceraient les opérations contre les côtes de Chine, sur plusieurs points à la fois et d'abord contre Port-Arthur[1].

Par télégramme du 24 février, le gouvernement répondit en approuvant entièrement les projets de l'amiral. En outre, il faisait entrevoir, à l'occasion de la prise des Pescadores, la possibilité de garder ces îles après la paix.

En conséquence, le blocus du riz commença immédiatement. Toutefois, le gouvernement français, décidé à n'appliquer cette mesure que dans les limites rigoureusement nécessaires pour atteindre le but poursuivi, déclara que les expéditions de riz à destination de Canton et des ports du sud de la Chine pourraient continuer librement.

Le 26 février, la *Triomphante*, le *Nielly* et la *Saône* firent route vers le nord ; ils devaient, à bref délai, être rejoints par le *Rigault-*

---

1. Kelung, 21 février, Foo Chow, 22 février. Amiral Courbet à Ministre de la marine, Paris : « Si l'évacuation de Kelung est irrévocablement décidée, malgré l'effet qu'elle produira, il faut au moins qu'elle ne puisse être considérée comme conséquence d'arrivée des renforts chinois : cela serait désastreux. Cette considération, ajoutée à l'état sanitaire des troupes et au retard forcé de marcher en avant, impose la nouvelle obligation de ne pas réduire beaucoup le blocus de Formose pour le moment.

« D'un autre côté, les Pescadores devant être la base d'opérations futures, il faut que nous y soyons établis avant l'évacuation de Kelung et avant l'arrivée du matériel que porte le *Château-Yquem*. Enfin, il serait bon que nous pussions y construire quelques baraquements dont les matériaux sont arrivés ici, et dont la construction va commencer très prochainement.

« Pour essayer en même temps d'intercepter le riz destiné au golfe du Petchili, je propose, après mûres réflexions, de :

« 1° Déclarer que le riz est contrebande de guerre ;

« 2° Ne pas déclarer le blocus du Petchili, mais constituer une division de 5 ou 6 bâtiments avec lesquels je pourrai, le cas échéant, courir sus aux croiseurs chinois ou aux vapeurs portant le riz ;

« 3° Consacrer les autres bâtiments disponibles de l'escadre à la défense de Kelung et au blocus de Formose réduit ;

« 4° Vers le 20 mars, au retour de cette croisière, prendre les Pescadores et nous établir prêts à évacuer Kelung.

« Après l'évacuation de Kelung et l'arrivée des croiseurs annoncés, commenceraient les opérations contre les côtes de Chine, sur plusieurs points à la fois et d'abord contre Port-Arthur. »

de-Genouilly, l'*Éclaireur*, le *Lapérouse* et la *Vipère*. L'amiral les suivait avec le *Bayard*. Sept navires de guerre chinois s'étaient réfugiés au fond de la baie de Ning-Po, sous la protection des ouvrages de la pointe Chung et des forts de la rivière Yung. L'amiral se décida, en conséquence, à faire du mouillage de Ning-Po sa base de blocus, tenant ainsi sous les canons de ses cuirassés la flotte chinoise et, par ses croiseurs, les embouchures du Yang-Tsé, de Shaweishan jusqu'à Gutzlaff.

« Leur présence suffit à consterner les consignataires et armateurs chinois ou européens, qui se préparaient à faire sortir leur riz de Shanghaï. Devant un avertissement donné par le ministre d'Angleterre, ils renoncèrent à effectuer les envois projetés, et rompirent les contrats qu'ils avaient pu signer avec le gouvernement chinois. Ceux de leurs navires qui étaient déjà chargés débarquèrent immédiatement leur riz.

« La mesure eut donc un plein effet : pas un picul de riz ne sortit par mer de Shanghaï, et, comme d'un autre côté le grand canal du Nord était ensablé et hors d'état de servir, le gouvernement central ne reçut pas les énormes approvisionnements sur lesquels il comptait[1]. »

Sur ces entrefaites, la pluie cessa à Kelung le 2 mars. Une éclaircie de 24 heures suffit pour assécher et rendre praticables chemins et sentiers, précipitant les événements. La colonne mobile, immédiatement réorganisée, fut sur pied le 3: Elle comprenait tous les éléments disponibles du corps d'occupation :

Infanterie de marine : trois compagnies, capitaines Thirion, de Cauvigny et Cormier, 300 hommes.

3ᵉ Bataillon d'Afrique : quatre compagnies, 600 hommes.

2ᵉ Étranger : 1ʳᵉ et 2ᵉ compagnies du bataillon, capitaines Césari et du Marais, 300 hommes[2].

Artillerie : une demi-batterie (capitaine de Champglen); deux pièces de 4 rayées de montagne et une pièce de 80^{mm} de montagne, approvisionnées chacune à 72 coups, 60 hommes.

Une section du génie avait été, comme pour les opérations précédentes, formée avec les sapeurs de compagnie des différents corps, sous les ordres du capitaine Luce, de l'artillerie de marine, 20 hommes.

---

1. Maurice Loir. Lire, dans l'*Escadre de l'amiral Courbet*, les détails relatifs au blocus du riz.

2. Les 3ᵉ et 4ᵉ compagnies de ce bataillon occupaient alors les Postes avancés.

Soit un effectif d'environ 1280 hommes, non compris la garnison des Postes avancés.

En outre, chaque compagnie du bataillon d'Afrique emportait plusieurs grandes planches, larges et solides, destinées à faciliter le passage des petits cours d'eau. L'ambulance, sous les ordres du docteur Gayet, était organisée dans les mêmes conditions que pour la colonne du 25 janvier.

Les impedimenta avaient été réduits à l'indispensable. Pas de bagages. Les hommes emportaient six jours de vivres et 170 cartouches. Les recommandations les plus formelles avaient été faites pour ménager les munitions; l'emploi des feux de salves, même aux distances rapprochées, était généralisé, dans le but de régler plus sûrement la consommation des cartouches.

Le colonel Duchesne, quoiqu'encore très souffrant, avait tenu à prendre en personne la direction des opérations. Il était assisté du lieutenant-colonel Bertaux-Levillain et du capitaine d'artillerie de marine Vuillemin, chef d'état-major.

Son intention était de se diriger d'abord vers l'est et Pétao, puis de s'emparer du premier fort servant d'appui de ce côté aux ouvrages de la Table, et enfin de prendre à revers les retranchements considérables que l'ennemi avait établis sur les positions du Cirque, « où l'on comptait en certains endroits jusqu'à sept lignes successives, dans un pays horriblement accidenté, sans chemins ni routes, et où tous les cols, tous les bois et tous les sommets étaient solidement retranchés[1]. »

---

[1]. Rapport officiel du colonel Duchesne sur les opérations autour de Kelung, du 4 au 7 mars inclus (*Journal officiel* du 16 mai 1885).

CHAPITRE VII

Les combats de mars. — Organisation défensive des nouvelles positions.

Le 4 mars, vers trois heures et demie du matin, quand la colonne quitta ses cantonnements, un clair de lune superbe illuminait la rade et les vallées de Kelung.

Le temps, parfaitement calme, faisait présager une journée splendide. La joie était partout : les hommes, heureux d'en finir, marchaient d'un pas alerte, quoique lourdement chargés, échangeant seulement, de temps à autre, quelques réflexions à voix basse sur le nombre probable de tués et de blessés que coûterait l'enlèvement du Cirque : les plus pessimistes disaient 300, en réalité le nombre devait être de 200.

La colonne, après s'être formée le long de la mer, suivit l'itinéraire de janvier et s'engagea dans la vallée du fort la Galissonnière, contournant encore une fois les positions du Point A et gagnant, à la clarté de la lune, le col du 25 janvier[1].

A six heures, l'avant-garde a atteint la ligne de faîte ; mais la colonne s'est démesurément allongée en escaladant le sentier. Avant de s'engager dans la vallée de Pétao, on se masse derrière le col, à l'abri des vues de l'ennemi. Le soleil radieux éclaire les crêtes de la Table qu'estompe encore un léger brouillard. Dans la rade évolue un grand transport : la *Nive*. Il appareille pour France, emportant les blessés des combats précédents. Ces der-

---

[1]. Ordre de marche. — *Avant-garde* : 2 compagnies d'infanterie de marine, section auxiliaire du génie, une pièce de 4 rayée de montagne. — *Gros* : 3e bataillon d'Afrique (5e, 6e, 4e, 3e compagnies) ; artillerie : une pièce de 4 rayée de montagne, une pièce de 80 mm de montagne ; Légion étrangère (2 compagnies) ; ambulance et bagages. — *Arrière-garde :* 1 compagnie d'infanterie de marine.

niers font des signes d'adieu et saluent la colonne des cris répétés de : « Vive la France ! »

Vers sept heures et demie, la colonne entière est concentrée à la tête du ravin. La marche est reprise très rondement, le temps est des plus favorables, l'ardeur des troupes extrême, la connaisssance du terrain, sur lequel on a déjà opéré en janvier, parfaite; mais, au lieu de descendre vers le sud, la colonne dessine franchement son mouvement vers l'est.

Deux massifs se profilent dans cette direction sur la ligne générale des crêtes, l'un derrière l'autre. Le premier est celui que nous avons atteint, dans la soirée du 25 janvier, au prix d'une grande journée de fatigue; le second, plus élevé et plus important, est à 600 mètres en arrière. C'est un soulèvement tabulaire présentant, vers l'ouest et le sud, des parois abruptes, et, vers le nord et l'est, des pentes gazonnées qui s'abaissent doucement jusqu'au petit port de Pétao. C'est la Table de l'Est[1].

Son occupation sera l'objectif de la journée. Elle nous assurera un campement sûr pour la nuit et un point d'appui sérieux pour la marche du lendemain, en même temps que nous prendrons position sur le flanc droit des lignes chinoises, menaçant Pétao, et que nous attirerons de ce côté l'attention de l'ennemi.

Tandis qu'une partie de la colonne, accentuant le mouvement par la gauche, décrira un vaste arc de cercle pour se rabattre sur la Table de l'Est, le reste marchera directement sur la position du 25 janvier, pour appuyer et protéger le mouvement.

L'attaque de gauche est confiée au bataillon d'Afrique, qui se met immédiatemant en marche avec une pièce de 4. Cette colonne éprouve, pour progresser, les plus grandes difficultés, notamment au passage d'un ruisseau marécageux, qui nous avait déjà arrêtés le 25 janvier. Elle les surmonte cependant, grâce aux planches emportées par chaque compagnie, et qui sont avantageusement utilisées comme passerelles volantes.

Les deux compagnies de la Légion se dirigent sur les positions de janvier, avec deux compagnies d'infanterie de marine et le reste de l'artillerie. L'ambulance, les bagages et l'arrière-garde marchent à la suite de cette colonne, qui atteint, sans combat, la position indiquée, vers dix heures du matin.

On s'y est établi sommairement depuis une demi-heure,

---

1. Voir croquis n° 3 et croquis n° 9 (Les positions Sud et Sud-Est).

quand tout à coup l'ennemi, embusqué dans des bois au pied de la Table de l'Est, révèle sa présence en ouvrant sur nous un feu assez vif, mais de peu de durée, auquel répondent les feux de salves des compagnies qui garnissent les crêtes[1].

Pendant ce temps, le bataillon d'Afrique prononce son attaque de flanc, les 5ᵉ et 3ᵉ compagnies en première ligne. La marche est lente, le terrain escarpé est couvert d'une brousse épaisse, haute de plusieurs mètres. Les chasseurs s'y frayent lentement un passage. L'ennemi, se voyant menacé sur sa droite, cesse son feu et disparaît. A midi un quart, la 5ᵉ compagnie prend position sur l'arête de la Table et poursuit de ses salves les quelques partis ennemis encore en vue, protégeant contre un retour offensif l'installation du bataillon.

Ordre est donné au reste de la colonne de se porter en avant pour rejoindre le bataillon d'Afrique, les uns en suivant le même chemin que ce bataillon, les autres, sous le commandement du lieutenant-colonel Bertaux-Levillain, en prenant un chemin parallèle sur notre droite, de manière à fouiller les crêtes boisées qui courent le long des lignes chinoises[2].

A quatre heures de l'après-midi, toute la colonne se trouve réunie sur la Table de l'Est. A deux kilomètres, dans le sud-ouest, les lignes chinoises de la Table sont garnies de leurs défenseurs. D'innombrables étendards multicolores flottent au vent, l'ennemi a même démasqué plusieurs pièces Krupp, dont les projectiles nous surprennent fort, sans d'ailleurs toucher personne. Les premiers éclatent, mais les suivants sont vides et dépourvus d'appareils d'éclatement. Ils produisent, à leur passage dans l'air, un bruit assourdissant. Les artilleurs chinois ont été évidemment incapables de monter les fusées, qui leur ont été livrées à part. Ce sont des projectiles en fonte, de 58 ^{mm}, à ceinture de plomb. Pièces et munitions sont, à n'en pas douter, celles dont le débarquement a été signalé depuis quelque temps par les journaux anglais. La position sur laquelle nous sommes établis voit admirablement l'ensemble de la région. Vers le nord, le petit village de Pétao borde la plage, puis le Pacifique se déroule à perte de vue. Vers le sud, s'étagent les hauteurs boisées de la Table, et plus en arrière les hautes montagnes qui enserrent la vallée de Tamsui.

Une canonnière, la *Vipère*, longe la côte d'aussi près que possible.

1. Rapport du colonel Duchesne.
2. Ibid.

Elle prête à la colonne le concours de ses pièces de 14 centimètres. A une distance de 4.000 mètres, elle canonne les lignes chinoises ; ses projectiles passent en ronflant sur nos têtes et vont se perdre au loin, derrière les escarpements de la Table. S'ils ne produisent pas un grand effet utile, ils contribuent du moins à augmenter l'ardeur des troupes qui s'écrient gaiement : « C'est l'Escadre qui tire, c'est l'Escadre qui tire ! »

Dans la soirée, l'ennemi tente un retour offensif contre les avant-postes du bataillon d'Afrique qui couvre la position, face au sud. La 5e compagnie prend les armes et, soutenue par la 6e, fait bientôt taire l'ennemi par des feux de salves appuyés de quelques projectiles. Les troupes prennent leurs dispositions pour passer la nuit sur le terrain : l'infanterie de marine et la Légion sur le plateau central de la Table, le bataillon d'Afrique sur le plateau en avant et face au sud, couvrant par ses avant-postes la direction dangereuse.

La journée ne nous a coûté que trois blessés du bataillon d'Afrique[1].

La nuit du 4 au 5 mars n'est pas troublée. Les Chinois l'emploient à concentrer leurs forces sur les positions de la Table.

Un lever de soleil radieux ouvre la matinée du 5.

Devant nous, l'ennemi attend, drapeaux au vent, que nous prenions l'offensive. Les petits Krupp de la veille nous envoient encore quelques obus sans fusées, toujours aussi bruyants qu'inoffensifs ; les canons de la *Vipère* et ceux du Point A leur répondent, mais à une distance trop grande pour que le tir soit bien efficace.

A six heures, la colonne se forme pour marcher dans l'ordre suivant : les trois compagnies d'infanterie de marine, une compagnie de la Légion, l'artillerie et la section du génie, l'autre compagnie de la Légion, et deux compagnies du bataillon d'Afrique. Les deux autres compagnies de ce bataillon, avec le commandant Fontebride, restent provisoirement sur les positions pour protéger les derrières de la colonne.

L'objectif de la journée est la prise de l'ouvrage important

---

1. Le soir du 4, le rapport de la colonne contenait la phrase suivante : « Le colonel est heureux d'adresser le témoignage de toute sa satisfaction à M. le commandant Fontebride, aux officiers, sous-officiers, caporaux et chasseurs du 3e bataillon d'Afrique, pour la manière correcte dont ce bataillon a manœuvré dans l'opération de ce matin, et l'intelligente direction qui lui a été donnée. »

qui défend la droite des lignes chinoises (cote 193), puis le refoulement de l'ennemi le long de ces lignes ; enfin, s'il est possible, l'occupation complète de ces dernières jusqu'à la Table qui en forme l'extrémité ouest.

« Cet ouvrage de droite des Chinois apparaît clairement comme la clef de la position. On ne peut songer à l'attaquer de front, tant sont grandes les difficultés d'accès, tant sont nombreuses les défenses accessoires accumulées par l'ennemi sur les pentes qui conduisent à ses retranchements. On débordera l'ouvrage par sa droite, on l'enlèvera de vive force, si c'est nécessaire, et, prenant en enfilade les lignes chinoises, on couronnera les crêtes successives qui conduisent à la Table[1]. »

L'avant-garde (infanterie de marine) et la compagnie de la Légion, tête du gros, descendent dans la vallée qui sépare, de celles de l'ennemi, les positions que nous occupons. Malgré le brouillard, qui en cache encore les parties basses, la tête de colonne se porte résolûment vers le sud. Il est sept heures et demie. Un fort parti chinois, posté sur les pentes opposées, essaye de disputer le passage de la rivière ; il engage avec notre avant-garde une fusillade des plus vives.

A neuf heures un quart, les salves de l'infanterie de marine ont enfin délogé l'ennemi, qui se retire vers l'est. Une section de la Légion est laissée en flanc-garde sur la gauche, protégeant le défilé de la colonne qui s'exécute péniblement, à travers un terrain coupé de ravins et de fondrières et couvert de fourrés inextricables. On traverse la rivière, large seulement de quelques mètres, et l'on s'engage dans une forêt de bambous, qui couvre les pentes opposées. Il faut ouvrir, avec la hache, un passage à l'artillerie, qui n'avance qu'avec les plus grandes difficultés. Il est près de midi. Le feu a cessé sur toute la ligne ; seules, quelques salves de la section de flanc-garde retentissent encore vers la gauche, attirant l'attention de l'ennemi dans la direction de Pétao. Dans cette vallée encaissée, sous un soleil de plomb, il fait une chaleur accablante. Aucun bruit ; sur la Table, les Chinois sont inquiets et indécis : la présence, sur leur flanc gauche, des deux compagnies de la Légion (3ᵉ et 4ᵉ compagnies) les paralyse. Ils attendent, derrière leurs tranchées, sans oser prendre une offensive qui nous eût cependant bien gênés, que nos têtes de colonne se démasquent. A plusieurs reprises, leurs grands étendards se

---

1. Rapport du colonel Duchesne.

déplacent, avec ensemble, vers la droite ou vers la gauche, indiquant leurs mouvements de troupes.

Enfin, l'infanterie de marine, avec le lieutenant-colonel Bertaux-Levillain, a atteint, sans donner l'éveil à l'ennemi, les dernières crêtes qui nous séparent du fort chinois. Pas un coup de fusil n'est tiré, l'ennemi ne se doute pas encore de notre contact immédiat. Les compagnies Thirion et de Cauvigny, couchées derrière un pli de terrain, attendent que le gros de la colonne ait serré. Vers deux heures, les deux compagnies de la Légion, l'artillerie et une compagnie du bataillon d'Afrique sont massées, prêtes à agir.

Entre cette position et le fort chinois, sur un parcours de 800 mètres, s'étend un étroit plateau en dos d'âne entièrement découvert. Vers la gauche se dressent quelques mamelons faisant également face au fort et qu'il y a intérêt à occuper pour diriger de part et d'autre un feu concentrique sur les défenseurs et en faciliter l'assaut[1].

Le colonel décide que les deux compagnies d'infanterie de marine de Cauvigny et Thirion continueront à occuper la crête, où l'artillerie prend également position. La 3ᵉ compagnie (capitaine Cormier), les deux compagnies de la Légion, et la 6ᵉ compagnie du bataillon d'Afrique[2], sous la direction du lieutenant-colonel Bertaux-Levillain, descendront par la gauche et se dirigeront, en masquant leurs mouvements le plus possible, vers les mamelons à occuper. Le feu ne sera ouvert qu'au moment où ces dernières troupes auront pris position. Il sera aussi énergique que possible jusqu'au moment où, l'assaut paraissant suffisamment préparé, on s'élancera droit sur l'ennemi.

Pendant ce temps, le reste de la colonne se massera en réserve derrière l'escarpement sur lequel sont installées les compagnies Thirion et de Cauvigny. La dernière compagnie du bataillon d'Afrique, restée seule sur la position de la veille, a reçu l'ordre de rallier la colonne. Elle rejoint en ne laissant rien derrière elle.

Le mouvement ainsi projeté était en voie d'exécution quand

---

1. Rapport du colonel Duchesne.
2. Extrait du Journal de marche du 3ᵉ bataillon d'Afrique. Le rapport du colonel Duchesne (*Journal officiel* du 16 mars 1885) ne comprend pas la 6ᵉ compagnie du 3ᵉ bataillon d'Afrique dans la colonne Bertaux. Malgré la grande autorité que l'on doit attacher à ce document, il est certain que, le 5 mars, la 6ᵉ compagnie du bataillon d'Afrique fit partie de la colonne Bertaux dont elle était l'arrière-garde.

un incident inattendu obligea le colonel à brusquer le dénouement.

Pour arriver aux mamelons qu'elle doit occuper vers la gauche, la colonne Bertaux-Levillain est obligée de franchir à découvert une rizière où l'on enfonce jusqu'à mi-jambe. L'ennemi s'en aperçoit, fait immédiatement face à droite et occupe les mamelons, ouvrant à environ 600 mètres un feu violent sur la colonne qui se trouve dans une situation critique. La compagnie Cormier, plus exposée que les autres au feu des Chinois et plus engagée dans les bourbes de la rizière, n'avance qu'avec les plus grandes difficultés, elle fait des pertes cruelles. Les capitaines Césari et Bouyer de la Légion sont blessés, le second très grièvement.

De l'escarpement qu'il occupe, le colonel Duchesne a vu le danger, il fait signe aux compagnies Thirion et de Cauvigny ainsi qu'à la pièce de 80^{mm} mise en batterie d'ouvrir le feu pour faire diversion : « Pièce feu ! » Le premier obus éclate en plein dans le talus du fort, un deuxième en fait autant. C'est le signal, de part et d'autre, d'un feu terrible. Les réserves chinoises accourent de ce côté ; en un instant, une épaisse ligne de tirailleurs garnit la croupe inclinée qui relie le fort aux mamelons, objectif de la colonne de gauche. Un véritable ouragan de plomb passe au-dessus de nos têtes. Dirigé trop haut, le feu ennemi fait heureusement peu de victimes. Cependant l'adjudant de Fenoyl, commandant la pièce de 80^{mm}, est tué. Une dizaine d'hommes des compagnies d'infanterie de marine sont hors de combat.

Le bataillon d'Afrique (moins la 6e compagnie), massé en colonne double, derrière l'escarpement, se prépare pour l'attaque. Le colonel fait sonner la charge. La 5e compagnie, puis la 4e s'élancent sur l'étroit plateau, sans tirer et à toute vitesse. Elles parcourent à une allure insensée les trois quarts du chemin, mais bientôt, essoufflées, elles sont obligées de ralentir. Le feu de l'ennemi cesse tout d'un coup et un képi français apparaît au sommet du fort. La première section de la 5e arrache à la main la palissade en bambou, s'y fraye un passage et entre dans l'ouvrage. Plus de Chinois, il y a seulement un sergent de l'infanterie de marine, le sergent Chrétien, il est légèrement blessé. A quelques pas en arrière apparaissent le capitaine Césari et le sous-lieutenant Delannoïse, puis grimpant, baïonnette au canon, la 2e compagnie de la Légion.

Voici ce qui s'est passé :

Pour sortir de la position critique dans laquelle il se trouvait, le lieutenant-colonel Bertaux-Levillain, faisant appel à l'énergie des compagnies de la Légion, les a lancées en avant, la compagnie Césari droit sur le fort, la compagnie du Marais plus à gauche, de manière à faire face aux mamelons extrêmes d'où partaient les feux qui battaient la rizière.

Ces deux compagnies s'avancent avec une intrépidité sans égale. Sous un feu violent de face et de flanc, elles gagnent du terrain en avant, en ripostant par des feux de salves. Le sous-lieutenant Bacqué est tué. Le capitaine Césari, malgré la blessure qui entrave sa marche, mais qui ne saurait diminuer son ardeur ni son énergie, entraîne magnifiquement sa compagnie. Dès lors, la droite de la ligne chinoise, sentant sa retraite compromise par ce mouvement, cherche à gagner la vallée de Tamsui[1]. Les défenseurs du fort tiennent encore; tout à coup, la compagnie Césari qui a réussi, dans la brousse, à gravir les dernières pentes, se démasque sur leur flanc droit par un feu rapide. C'est alors que le colonel Duchesne fait sonner la charge et que, de notre droite, les 3e et 4e compagnies du bataillon d'Afrique se lancent sur le plateau qui conduit au fort chinois. La compagnie Césari, bientôt suivie des compagnies Cormier[2] et Bernhart[3], s'est élancée de son côté. Les Chinois lâchent complètement pied. En un instant, les drapeaux qui garnissent la Table ont disparu, mandarins et soldats s'enfuient, éperdus, vers la vallée de Tamsui, en défilant au pied de la compagnie du Marais qui, en position sur les mamelons de gauche, les couvre de feux de salves entre 200 et 400 mètres. C'est une tuerie : le fond du ravin est rempli de cadavres ennemis; légionnaires et zéphirs occupent le fort, dont les banquettes disparaissent sous une épaisse couche d'étuis métalliques, témoignage de l'intensité du feu entretenu par l'ennemi. Sur le saillant nord, un joli Krupp de montagne, le même qui, la veille et le matin même, nous envoyait des obus sans fusées, s'allonge sur son affût, entouré de charges et de projectiles. De nombreux Lee, absolument neufs, jonchent le sol.

Pendant que la compagnie Césari, cruellement éprouvée, se reforme, la 5e compagnie du bataillon d'Afrique, suivie de la 4e,

---

1. Rapport du colonel Duchesne.
2. Infanterie de marine.
3. 6e compagnie du bataillon d'Afrique.

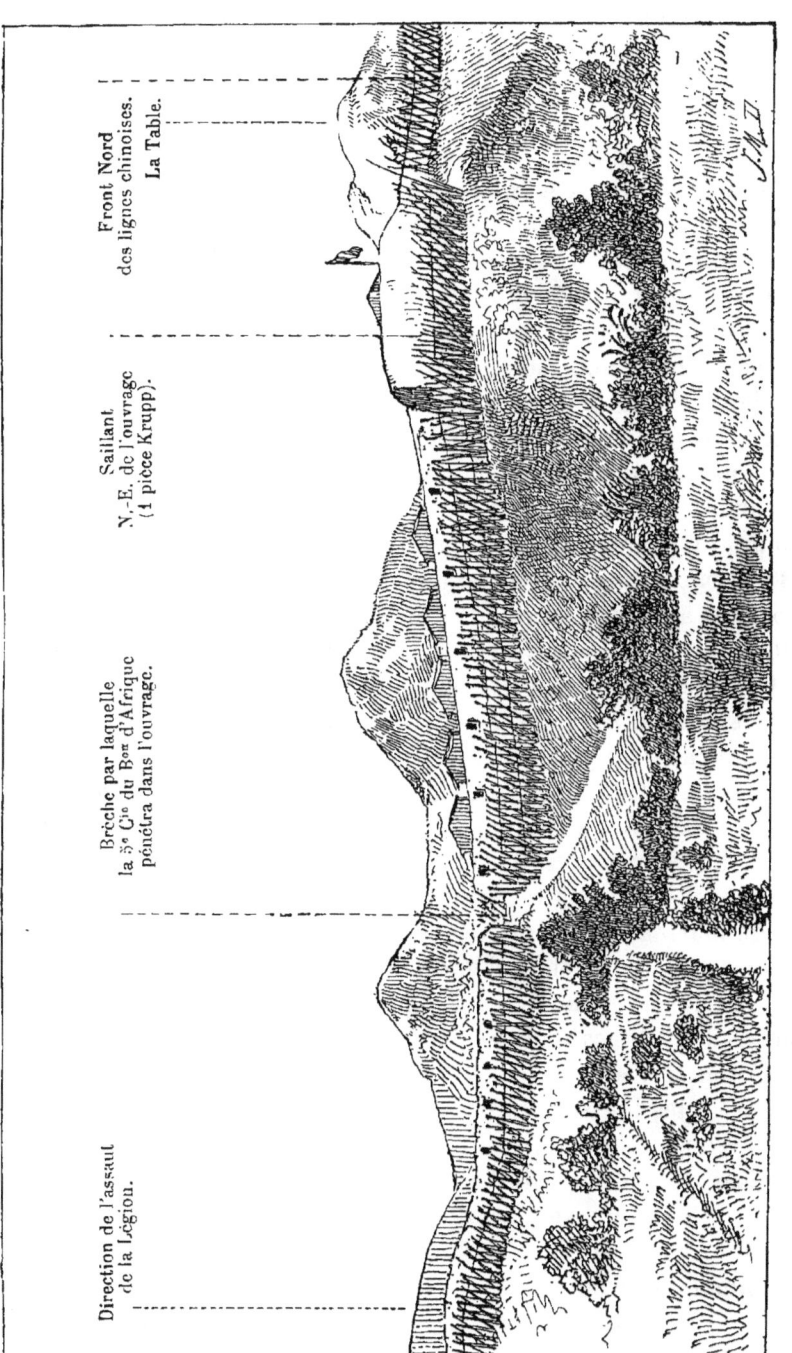

LE FORT CHINOIS DU 5 MARS
Vue prise de l'Est.

se lance, sans perdre une minute, sur les ouvrages les plus rapprochés de la Table, d'où part encore une assez vive fusillade. La 5ᵉ compagnie profite des fossés de la longue tranchée chinoise, pour s'avancer, rapidement et presque à couvert, sans s'occuper des quelques Réguliers isolés qui tiennent encore dans la brousse. A un tournant du fossé enfilé par les feux ennemis, un ressaut à pic de plusieurs mètres ralentit un instant la marche. Le lieutenant Garnot, qui débouche le premier, est blessé ; au même instant, le capitaine de Fradel, qui suit avec la 4ᵉ, emporté par son ardeur, franchit le parapet avec quelques hommes pour aller plus vite Un Chinois isolé, embusqué dans la brousse, lui fracasse la jambe à bout portant. Toutefois, la marche n'est pas arrêtée, la dernière résistance de l'ennemi est insignifiante.

A quatre heures, le sommet de la Table est à nous. Les drapeaux chinois flottent de tous côtés aux mains des vainqueurs ; un fanion tricolore est planté à la corne de l'ouvrage, salué par la sonnerie « *au drapeau* » des clairons de la colonne, qui annoncent à Kelung et à l'Escadre le succès de la journée. La pièce de 80^{mm}, en batterie sur le fort de droite, active l'écoulement des fuyards en les poursuivant de ses projectiles, jusque dans les rizières de la vallée de Tamsui.

La journée du 5 mars nous a coûté des pertes sensibles, presque en entier supportées par la Légion et l'infanterie de marine : vingt tués et cinquante blessés. Le sous-lieutenant Bacqué est tué. Les capitaines Bouyer et de Fradel sont blessés très grièvement[1]. Le capitaine Césari, les lieutenants Ligier, de l'infanterie de marine, et Garnot, du bataillon d'Afrique, sont blessés.

Une quantité considérable de drapeaux, d'armes et de munitions, les réserves de vivres et d'habillement de l'ennemi emmagasinées dans des cabanes en paillottes, deux petits Krupp en acier sur affût en fer, sont à nous. Les cadavres des Réguliers jonchent la brousse, les blessés eux-mêmes ont été abandonnés.

Les troupes s'établissent pour la nuit sur les positions conquises, le bataillon d'Afrique au sommet de la Table, face à l'ouest ; la Légion avec l'ambulance et l'artillerie dans le fort chinois, face à l'est ; les compagnies d'infanterie de marine sur les sommets intermédiaires.

1. Le capitaine Bouyer avait reçu une balle à la base de l'épine dorsale. Il mourut au bout de six semaines d'une lente agonie. Le capitaine de Fradel dut subir l'amputation. Le capitaine de Fradel fut remplacé dans le commandement de la 4ᵉ compagnie par le lieutenant Thomas de Colligny détaché de la 6ᵉ.

La nuit est calme ; de nombreuses lumières circulent jusqu'aux pieds des sentinelles : ce sont les Chinois qui recueillent leurs morts et leurs blessés à la faveur de l'obscurité. Il pleut un peu vers trois heures du matin.

La journée du 6 débute par un temps brumeux. A six heures du matin, conformément aux ordres donnés la veille, les compagnies de la Légion et de l'infanterie de marine rallient la Table, où la colonne doit se masser pour les opérations ultérieures. Le convoi de blessés suit le mouvement avec l'ambulance pour être évacué sur Kelung par les anciens Postes avancés et le Point A.

Le colonel Duchesne pensait pouvoir reprendre, dès midi, la marche en avant et attaquer les positions du Cirque, sans laisser à l'ennemi le temps de rassembler ses forces[1].

Mais les pluies de la nuit avaient suffi pour détremper les chemins, rendant singulièrement difficiles l'évacuation des blessés et le ravitaillement en munitions. Le convoi, parti de la Table à huit heures du matin, n'arriva à Kelung qu'à cinq heures du soir. Le colonel dut renoncer à son projet, il se décida à faire bivouaquer sur la Table pendant qu'une compagnie reprendrait position au fort du 5, abandonné dans la matinée.

Le capitaine adjudant-major Bercand, du bataillon d'Afrique, fut envoyé dans la matinée pour reconnaître un sentier à l'ouest de la Table, mais il fut accueilli par une fusillade assez vive, partant d'une redoute située vers l'extrémité de la ligne sud-ouest. Cet officier dut rebrousser chemin[2].

Enfin, les deux compagnies de la Légion (Lebigot et Jannet), de garde aux Postes avancés, vinrent dans l'après-midi du 6 remplacer dans la colonne les compagnies du Marais et Césari, épuisées par l'effort de la veille et fortement éprouvées en hommes et en officiers[3]. Ces dernières compagnies reçurent l'ordre de prendre position sur la Table et de détacher provisoirement aux anciens Postes une section de 50 hommes. Elles devaient opérer le déménagement du matériel de ce poste sur le nouveau, détruire peu à peu celles des lignes chinoises qui pourraient gêner leur action et, enfin, procéder sans retard à la mise en état de défense de la Table suivant un plan établi par le service du génie[4].

Restait, pour la journée du 7, à enlever les fameuses positions

---

1. Rapport du colonel Duchesne.
2. *Journal de marche du 8e bataillon d'Afrique.*
3. Rapport du colonel Duchesne.
4. Ibid.

du Sud qui ont, le 10 janvier, si cruellement arrêté le bataillon d'Afrique et que domine le fort Bambou, élevé à la cote 212. Quatre lignes successives de retranchements le protègent; il est la clef de ce formidable réseau dont il forme le réduit[1].

Après avoir bien examiné le terrain, le 6 au soir, en compagnie du lieutenant-colonel Bertaux-Levillain et du commandant Fontebride, le colonel Duchesne arrête, pour le 7 au matin, les dispositions suivantes. Il sera formé deux colonnes : l'une, de droite, composée des quatre compagnies du bataillon d'Afrique et de la 3ᵉ compagnie du bataillon Étranger (capitaine Lebigot), aura pour mission d'enlever le Cirque et le fort Bambou. L'autre (4ᵉ compagnie de la Légion étrangère et les trois compagnies d'infanterie de marine)[2], sous les ordres du lieutenant-colonel Bertaux-Levillain, devra livrer, sur la gauche, un combat démonstratif. Elle attirera de ce côté les forces chinoises du Cirque, avec d'autant plus de vraisemblance que l'ennemi verra se renouveler contre lui la manœuvre du 5 et craindra d'être débordé par sa gauche.

Le colonel Duchesne se tiendra sur la Table avec les deux compagnies de la Légion (1ʳᵉ et 2ᵉ) non employées, formant réserve, et l'artillerie qui, de ce point dominant, fouillera facilement les pentes de la position ennemie.

Le 7, vers six heures et demie du matin, la colonne de gauche, sous les ordres du lieutenant-colonel Bertaux, commence le mouvement, la compagnie de la Légion en tête. Son chef l'enlève avec une telle vigueur qu'il s'empare, successivement, des trois redoutes commandant, de ce côté, les sentiers du Cirque et dont la plus rapprochée avait arrêté la veille la reconnaissance du capitaine Bercand. Les Chinois essayent, mais en vain, de les défendre. Les compagnies de Cauvigny et Cormier suivent le mouvement. Tandis que le lieutenant-colonel Bertaux installe la compagnie de la Légion sur l'éperon qui aboutit à la rivière de Tamsui, la compagnie de Cauvigny traverse la vallée et vient s'établir sur un escarpement très rapproché de l'extrémité sud des lignes chinoises (cote 159).

La compagnie Cormier et la compagnie de la Légion forment ainsi, avec la compagnie de Cauvigny qui est la plus avancée, deux

---

1. Voir page 137.
2. La compagnie Thirion ne rejoignit la colonne que dans la matinée du 7. Le 6, elle avait escorté jusqu'à Kelung le convoi de blessés et en était repartie le 7 de bon matin, amenant à la colonne les caisses de cartouches et de projectiles impatiemment attendues.

Chemin conduisant au fort du Sud.

Tombes françaises (tués du 7 mars).

Fort Bambou.

Col du 7 mars.

Fortin de l'Aiguille.
Nid d'Aigle.

TERRAIN ENTRE LE FORT BAMBOU ET LE FORT DU SUD

lignes en échelon par le centre, et toutes trois répondent avec beaucoup de vivacité au feu violent de la droite des lignes chinoises.

A un moment donné, le feu devient tellement vif qu'on peut craindre l'épuisement prématuré des cartouches ; fort heureusement, la compagnie Thirion arrive de Kelung avec son convoi de munitions et toute la ligne peut être réapprovisionnée. Des recommandations pressantes sont faites de nouveau aux commandants de compagnies d'avoir à faire observer la stricte discipline du feu de manière à ménager les munitions [1].

Devant cette attaque de gauche, le mouvement prévu et attendu de la part de l'ennemi se produit. Les Chinois, confiants dans la force de leurs ouvrages de droite, dégarnissent leurs lignes du côté du Cirque et viennent, en grand nombre, s'opposer à la fausse attaque du lieutenant-colonel Bertaux-Levillain.

Pendant ce temps, à six heures trois quarts, le bataillon d'Afrique descendait de la Table et se massait derrière les Postes avancés, où il déposait ses sacs. Chaque compagnie emportait, outre la planche dont elle était munie depuis Kelung, une échelle en bambou pour franchir les passage difficiles. Le commandant Fontebride avait divisé ses forces en deux colonnes.

A droite, la 4e compagnie (lieutenant Thomas de Colligny), suivie de la 3e (lieutenant Rolland), prendra la ligne des crêtes. Ces deux compagnies aborderont les lignes successives de l'ennemi, en évitant de s'arrêter pour tirer, et se dirigeront sur un col qui coupe en deux, au sommet, la position principale ; puis, tournant à droite, elles se rabattront sur les ouvrages du point 212.

A gauche, la 5e compagnie (capitaine Michaud), suivie de la 6e (capitaine Bernhart), descendra dans la vallée qui prend naissance au pied de la Table. Ces compagnies tourneront, par leur base, les ouvrages chinois en prenant le même objectif (le col) que la colonne de droite. Elles feront ensuite à gauche et se rabattront sur les ouvrages qui dominent la vallée de Tamsui et dont les défenseurs s'acharnent, en ce moment en pure perte, contre la démonstration du lieutenant-colonel Bertaux-Levillain.

La compagnie Lebigot, de la Légion, forte de 200 hommes, sert de réserve au commandant Fontebride. Elle suit immédiatement, et sans aucun intervalle, la colonne de droite qui se laisse glisser, plutôt qu'elle ne marche, dans un sentier détourné, presqu'à pic en certains endroits. « *A plusieurs reprises, une*

---

[1]. Rapport du colonel Duchesne.

échelle en bambou s'est trouvée le seul passage par où se soit écoulée une colonne de 500 hommes[1]. »

Vers huit heures, les deux colonnes sont prêtes pour l'attaque. Elles se mettent en marche dans les directions indiquées; les zéphirs sont pleins d'entrain. Il faut, d'ailleurs, réussir quand même : c'est une course de vitesse entre les colonnes. La marche en avant est retardée par des obstacles de toutes sortes qui empêchent les compagnies de se déployer et obligent les hommes à marcher à la file.

L'ennemi, surpris dans sa première ligne de défense, engage d'abord une vive fusillade, mais il est rejeté bientôt derrière sa deuxième ligne. En arrivant devant cette tranchée, la colonne de droite est arrêtée par les difficultés de l'escalade. La 4ᵉ compagnie (tête de cette colonne) appuie à gauche pour chercher un passage et revenir ensuite sur la direction indiquée. Ce mouvement permet à la 3ᵉ d'escalader le retranchement droit devant elle et de prendre, à son tour, la tête de la colonne de droite que suit toujours la compagnie de la Légion. Arrivée devant le troisième retranchement, la 3ᵉ compagnie est arrêtée par un feu terrible des Chinois qui se sont concentrés derrière l'ouvrage. La compagnie, ayant à sa tête le lieutenant Rolland et le sous-lieutenant Sicard, vient s'abriter au pas de course et au cri de : « *En avant!* » au pied même du parapet[2].

Dans ce bond, le sous-lieutenant Sicard tombe mortellement frappé d'une balle à la tempe droite. Le lieutenant Rolland réussit, suivi de quelques hommes, à pénétrer dans l'ouvrage. Il engage avec l'ennemi un combat à bout portant. La compagnie subit de grandes pertes, un moment le lieutenant Rolland se trouve presque seul dans l'ouvrage. Les Chinois qui s'enfuyaient s'en aperçoivent, ils reviennent en courant sur ces quelques hommes qui sont perdus, quand un renfort, inattendu, change la situation. C'est un peloton de la 6ᵉ compagnie, le sous-lieutenant Crochat en tête, qui a pénétré dans l'ouvrage par la gauche. Le combat est promptement rétabli et toute la ligne, ainsi renforcée, se précipite vers le point 212 et le fort Bambou, à la poursuite des Chinois qui disparaissent éperdus dans les ravins.

La charge sonne. Un cri formidable: « *En avant!* » y répond et, quelques instants après, le fort Bambou est enlevé par les chasseurs. Le drapeau chinois, objet des paris du 10 janvier,

1. *Journal de marche du 3ᵉ bataillon d'Afrique.*
2. Rapport du colonel Duchesne.

est remplacé par le drapeau tricolore que saluent les clairons des forts et de l'escadre[1].

Il est dix heures et demie. Les lieutenants Rolland et Crochat continuent leur mouvement en avant. Ils occupent la ligne des tranchées qui se prolongent vers la Dent, pendant que la 4º compagnie et la compagnie de la Légion prennent position sur le fort Bambou.

Pendant ce temps, la colonne de gauche, continuant son mouvement, est arrivée au col et a tourné à gauche, poussant vers la vallée de Tamsui. La 5ᵉ compagnie s'est lancée à la poursuite de l'ennemi, qui se replie en longues files, pendant que le 2º peloton de la 6ᵉ, avec le capitaine Bernhart, appuie le mouvement par un sentier plus à droite.

En arrivant, vers onze heures, près d'un bois de bambous, la tête de cette colonne est accueillie par une fusillade terrible qui arrête la 5ᵉ et met hors de combat en quelques minutes le tiers de son effectif[2]. Le sous-lieutenant Douez est blessé.

Le capitaine Michaud, impassible sous une grêle de balles, cesse le feu pour ménager ses cartouches, fait coucher ses hommes, et attend, baïonnette au canon, le concours des compagnies de réserve. Le commandant Fontebride n'a sous la main qu'une compagnie, la 3ᵉ du bataillon Étranger qui n'a pas encore donné. Il la lance au secours du capitaine Michaud[3]. Le capitaine Lebigot, jugeant rapidement la situation, passe en avant de la 5ᵉ compagnie et, après quelques feux de salves, entraîne ses légionnaires avec une vigueur au-dessus de tout éloge. Légionnaires et zéphirs rivalisent d'ardeur, escaladant la muraille à pic de la haute falaise qui devint, par la suite, le fort du Sud. Les Chinois, qui ne peuvent tirer, se défendent en désespérés, jetant sur les assaillants d'énormes quartiers de rocs, des caisses de cartouches, et jusqu'à leurs armes. Ils n'en sont pas moins culbutés sur Loan-Loan.

---

1. Rapport du colonel Duchesne.
2. 41 hommes tués ou blessés.
3. Ici se place un incident bien connu de ceux qui ont assisté à la prise du fort du Sud et qui montre jusqu'à quel point les troupes du corps expéditionnaire possédaient la discipline du feu. La 1ʳᵉ section de la compagnie Lebigot (lieutenant Nautré) vint prendre position en avant du bataillon d'Afrique en ordre serré pour exécuter des feux de salves. Son chef, jugeant la position des armes défectueuse, commanda: « Replacez armes! » puis : « Joue! Feu! » et, sous une grêle de balles qui renversa quatre d'entre eux, les admirables légionnaires exécutèrent les mouvements. Quelques secondes après, le capitaine Lebigot enlevait sa compagnie à l'assaut de la position.

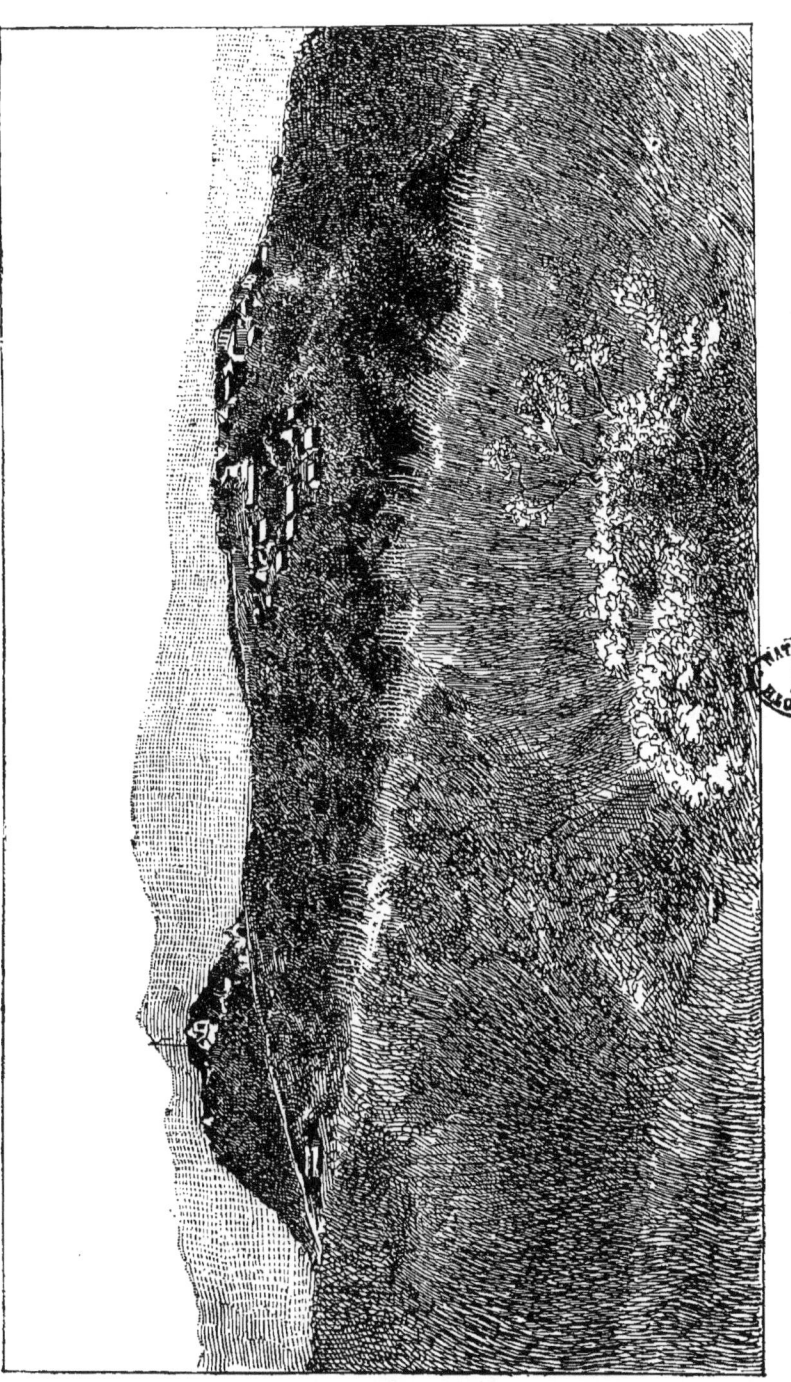

LE FORT DU PLACE NORD

Vue prise du bois de bambous. (Emplacement du dernier épisode du combat du 7 mars 1885.)
D'après une photographie exécutée et communiquée par M. le capitaine de frégate Goëz.

Au même instant, le lieutenant-colonel Bertaux-Levillain, profitant de la déroute de l'ennemi, débouche avec la colonne de gauche. La compagnie Lebigot, tournant à droite, s'est déjà lancée à la poursuite des fuyards en suivant la crête qui domine la vallée de Tamsui et Loan-Loan. La compagnie Thirion est envoyée à la rescousse et la suit de près, pendant que les compagnies Cormier et de Cauvigny occupent la position qui vient d'être enlevée et que la compagnie Michaud se reforme et reprend haleine.

Dans la vallée, un dernier camp retranché occupe la rive droite de la rivière. Le capitaine Lebigot s'en empare avec ses légionnaires. C'est un carré d'environ quarante mètres de côté, pourvu de murs en terre avec un fossé intérieur et une berme. Près de quarante grandes et belles tentes se dressent dans cette enceinte, qui est à peine achevée. Ces tentes sont celles de l'état-major chinois. La richesse des vêtements qu'on y trouve, la qualité de la toile et de la doublure l'indiquent suffisamment. Quantité de barques sont amarrées sur la rive gauche, près de laquelle s'alignent les maisons de Loan-Loan. La compagnie de la Légion n'a pas vu une passerelle qui se trouve en amont; quelques hommes se jettent à la nage pour ramener des embarcations. Un clairon qui sonne la charge en nageant est sur le point de se noyer, le sergent Deschamps le sauve à grand'peine. Mais la nuit approche, il est imprudent de pousser plus loin ; la compagnie est rassemblée, pendant que quelques fractions, en position derrière les retranchements du camp chinois, balayent le village et les rizières de leurs feux de salves.

Le sergent Rapp, avec un caporal et une dizaine d'hommes, est envoyé sur la crête qui commande les deux versants. Il s'y établit, en poste détaché, pour assurer, en cas de danger, les communications avec les troupes en arrière. La compagnie Thirion, qui avait poussé jusqu'à Loan-Loan, rappelée par le colonel Bertaux, revient sur la position conquise, pendant que la compagnie Lebigot s'installe en grand'garde pour la nuit dans le camp chinois. La porte d'entrée est barricadée avec les meubles trouvés dans les cagnas avoisinantes. Le lieutenant Nautré, en installant ses sentinelles sur le parapet, est visé et tiré à dix pas par un Chinois, porteur d'un Mauser, qu'il abat d'un coup de revolver.

La nuit se passe sans autre incident. Les Chinois se sont retirés à quelques kilomètres, dans la direction de Tamsui ; ils profitent de l'obscurité pour ramasser, comme ils l'ont fait dans la nuit du 5 au 6, leurs morts et leurs blessés [1].

Pendant la journée du 7, l'artillerie de la colonne, en position sur la Table (23e batterie, capitaine de Champglen [2]), avait prêté aux mouvements de l'infanterie un concours qui, sans être très efficace en raison du terrain, n'avait du moins cessé d'être très judicieux, battant successivement de ses feux les lignes chinoises et fouillant les ravins par lesquels se dérobaient les colonnes ennemies.

La *Vipère*, comme dans les journées précédentes, avait, de son côté, pris part à l'action en s'embossant dans le port de Kelung, en face de l'ambulance, et en envoyant, par-dessus le Cirque, ses projectiles de 14 qui tombèrent, pour la plupart, dans la vallée de Tamsui, troublant la retraite des colonnes chinoises.

Le bataillon d'Afrique avait eu à supporter, avec la compagnie Lebigot, de la Légion, tout l'effort de cette rude journée. C'était un glorieux fait d'armes à inscrire dans son historique. Les « zéphirs », s'étaient montrés des soldats incomparables. Le sentiment général fut exprimé, en termes vrais, par le billet laconique que le colonel Duchesne envoya le soir même au commandant Fontebride : « Bravo au 3e bataillon d'Afrique ! »

Malheureusement, ce succès avait été chèrement acheté : un

---

1. Une diversion très opportune fut opérée, au moment de l'assaut du fort Bambou, par la 27e compagnie du 2e d'infanterie de marine qui occupait la pagode Cramoisy. Sur l'ordre du colonel Duchesne, le capitaine Cramoisy s'était mis en marche, le 7 au matin, avec sa compagnie et avait pris position sur les hauteurs qui dominent la pagode, tout son monde couché dans les brousses, attendant le moment d'agir sur la droite. Lorsqu'il entendit les feux de salves du bataillon d'Afrique, le capitaine Cramoisy continua son mouvement en avant et ouvrit à son tour un feu nourri sur les positions chinoises.

Cette petite diversion, très habilement ménagée par le capitaine, produisit le meilleur effet en surprenant l'ennemi qui ne s'attendait pas à être attaqué par l'ouest et qui était dans l'ignorance des forces qui arrivaient de ce côté. La 27e compagnie, qui eut 1 homme tué et 1 blessé, seconda très efficacement le mouvement du bataillon d'Afrique sur le Cirque. (Rapport du colonel Duchesne).

2. Par télégramme ministériel du même jour (7 mars), la batterie de Champglen prenait le n° 8 *bis*. A la même date la 23e batterie du régiment d'artillerie de la marine devait être reconstituée à Saïgon au moyen d'éléments pris sur place. La 8e batterie *bis* conservait les cadres de l'ancienne 23e batterie : capitaine de Champglen, lieutenant Allion, sous-lieutenant Clotes ; son effectif était porté à 140 hommes de troupes, plus le détachement de 23 ouvriers d'artillerie détachés à Formose qui restait adjoint à cette batterie. (Télégramme du ministre de la marine à l'amiral Courbet du 7 mars 1885.)

officier tué (le sous-lieutenant Sicard), un blessé (le sous-lieutenant Douez), 22 hommes tués, 1 disparu et 71 blessés. Le poste de secours, dirigé par le docteur Didier, avait eu des blessés atteints à nouveau, pendant les pansements. La compagnie Lebigot avait eu 5 hommes tués, dont 2 écrasés, à l'assaut de la dernière position.

En résumé, la journée du 7 mars complétait brillamment celle du 5, le résultat cherché était obtenu et Kelung était débloqué. Nous étions maîtres de tout le terrain compris entre Pétao, la rivière de Tamsui et Loan-Loan.

La résistance de l'ennemi, huit fois supérieur en nombre, avait été acharnée ; les pertes de la colonne, pendant l'ensemble des quatre journées, s'élevaient à 41 tués, dont 2 officiers, et à 157 blessés, dont 6 officiers [1].

« L'entrain et la vigueur des troupes avaient été des plus remarquables et il avait fallu toute l'énergie des officiers et des hommes pour venir à bout d'un ennemi huit fois supérieur en nombre, et retranché solidement dans des positions tellement fortes, que j'aurais certainement hésité à les attaquer, si j'avais connu exactement les difficultés qu'elles présentaient ». (Colonel Duchesne.)

De nombreux drapeaux, plusieurs Krupp, une quantité énorme de cartouches et de projectiles, des fusils de tous modèles, des bombardes et de petites pièces en bronze, en un mot, tout le matériel accumulé, depuis quatre mois, par l'ennemi devant Kelung était entre nos mains. L'un des drapeaux portait l'inscription : « Tchang, commandant en chef[2]. » D'après les

---

1. Infanterie de marine, tués, 5 ; blessés 29. — Artillerie de marine, tué, 1. — 3e bataillon d'Afrique, tués, 23 ; blessés, 73. — Légion étrangère, tués, 12 ; blessés, 55. — Totaux : tués, 41 ; blessés 157.

2. Une lettre du correspondant, à Pékin, du *Journal des Débats*, du 23 mai 1893, donne les curieux détails qui suivent sur le général Tchang ou, plus exactement, Léou-Ming-Tchouan, que le gouvernement chinois vient d'investir d'une mission dans le Pamir:

Questions à l'ordre du jour : Les Pamirs.
Envoi d'armes et de munitions dans le Turkestan chinois, etc.

Pékin, le 23 mai 1893.

« Deux questions occupent, actuellement, toute l'attention du gouvernement chinois : celle des Pamirs et celle de la loi Geary, imposant des conditions très dures à la résidence des Chinois aux États-Unis. Il paraîtrait même que, désireux de s'aider des conseils de l'inspecteur général des douanes, — auquel il a toujours recours dans les moments difficiles, — le Tsong-li-Yamen aurait insisté auprès de sir Robert Hart pour que celui-ci, qui ne compte pas moins de 15 années de séjour consécutives à Pékin, remette le voyage qu'il s'était proposé de faire en Europe.

« En ce qui concerne les Pamirs, le gouvernement du Céleste-Empire,

renseignements recueillis auprès des prisonniers, l'ennemi aurait eu en ligne, le dernier jour, 8 à 10.000 hommes, et aurait subi de grosses pertes, environ 1.500 hommes hors de combat[1].

Le 8 au matin, les Chinois, complètement démoralisés, étaient en pleine retraite; mais il eût fallu, pour les poursuivre, des troupes fraîches et des moyens de transport. La colonne était épuisée, elle commençait à manquer de vivres et de munitions. Enfin, la pluie qui nous avait épargnés pendant trois jours, avait recommencé dans la nuit du 7 pour durer jusqu'au 14.

On dut se contenter de s'installer à demeure sur les positions conquises qui furent, en quelques semaines, transformées en un grand camp retranché couvrant, définitivement cette fois, Kelung contre toute entreprise des troupes chinoises.

La proportion des tués et blessés de ces rudes journées était celle des batailles européennes : un sixième de l'effectif. L'amiral consacra les efforts du vaillant petit corps expéditionnaire par un ordre du jour élogieux, dans lequel il rendit hommage aux plus méritants.

Le voici :

« Le vice-amiral commandant en chef se fait un devoir de citer à l'ordre du jour de l'escadre de l'Extrême-Orient et du corps de Formose, les officiers supérieurs, officiers, sous-officiers et soldats qui se sont plus particulièrement distingués dans les combats qui ont eu lieu, du 4 au 7 mars 1885, au sud de Kelung :

« M. le colonel Duchesne, pour l'habileté et l'entrain avec lequel il a dirigé les opérations ;

à en juger par les mesures qu'il prend, semble décidé à maintenir ses droits et à s'opposer, dans la région qu'il revendique, à tout empiètement, soit de la part de l'Angleterre, soit de la part de la Russie. Depuis le mois de mars dernier, une vingtaine d'instructeurs accompagnés de 150 hommes choisis dans les rangs de l'armée de Li-Hung-Tchang, vice roi du Tché-Li, ont été dirigés sur le Turkestan chinois pour enseigner aux soldats de cette province le maniement des armes européennes qui leur ont été envoyées, et qui comprennent 10.000 fusils à tir rapide (Mauser et Martini-Henry, pour la plupart), 30 canons de campagne, 20 canons de montagne, ainsi qu'une centaine de tonnes de munitions. En outre, il est question de confier le commandement des troupes stationnées de ce côté de la frontière à Léou-Ming-Tchouan, ce même général qui a dirigé la défense de Formose pendant notre conflit avec la Chine. En récompense de ses services, il avait été nommé gouverneur civil de cette grande île, promotion qui est rarement donnée à un mandarin militaire. Depuis deux ans, ce haut fonctionnaire avait été obligé, par suite de son mauvais état de santé, de se retirer dans sa province natale, le Ngan-Houei. Il est rétabli aujourd'hui et on s'attend à ce qu'il soit mandé prochainement à Pékin. »

1. Rapport du colonel Duchesne.

« M. le lieutenant-colonel Bertaux-Levillain, de l'infanterie de marine, qui, le 5, a conduit vigoureusement l'assaut du premier fort chinois et a très bien mené la fausse attaque de gauche dans la journée du 7 ;

« M. le commandant Fontebride, qui a brillamment conduit son bataillon pendant les quatre jours et a dirigé le coup de main sur la position du Cirque avec autant d'intelligence que d'intrépidité. C'est à lui que revient, en grande partie, l'honneur de la journée du 7 ;

« M. le capitaine Césari, de la Légion étrangère, qui, blessé d'une balle à la cuisse, a conduit, malgré sa blessure, les compagnies de son bataillon à l'assaut du premier fort chinois et n'a consenti à entrer à l'ambulance qu'à la fin des opérations ;

« M. le capitaine de Fradel, du 3ᵉ bataillon d'Afrique, dont la bravoure est légendaire et qui a eu la jambe gauche brisée par une balle, ce qui a nécessité l'amputation deux jours après ;

« M. le capitaine Lebigot, de la Légion étrangère, qui a entraîné sa compagnie à l'assaut de la dernière position chinoise sous une grêle de balles et de pierres et a, par cette action vigoureuse, mis fin au combat ;

« M. le capitaine Thirion, de l'infanterie de marine, qui s'est encore montré le brillant officier d'avant-garde signalé à plusieurs reprises ;

« M. le capitaine Michaud, du 3ᵉ bataillon d'Afrique, qui a tenu longtemps tête avec sa compagnie au gros de l'ennemi ;

« M. le lieutenant Teyssandier-Lambarède, de l'infanterie de marine, qui s'est emparé de vive force d'un drapeau chinois ;

« M. Nautré, sous-lieutenant à la Légion étrangère, pour la vigueur et l'énergie dont il n'a cessé de faire preuve et qu'il savait communiquer à ceux qui l'entouraient ;

« MM. Rolland, lieutenant, et Crochat, sous-lieutenant, au 3ᵉ bataillon d'Afrique, qui, avec un sergent, se sont jetés, les premiers, dans les retranchements chinois et n'ont cessé de donner le meilleur exemple ;

« Le sergent Deschamps, de la Légion étrangère, qui a fait preuve partout d'une vigueur remarquable et a sauvé de la mort un clairon qui se noyait en cherchant un gué dans la rivière ;

« Le sergent Chrétien, de l'infanterie de marine, qui, bien que blessé, prend part à l'assaut, se présente le premier devant un fort chinois, et ne cède sa place qu'à un officier qui la réclame ;

« Le sergent Hertelet, du 3ᵉ bataillon d'Afrique, qui s'est jeté à corps perdu dans un retranchement chinois vigoureusement défendu, et a entraîné la troupe par son brillant exemple. »

Enfin, en transmettant au gouvernement le rapport du colonel Duchesne, l'amiral ajoutait :

« Je ne saurais trop insister, monsieur le Ministre, sur les prodiges d'audace et d'héroïsme qu'il a fallu déployer pour conquérir, avec une poignée d'hommes, des positions presque inaccessibles défendues par un ennemi bien armé, huit fois supérieur en nombre.

« Les brillants résultats obtenus ont été, malheureusement, achetés bien cher. La tâche était difficile, et tout le monde a fait plus que son devoir. Aussi, j'ose espérer que vous voudrez bien accueillir, avec la plus grande bienveillance, les propositions faites en faveur d'un personnel si éprouvé et si méritant. » (Lettre de l'amiral Courbet au Ministre de la marine, du 25 mars 1885, numéro 565.)

Si l'on ne pouvait, faute d'effectifs suffisants, compléter les dernières victoires en poursuivant l'ennemi, en déroute sur la route de Tamsui, du moins restait-il à en tirer parti en organisant défensivement les positions d'où on l'avait délogé.

La nouvelle organisation défensive fut entreprise immédiatement, sous la direction du capitaine du génie Joffre, arrivé à Kelung depuis quelques jours. Il s'agissait, en somme, de réaliser, en le complétant, le plan tracé par le lieutenant-colonel de Poyen-Bellisle.

Deux grands forts furent installés, le premier sur la Table, le second sur l'emplacement du fort Bambou ; ils constituèrent les réduits de la nouvelle ligne de défense.

Le fort de la Table, établi au sommet du soulèvement qui porte ce nom, reçut, comme garnison, les deux compagnies de la Légion étrangère qui avaient contribué si vaillamment à la prise de cette position dans la journée du 5 mars (1ʳᵉ et 2ᵉ, capitaines du Marais et Césari). Il consista en un ouvrage d'un tracé irrégulier suivant la ligne des crêtes. Il suffit d'utiliser les tranchées chinoises couvrant les faces nord et ouest et de fermer la face sud-est par un épaulement. L'intérieur du fort, nivelé par les légionnaires, fut couvert, en quelques jours, de cabanes en paillottes très confortables. Le fort reçut, comme artillerie, deux canons de 80ᵐᵐ de montagne.

Établi au sommet d'un plateau légèrement incliné vers le sud-

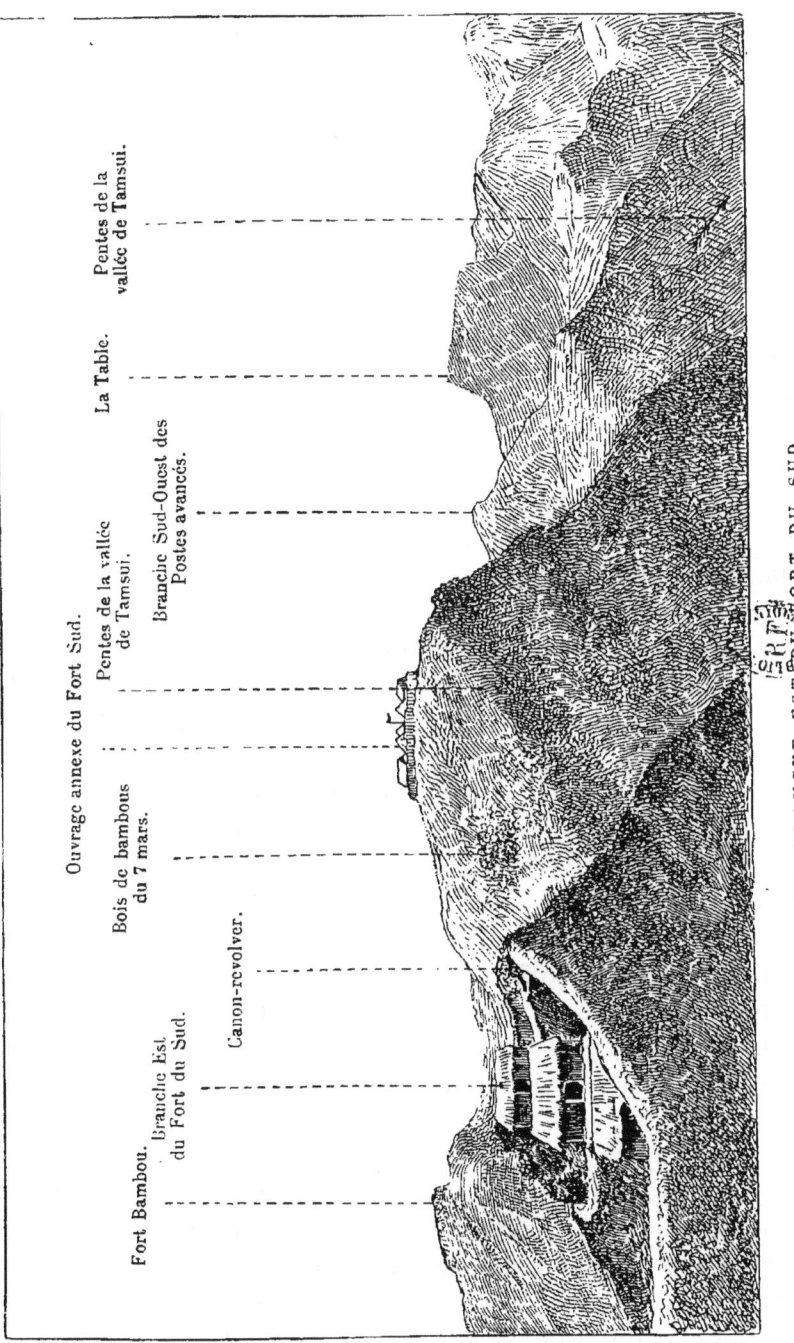

LA BRANCHE EST DU FORT DU SUD

est, mais qui ne tardait pas à se transformer en une pente assez rapide, l'ouvrage de la Table n'avait, sur les abords de la vallée de Tamsui, que des vues insuffisantes. Pour y remédier, on établit, au changement de pente, deux fortins annexes battant parfaitement la combe profonde, dont le débouché se trouve à quelques centaines de mètres plus au sud, dans la vallée de Tamsui[1]. Ces deux ouvrages furent gardés chacun par une section et armés d'un canon-revolver.

Le fort Bambou devint un ouvrage d'un front d'environ 100 mètres et d'une profondeur de 25 mètres, fermé sur sa face sud par un épaulement en gabions superposés d'une hauteur totale d'environ 3 mètres. Il reçut comme garnison une compagnie du bataillon d'Afrique. Pour remédier aux vues incomplètes du fort Bambou sur la vallée Cramoisy et pour le relier aux ouvrages du secteur Sud, un fortin fut établi au sommet d'un piton escarpé qui prit le nom de fortin de l'Aiguille[2]. Cet ouvrage, annexe du fort Bambou, fut gardé par une section, détachée périodiquement de la garnison de l'ouvrage principal. Pas d'artillerie. Les vues du fort sur la vallée de Tamsui étaient, en effet, peu étendues, et il fallut compléter la défense du Cirque par l'occupation d'une position plus avancée, qui devint le fort du Sud. Le fort du Sud fut établi sur la haute falaise qui avait été l'objet d'une lutte si acharnée à la fin de la journée du 7. Il était admirablement situé pour battre, de ses feux, la vallée de Tamsui et les ouvrages que l'ennemi ne devait pas tarder à élever en face de nous, de l'autre côté de la vallée. Le fort du Sud présentait, sur toutes ses faces, des pentes abruptes couvertes d'une épaisse végétation. Toutefois, sur les hauteurs doucement inclinées, 180, 160, 102 et 81, s'étageaient de nombreux champs de thé, très bien aménagés. Au pied du fort coulait, rapide et profonde, la rivière de Tamsui. On distinguait, sur l'autre rive, les moindres détails du village de Loan-Loan.

Vers l'ouest, se déroulait, à perte de vue, la vallée de Tamsui, qui ne tardait pas à s'ouvrir et semblait s'épanouir, dans le lointain, en une large plaine. Sur l'autre versant commençait une immense région montagneuse restée au pouvoir de l'ennemi. Il s'était établi sur les premiers contreforts et commençait à les couvrir de ses longues tranchées. La position du fort du Sud était donc des plus importantes. Il eut comme garnison, une compagnie

---

1. Croquis n° 9 (Les positions de Kelung).
2. Voir page 161. Terrain entre le fort Bambou et le fort du Sud.

du bataillon d'Afrique et deux compagnies d'infanterie de marine. Son artillerie consista en deux pièces de 80 mm de campagne[1] (bouches à feu les plus puissantes dont disposât le corps expéditionnaire), installées sur plate-forme en bois à l'extrémité de la branche ouest du fort et en enfilant la vallée de Tamsui. Sur la branche est fut installé un canon-revolver servi par un détachement de canonniers-marins.

Le fort du Sud fut complété par la construction, à la cote 198, d'un ouvrage annexe établi sur l'emplacement d'un ancien fort chinois et gardé par une section détachée de l'ouvrage principal.

L'occupation du Cirque avait suffi pour faire tomber les défenses de la Dent que les Chinois avaient évacuées sans combat dans la nuit du 8 mars; mais le fort Tamsui et ses annexes, étant trop en arrière, ne répondaient plus aux nécessités du moment.

Un nouvel ouvrage, qui prit le nom de fort Bertin[2], fut entrepris sur un éperon commandant immédiatement la rivière de Tamsui. Audacieusement établi en flèche au saillant sud-ouest du camp retranché, le fort Bertin gêna considérablement les Chinois dans l'installation de leurs nouvelles lignes. De son côté, la compagnie de la Légion étrangère qui fut chargée de l'occuper, éprouva, pour le construire, de réelles difficultés. Le mamelon, évasé en forme d'entonnoir, ne présentait qu'une arête étroite et irrégulière qu'il fallut transformer de fond en comble. En outre, les Chinois tentèrent contre l'ouvrage de fréquents retours offensifs. Quand deux pièces de 80 mm de montagne y furent établies, elles eurent à échanger avec l'artillerie ennemie une canonnade de tous les instants.

Quoi qu'il en fût, sous l'active et habile impulsion du capitaine Joffre, les nouveaux ouvrages surgirent de terre en quelques jours[3]. Ils furent complétés par l'ouverture de voies de communication les reliant à Kelung. De nouveaux chemins, ouverts à travers la brousse par les légionnaires et par le bataillon d'Afrique, escaladèrent, en lacets capricieux, les pentes du Cirque et de la

---

1. Sous le commandement du lieutenant Clotes de l'artillerie de la marine.
2. Commencé par le capitaine Bertin, de l'infanterie de marine. Voir le croquis n° 8 (Le secteur Sud).
3. Le capitaine Joffre, actuellement lieutenant-colonel et toujours aux postes d'honneur, vient de s'illustrer au Soudan en qualité de commandant de colonne. Dans une marche aussi habile qu'audacieuse, il a réussi à atteindre et à dégager Tombouctou dont la sécurité avait été un moment compromise à la suite du désastre de la colonne Bonnier.

Table, se prolongeant jusqu'aux ouvrages de première ligne. Larges de deux mètres et demi en moyenne, praticables même aux voitures légères, ils facilitaient énormément la défense, en même temps que les corvées et les ravitaillements de toute nature.

L'occupation des nouveaux ouvrages avait eu, il est vrai, l'inconvénient d'absorber la presque totalité des deux bataillons de renfort arrivés en janvier; mais, en somme, le mal n'était pas grand. Puisque l'évacuation était décidée pour avril, il devenait inutile de reprendre l'offensive. D'ailleurs la situation s'était modifiée entièrement à notre avantage. Si les Chinois occupaient le versant sud de la vallée de Tamsui, sur lequel ils commençaient à se fortifier plus solidement que jamais, nous les avions rejetés hors des vues de Kelung, désormais à l'abri de toutes leurs entreprises derrière trois lignes de solides ouvrages se flanquant mutuellement[1].

Le corps expéditionnaire occupait les Mines, ce gage politique qui lui était réclamé depuis si longtemps[2]. Légitimement fier de ses efforts et de ses sacrifices, il pouvait considérer comme terminée la tâche si ingrate qui lui était dévolue sur cette terre de Formose. D'ailleurs, l'attention générale était concentrée sur le Tonkin, où les brigades Giovaninelli et de Négrier venaient de s'illustrer par la prise de Langson et le déblocus du Tuyen-Quan. Il y avait eu de sanglants combats, mais les armées du Kouang-Si et du Yunnan, complètement battues et désorganisées, avaient été rejetées en désordre loin du Delta.

La période de surexcitation physique et morale dans laquelle on avait vécu en janvier et en février avait pris fin. A la brume continuelle et à la pluie persistante des semaines précédentes, avaient succédé, dans la deuxième quinzaine de mars, un temps magnifique et un ciel sans nuages.

Le soleil des tropiques, sans être incommodant, donnait à la campagne une fraîcheur et un éclat incomparables.

---

1. 1re ligne : Forts Bertin, du Sud et de la Table. — 2e ligne : Fort Tamsui et annexes, fortin de l'Aiguille et fort Bambou. — 3e ligne : Ouvrages de l'Ouest, pagode Cramoisy et lignes Ber.

2. Kelung, 1er avril. Amiral Courbet à Marine : « Pendant mon séjour à Kelung j'ai visité les positions conquises du 4 au 8 mars. Elles commandent les terrains miniers de Pétao et de Loan-Loan. Ces derniers sont également commandés par le versant sud de la vallée de Loan-Loan. Les Chinois y élèvent des retranchements trop éloignés pour nous inquiéter sans une bonne artillerie de montagne. L'effectif des troupes ne nous permet pas de nous étendre. Moral excellent. »

Formose, sous cet aspect inconnu jusqu'alors, devenait véritablement digne de sa renommée. La ville était encore déserte, mais les paysans des environs, rassurés par l'éloignement de leurs compatriotes, étaient rentrés en assez grand nombre sur le territoire occupé ; ils avaient ouvert, à Kelung et auprès de la Table, des marchés journaliers abondamment pourvus des produits du pays. Convenablement installées dans les forts, sous des abris en paillottes, ou en ville, dans des maisons nettoyées et assainies, pourvues d'une solde élevée et de vivres sains et abondants, tenues journellement en haleine par les travaux de terrassements et par les petites reconnaissances, fières de leurs récents succès, comblées de récompenses, les troupes rivalisaient d'entrain et de belle humeur.

L'amiral était devant Ning-Po, à bord du *Bayard*, quand il reçut, le 14, la nouvelle des événements de mars. Leur première conséquence fut de lui rendre une partie de sa liberté d'action, en lui permettant de réduire le blocus de Formose. Le corps expéditionnaire était désormais en état de braver, sur ses nouvelles positions, tout retour offensif des Chinois, même en admettant que ces derniers reçussent encore quelques renforts.

Le même jour, un nouveau télégramme de Paris informait l'amiral qu'il n'avait pas à attendre de nouveaux renforts, que rien n'était changé aux résolutions du gouvernement et qu'il était bien entendu qu'après l'occupation des Pescadores on n'évacuerait pas Kelung sans de nouveaux ordres. L'amiral avait toute initiative : le gouvernement tenait seulement à l'occupation des Pescadores pour colorer la prochaine évacuation de Formose[1].

L'amiral jugea qu'il pouvait, tout en maintenant le blocus de la rivière de Ning-Po, la croisière du riz et le blocus très réduit de Tamsui, disposer d'une force navale importante et même distraire du corps expéditionnaire quelques centaines d'hommes en vue d'une opération à terre.

Il décida, en conséquence, d'occuper sans tarder davantage les Pescadores.

Le 18, il télégraphia de Gutzlaff à Paris :

« Après l'occupation des Pescadores, j'attendrai vos ordres précis pour évacuer Kelung. Cependant, pour l'occupation des Pescadores, je devrai prélever 400 hommes sur le corps de Formose. Je présume que cela ne nous empêchera pas de nous maintenir sur nos positions actuelles. »

1. Télégramme du 14 mars 1885.

La veille, il avait expédié la *Triomphante* à Kelung, porter à l'amiral Lespès l'ordre de venir, avec le *La Galissonnière*, relever le *Bayard* dans le blocus des croiseurs chinois et dans la croisière du riz, et, en même temps, au colonel Duchesne celui de tenir un bataillon d'infanterie et une section d'artillerie de marine prêts à prendre la mer en vue d'une expédition imminente[1].

Le bataillon Lange fut désigné. Les 25e, 26e, 27e et 30e compagnies du 2e régiment, qui composaient ce bataillon, furent portées à l'effectif de 100 hommes chacune, par prélèvements sur les éléments encore valides des deux autres bataillons. Ces derniers se partagèrent la garde des lignes Ber, ainsi que celle des secteurs Ouest et Sud, positions de 2e et de 3e lignes qui jouissaient d'une tranquillité absolue et qu'un effectif très restreint suffisait à occuper depuis l'établissement des nouveaux ouvrages. La compagnie disponible du bataillon d'Afrique quitta la citadelle et vint occuper les cantonnements de l'infanterie de marine au faubourg de Soo-Wan.

1. Maurice Loir.

CHAPITRE VIII

**La prise des Pescadores. — La situation à Formose et à Makung dans les premiers jours d'avril.
Les préparatifs d'évacuation de Kelung. — L'armistice.**

Le 23 mars, le *Bayard* arriva en rade de Kelung.

« Avant même d'entrer dans la baie, l'amiral signala au *Villars* de pousser ses feux, et, quelques heures après, ce bâtiment partait pour le nord. Le 24, le *Châteaurenault* prenait la même direction, remorquant le torpilleur Douzans, et la *Triomphante* allait à Taïwan, où elle trouvait le *D'Estaing* et le *Duchaffaut*[1]. » Enfin, le 27, partirent la *Vipère*, puis le *Bayard* que suivit l'*Annamite*. Ce dernier bâtiment portait le bataillon Lange et la section d'artillerie (deux pièces de 80 mm de montagne). Ces troupes, renforcées des compagnies des navires, devaient constituer le corps de débarquement.

Le 28, tous les bâtiments se trouvaient réunis devant Taïwan-Fou, à l'exception de la *Vipère*, que le mauvais temps avait forcée de relâcher. A trois heures du soir, l'amiral fit appareiller et l'escadre mouilla, quelques heures plus tard, près de la pointe Hou. Elle y passa la nuit, afin de commencer l'opération le lendemain, de bon matin[2].

L'archipel des Pescadores occupe, au milieu du canal de Formose, une situation intermédiaire entre la côte du Fokien et la grande île. Il comprend une douzaine d'îles et d'îlots aux indentations capricieuses, moitié sable, moitié corail, dont le plus haut sommet atteint, dans le nord de l'île Pehoë, l'altitude de

---

1. Maurice Loir.
2. Rapport de l'amiral Courbet (Makung, 8 avril 1885, *Journal officiel* du 29 mai 1885). Voir les croquis n° 10 (Les îles Pescadores), et n° 1, île et détroit de Formose.

72 mètres. Ce sont des terres basses, à peine émergées, aux abords desquelles la mer s'étend en vastes plages de vases et de corail, ou forme des ports superbes, comme ceux de Makung et de Ponghou, profonds de plus de 10 mètres, et dans lesquels les navires du plus gros tonnage trouvent, en toute saison, un temps calme et un accès facile.

Les îles Ponghou, Pehoë et Fisher sont les îles principales du groupe. Elles enferment un bassin immense qui présente, dans presque toute son étendue, des fonds de 10 à 20 mètres, et qui forme les baies secondaires de Tatsang, de Tampi et de Makung. Les deux premières sont peu accessibles, encombrées qu'elles sont de bancs de vase et de corail ; mais la baie de Makung, enfermée dans l'île Ponghou, forme, en eau profonde, un vaste port, qui peut abriter toutes les flottes du monde.

La sécurité de ce mouillage attire les jonques chinoises qui viennent d'Amoy à Formose, et la ville de Makung, construite à l'extrémité nord-ouest de la baie, est devenue la capitale des Pescadores et le refuge souvent obligé du commerce du détroit. L'île Ponghou, la plus grande du groupe, n'a de maigres ruisselets que dans le nord-est, mais on y trouve partout des puits dont l'eau est bonne. Le sol est des plus maigres : sable ou madrépores; la culture principale est celle du mil et de l'arachide, en sillons intercalés. Les habitants, évalués à 180.000, sont répartis en bourgades généralement construites dans les indentations de la côte, à l'abri des vents du large. Ils vivent surtout de la pêche, mais ils dépendent en grande partie de Formose pour leur alimentation.

L'importance stratégique des Pescadores (et en particulier de la baie de Makung), comme base d'opérations dans une campagne contre les côtes de Chine, n'avait pas échappé aux ministres du Céleste-Empire.

Depuis longtemps, des défenses permanentes fermaient l'accès du port Ponghou et de la baie de Makung. Dès l'ouverture des hostilités, une nombreuse garnison avait été jetée dans l'île, les ouvrages avaient été sérieusement armés et renforcés en prévision d'une attaque éventuelle.

Ils étaient dans l'état suivant quand se présenta l'escadre française :

1° *Les forts de Makung.*

A. Le fort du Nord, batterie blindée à sept embrasures : trois canons de 10 centimètres Armstrong. En avant de cette batterie et en barbette, un canon de 23 centimètres Armstrong et un canon de 14 centimètres rayé Voruz, de Nantes.

B. Batterie casematée à trois embrasures. Ces embrasures ayant été complètement démolies pendant le bombardement, on ne put savoir quels étaient les canons recouverts par les décombres.

Entre le fort A et la batterie B, un canon de 14 centimètres rayé Voruz, de Nantes.

C. Deux canons de 14 centimètres rayés Voruz, de Nantes, en barbette sur une éminence, et un canon de 16 centimètres de même fabrication, au pied de cette éminence.

D. Batterie en terre, battant l'intérieur de l'île. Un canon de 16 centimètres lisse, deux de 13 centimètres lisses et deux de 10 centimètres lisses.

Un camp retranché, situé au nord de la ville, derrière les ouvrages B, C et D, servait de cantonnement aux Réguliers chinois.

2° *Le fort du Sud* ou *fort Dutch*, symétrique du fort du Nord, de l'autre côté du goulet. Son armement consistait en deux canons lisses de 22 centimètres et deux canons lisses de 14 centimètres.

3° *L'île Plate* avait une batterie barbette de deux canons chinois de 19 centimètres, deux canons anglais de 14 centimètres, une pièce chinoise de 10 centimètres et un canon de 14 européen, le tout démodé et à peu près hors d'usage.

4° Une batterie barbette, sur *l'île Observatoire*, croisait ses feux avec les forts du Nord et du Sud. Elle était armée d'une pièce chinoise de 20 centimètres et de deux Armstrong rayés, de 14 centimètres.

5° « Sur l'île Fisher existait une batterie, appelée *batterie Sianchi*; les renseignements ne disaient pas si elle était armée.

« Un barrage en chaînes fermait l'entrée de la baie de Makung, entre le fort du Nord et le fort du Sud.

« L'expédition qui allait commencer, avait été préparée avec un soin minutieux par l'état-major. Les ordres, clairs et précis, mettaient, avec une admirable netteté, chaque capitaine au courant de ce qu'il avait à faire.

« Dans le doute où il se trouvait, au sujet de l'armement de la batterie Sianchi, l'amiral avait arrêté, pour l'opération, trois programmes distincts. Le premier programme supposait cette batterie armée, les deux autres la supposaient non armée.

« Dans chaque programme, les navires avaient un poste de mouillage déterminé et indiqué sur la carte. Suivant l'état dans lequel l'amiral reconnaîtrait la batterie Sianchi, il signalerait l'exécution de tel ou tel programme[1]. »

Le 29 au matin, l'escadre appareillait et les bâtiments, en ligne de file derrière le *Bayard*, rangeaient le phare de la pointe Litsitah, et défilaient devant la batterie Sianchi qui semblait déserte.

En conséquence, à 6 h. 55, ordre est donné d'exécuter les programmes numéros 2 et 3[2]. Chaque navire manœuvre pour occuper le poste qui lui est assigné, de manière à battre, avec efficacité, les ouvrages ennemis, tout en restant le moins possible exposé à leurs coups.

Bayard à neuf cents mètres et à la limite du champ de tir du fort casematé de Makung (fort du Nord), battant en outre les batteries-barbettes de Makung[3] et celle de l'île Observatoire, prenant à revers l'île Plate et le fort du Sud.

Triomphante, près de la limite du champ de tir de l'île Plate et du fort du Sud, à mille mètres de la première et à quinze cents mètres du second, abritée par l'île Plate des coups du fort casematé.

D'Estaing, prenant l'île Plate à revers.

Duchaffaut, battant à revers le fort du Nord et de plein fouet le camp retranché.

Annamite, hors de la portée des canons des forts, battant l'isthme de sable de la baie Dôme, pour intercepter le passage des troupes chinoises et paré à débarquer les nôtres.

La baie Dôme avait paru, à priori, à l'amiral, le meilleur point de débarquement pour plusieurs raisons.

« Suivant toute probabilité, les Chinois nous attendaient dans la plaine située au nord de Makung, ils devaient y avoir élevé des abris pour leurs tirailleurs, comme on le constata, d'ailleurs, pendant et après le bombardement.

« Défavorisées, en outre, par une pente assez raide, nos troupes eussent éprouvé, en débarquant de ce côté, des pertes sérieuses malgré la protection des canons de l'escadre.

« Plusieurs kilomètres séparaient, il est vrai, la baie Dôme

---

1. Maurice Loir. Lire, dans l'*Escadre de l'amiral Courbet*, la prise des îles Pescadores.
2. Maurice Loir.
3. Sur le croquis, ouvrages C. et D.

LA VALLÉE SUPÉRIEURE DE LA RIVIÈRE DE TAMSUI ET LE VILLAGE DE LOAN-LOAN

Vue prise du fort du Sud.

D'après une photographie exécutée et communiquée par M. le capitaine de frégate Goëz.

de Makung, mais à travers un terrain dégagé où nos troupes aguerries, soutenues par des canons de montagne et appuyées par deux bâtiments de l'escadre, devaient combattre avec avantage un ennemi très supérieur en nombre.

« Enfin, la marche sur Makung par le sud et l'est menaçait la ligne de retraite de l'ennemi par terre, pendant que les bâtiments de l'escadre la menaçaient par mer[1]. »

Vers sept heures, le *Bayard* et la *Triomphante*, suivis du *Duchaffaut*, entrent dans le port de Ponghou. La batterie de l'île Plate, puis les autres forts ouvrent le feu vers deux mille mètres. Le *Bayard* riposte immédiatement, tout en choisissant son poste de combat, puis le *D'Estaing* tire sur l'île Plate, pendant que la *Triomphante* envoie son premier obus sur la même île. Nos canons de 24 centimètres démontent rapidement les embrasures des forts casematés, pendant que ceux de 14 et les hotchkiss criblent les servants des pièces en barbette.

Le feu des Chinois, très vif durant une demi-heure, n'atteint aucun de nos bâtiments pendant leur passage dans le champ de tir. Vers sept heures et demie, il commence à se ralentir, celui de l'île Observatoire cesse à huit heures. Le fort du Sud et l'île Plate sont évacués, les défenseurs de celle-ci s'enfuient à la nage.

Au fort du Nord et aux ouvrages C et D, la résistance est plus vive. Quelques pièces, servies avec acharnement, continuent à tirer. A huit heures vingt, l'amiral signale de cesser le feu. Le *Bayard* et le *Duchaffaut* seuls continuent le tir pour démonter ces pièces.

Le *Duchaffaut* change de mouillage et se rapproche du fort du Nord. Les canons chinois sont réduits au silence, les uns après les autres; deux poudrières sautent. A neuf heures et demie, on peut considérer le combat comme terminé, les Chinois ne tirent plus que par intervalles des coups de canon inoffensifs[2].

« A neuf heures, un gros nuage de fumée s'amoncelle dans l'ouest. C'est la *Vipère* qui arrive à toute vapeur et toutes voiles dehors ; la pauvre petite canonnière a été obligée de prendre la cape pendant quarante-huit heures. Elle est allée se réfugier à Quémoy, sur la côte de Chine, pour attendre une embellie et la voilà qui accourt au bruit du canon. Elle se mêle immédiatement à l'action et seconde le *Duchaffaut* pour battre le camp et les

---

1. Rapport officiel de l'amiral Courbet.
2. Ibid.

batteries-barbettes. A midi, la *Triomphante* change de mouillage et prend position devant les batteries du fort du Nord. L'amiral lui signale de démolir les embrasures de gauche ; celles-ci sont prises à revers et culbutées, une à une, à 750 mètres de distance, comme dans la rivière Min. Cette opération ne nous coûte pas un homme[1]. »

Après le dîner des équipages, on complète la destruction des forts et batteries. Le *D'Estaing* va bombarder le fort de l'île Fisher (batterie Sianchi), laissé de côté depuis le matin. Quelques coups de 14 centimètres et de hotchkiss sont dirigés sur les cantonnements chinois, sur les groupes armés, sur les fuyards et sur les édifices où ils se réfugient ; enfin, une escouade de torpilleurs et une section de la compagnie de débarquement de la *Triomphante*, soutenues par ce cuirassé et par la *Vipère*, commencent la rupture des canons au fulmi-coton par les six pièces qui arment la batterie de l'île Plate.

Dès midi et demi, le *Duchaffaut* est allé porter à l'*Annamite* l'ordre de préparer le débarquement des troupes. Vers quatre heures, l'amiral passe sur ce croiseur et va présider à l'opération. Les troupes sont mises à terre vers cinq heures, dans la baie Dôme. L'opération se fait sans aucune difficulté, l'ennemi ne se montre nulle part. La 25e compagnie s'organise défensivement sur le sommet Dôme, les trois autres compagnies sont placées sur le plateau, au sud-ouest du monticule, et s'y installent pour la nuit, la section d'artillerie battant le village du sud-est. « Sauf quelques rôdeurs sur lesquels on tire dans la soirée et dont l'un, fait prisonnier, doit servir de guide pour le lendemain, aucun incident ne se produit[2]. »

Au début de la nuit, quelques coups de canon sont encore tirés par l'une des batteries-barbettes de Makung, puis tout retombe dans le silence. Il reste à reconnaître et à détruire le barrage qui ferme le port de Makung ; on le dit en chaînes, mais il pourrait bien s'y trouver des torpilles. L'amiral charge de la reconnaissance ses deux aides de camp, le capitaine de frégate Foret et le lieutenant de vaisseau Goudot.

Pendant toute sa durée, le *Bayard* et la *Triomphante* éclairent à la lumière électrique les forts et les batteries de Makung où des tirailleurs ennemis peuvent être embusqués ; nos embarcations ne

---

1. Maurice Loir.
2. Rapport du commandant Lange à l'amiral Courbet sur les opérations du 30 et du 31 mars.

VALLÉE SUPÉRIEURE DE LA RIVIÈRE DE TAMSUI ET LE VILLAGE DE LOAN-LOAN

Vue prise du fort Bertin.

D'après une photographie exécutée et communiquée par M. le capitaine de frégate Goëz.

sont pas inquiétées. Il est bien constaté que le barrage se compose uniquement de deux grosses chaînes soutenues par des bouées de distance en distance. Au jour, il est détruit par les embarcations de la *Triomphante*, sous la direction du commandant Talpomba. Les tirailleurs ennemis essayent d'entraver l'opération, un homme est atteint mortellement [1].

Aussitôt qu'un passage suffisant est pratiqué, le *Bayard* entre dans le port de Makung et prend à revers les abris des tirailleurs chinois. Ces derniers s'enfuient aussitôt, poursuivis par nos feux de salves et nos hotchkiss.

Le rôle des bâtiments est à peu près terminé. C'est maintenant à l'infanterie de marine et aux compagnies de débarquement à agir, en relançant l'ennemi à terre dans ses derniers retranchements. La *Vipère*, à l'intérieur de la baie de Makung, et le *D'Estaing*, à l'extérieur, ont pour mission d'appuyer le mouvement.

Le 30 au matin, le départ de la colonne, fixé à sept heures par le commandant Lange, est retardé par l'artillerie, dont les approvisionnements sont trop considérables en raison des moyens de transport disponibles. On rembarque, dans les canots qui ont apporté l'eau potable, les munitions et les bagages en excédent. La marche peut enfin recommencer à huit heures un quart; le vieux Chinois, pris la veille au pied du sommet Dôme, servant de guide.

Ce dernier fut, dans la suite, très utile et les renseignements qu'il donna, contrôlés par les événements, furent trouvés fort exacts dans les journées du 30 et du 31.

La 25ᵉ compagnie (capitaine Logos), descendue du sommet Dôme, se porte en avant-garde, en formation de combat; elle se dirige vers le sud-est, en inclinant légèrement vers la gauche. Le terrain, assez ondulé, émerge de buttes et de collines aux contours indécis; il est traversé par des chemins presque toujours en déblai, mais suffisamment praticables. Cependant l'artillerie, qui a peine à se mouvoir dans le sable de la grève, entrave la marche de la colonne.

La corne dont se servent les Chinois pour leurs rassemblements ne tarde pas à résonner dans le sud-est; 350 ou 400 Chinois en armes sortent des villages X et Y, ainsi que de Kisamboué, et se rallient dans la plaine [2]. Quelques feux de salves de la

---

[1]. Rapport de l'amiral Courbet.
[2]. Rapport du commandant Lange. Les noms exacts des villages X et Y sont restés inconnus.

25ᵉ compagnie n'empêchent pas la formation de l'ennemi, qui se porte à la rencontre de la colonne par des chemins en déblai. Il s'établit parallèlement au front de marche et ouvre un feu lent qui s'accentue peu à peu. Il eût été plus facile de débusquer l'adversaire si la colonne avait été libre de ses mouvements ; mais l'artillerie était tellement en arrière qu'elle immobilisa la 30ᵉ compagnie (capitaine Vaillance), commise à sa garde et le reste du bataillon qui ne pouvait la distancer sans la compromettre[1].

La 26ᵉ compagnie (capitaine Harlay) est déployée à la gauche de la 25ᵉ pendant que la 27ᵉ (capitaine Cramoisy) prolonge la chaîne à droite en prononçant contre l'ennemi un crochet offensif. Enfin, une des pièces de 80^{mm} est mise en batterie. Elle envoie quelques projectiles sur la ligne chinoise, dont le feu devient très intense. Deux hommes sont frappés, dont un mortellement. Pour en finir, la 27ᵉ compagnie est lancée en avant ; en quelques instants elle débusque l'ennemi qui se reforme sur une nouvelle position, à 600 mètres en arrière. Sans les retards de l'artillerie, il était facile d'envelopper la bande chinoise et de l'acculer au rivage sous le canon de la *Vipère*. Toutefois, cette canonnière a aperçu l'ennemi, elle appuie les salves de l'infanterie, et les Chinois ne tardent pas à abandonner leur deuxième position en y laissant une cinquantaine de tués.

Vers une heure de l'après-midi, après que l'artillerie s'est une deuxième fois allégée, en envoyant à la *Vipère* une nouvelle partie de ses munitions, la marche en avant peut être reprise en formation de combat. Les 30ᵉ et 26ᵉ compagnies sont en première ligne, la 25ᵉ compagnie en réserve, l'artillerie, l'ambulance et la 27ᵉ compagnie en deuxième ligne.

L'ennemi évacue, sans résistance, le village de Kisamboué que fouillent les obus de la *Vipère* et du *D'Estaing*. Le lieutenant Jehenne, envoyé en reconnaissance vers l'est, constate la présence, le long du rivage, de trois lignes de retranchements assez bien faits et d'une pièce de canon en avant, qu'il fait enclouer.

Vers quatre heures du soir, la colonne arrive sans autre incident devant le village de Siou-Koui-Kang, à l'ouest duquel elle s'installe pour bivouaquer. Une centaine de Chinois défilent à environ 1.200 mètres, se dirigeant sur le village. De la lisière de ce dernier partent en même temps quelques coups de feu, mais les balles passent par-dessus le bivouac. Quelques obus de 80^{mm}

---

1. Rapport du commandant Lange.

et l'intervention de la *Vipère* ne tardent pas à mettre fin à cette fusillade éloignée.

Dans la soirée, les instructions de l'amiral concernant le débarquement, pour le lendemain, des compagnies du *Bayard*, de la *Triomphante* et du *D'Estaing*, ainsi que de deux sections de 65 mm, parviennent au commandant Lange. Ces importants renforts sont destinés à rendre l'action décisive au cas où la résistance des Chinois serait plus sérieuse. Le vieux guide affirme, en effet, qu'il y a dans le nord 1.500 à 2.000 Réguliers bien armés[1].

La nuit est calme, sans la moindre alerte.

Le lendemain, 31 mars, les compagnies de débarquement et les pièces de 65 mm sont mises à terre, à proximité du bivouac de la colonne. La marche est reprise à huit heures trente minutes dans le dispositif suivant :

Avant-garde (en formation de combat), 27e et 26e compagnies.

Gros de la colonne : 30e compagnie ; artillerie, deux sections de 65 mm (canonniers marins), une section de 80 mm (artillerie de marine); compagnies de débarquement, *Bayard*, *Triomphante*, *D'Estaing*, 25e compagnie (1er peloton), ambulance et bagages.

Arrière-garde : 2e peloton de la 25e compagnie.

On marche d'abord vers l'est afin de gagner la ligne de faîte, puis on se porte vers le nord. Des groupes chinois fuient devant la colonne. On pénètre dans Siou-Koui-Kang sans constater rien de suspect. La 30e compagnie déboîte du gros et se porte en première ligne pour étendre le front de combat des deux compagnies d'avant-garde. En débouchant de la lisière nord du village, ces compagnies sont accueillies par un feu très vif fourni par un ennemi bien abrité derrière des murs en pierres ou en madrépores.

On riposte pendant vingt minutes, puis les 27e et 26e compagnies mettent sac à terre et se jettent sur les Chinois. Ces derniers se réfugient dans un chemin creux, parallèle à leur première ligne de défense, mais, culbutés une seconde fois, ils s'enfuient affolés vers la colline du nord, où ils parviennent enfin à se rallier.

Les compagnies de débarquement débouchent au même moment avec l'artillerie. La compagnie du *Bayard* (lieutenant

---

1. Rapport du commandant Lange.

de vaisseau Gourjon du Lac), et celle du *D'Estaing* (lieutenant de vaisseau Pradère), sont lancées en avant pour appuyer la gauche de la 27ᵉ, qui est déjà loin.

Le lieutenant de vaisseau Amelot met rapidement ses 4 pièces de 65 mm en batterie, à l'angle nord-ouest du village, et couvre d'obus les Chinois qui gravissent, épuisés, les pentes de la colline vers laquelle les pourchassent les 26ᵉ et 27ᵉ compagnies.

Dans cette courte mais décisive période, l'ennemi, traînant ses blessés par les jambes, laisse un grand nombre de tués sur le terrain. La 27ᵉ s'arrête au sommet de la colline pendant que la 26ᵉ la tourne et arrive au fortin en pierres, appelé Tao Xa Pa. Elle en brise la porte et tue dans un combat corps à corps une douzaine de Chinois qui s'y sont réfugiés[1].

Ce qui reste des troupes chinoises s'est reformé à 800 mètres du fortin, derrière un plateau orienté nord-est sud-ouest et duquel part un feu, d'abord lent, puis violent et dangereux. Quelques groupes s'enfuient dans la plaine qui s'étend vers l'île Pehoë.

Le commandant Lange établit la compagnie de la *Triomphante* à la base du plateau, à 500 mètres environ de la ligne ennemie. Pendant que cette compagnie supporte, en première ligne et difficilement abritée, le feu de l'ennemi, la compagnie du *D'Estaing* et la 30ᵉ compagnie se forment en soutien; enfin, en arrière, la compagnie du *Bayard* et les 25ᵉ et 27ᵉ compagnies se massent à l'abri et en réserve.

Vers une heure trente, toute la colonne ayant rallié, on attaque la position ennemie. Les 25ᵉ et 27ᵉ compagnies tourneront la gauche de la ligne chinoise pendant que la 30ᵉ en menacera la droite.

Le mouvement doit avoir lieu simultanément à la sonnerie de « en avant ». Appuyé par l'artillerie, il s'exécute avec un entrain remarquable. Les Chinois délogés s'enfuient dans le nord-ouest, pendant que les 6 pièces en batterie achèvent la poursuite.

Le commandant Lange donne un peu de repos à tout le monde. A deux heures trente, la marche est reprise, cette fois en deux colonnes. La colonne de droite est sous les ordres directs du commandant, celle de gauche est dirigée par le capitaine adjudant-major Gaultier.

---

1. Rapport du commandant Lange.

Les Chinois ont disparu. A quatre heures vingt, les deux colonnes se réunissent au village d'Amo; elles arrivent à Makung à cinq heures quinze et s'installent dans les cantonnements chinois, où elles trouvent, en grandes quantités, des munitions, des armes, des drapeaux et des approvisionnements de toute nature[1].

Elles avaient eu, pendant les opérations du 30 et du 31 mars, 4 tués et 11 blessés, dont 2 officiers : le lieutenant de vaisseau Poirot et le lieutenant d'infanterie de marine Ozoux. Les bâtiments de l'escadre, pendant le bombardement, avaient eu, de leur côté, 1 tué et 1 blessé, ce qui portait l'ensemble de nos pertes à 5 tués et à 12 blessés[2].

Les pertes des Chinois étaient de 300 à 400 tués et autant de blessés, parmi lesquels plusieurs mandarins. Le commandant en chef avait réussi à s'échapper.

Pendant les opérations à terre, les bâtiments de l'escadre croisaient autour des îles pour arrêter les jonques chargées de fuyards, mais ils ne purent en saisir que trois; les autres réussirent à passer à la faveur de la nuit.

Pour compléter la prise de possession, l'amiral envoya une

---

1. On trouva, dans les ruines du fort du Nord, le journal d'un Anglais qui avait dirigé la défense. Ce manuscrit était tenu régulièrement et jour par jour.

2. Ordre n° 1614, 8 avril 1885 : « Le vice-amiral, commandant en chef, se fait un devoir et un plaisir de citer à l'ordre de l'escadre de l'Extrême-Orient et du corps de Formose les officiers supérieurs, officiers et soldats qui se sont particulièrement distingués dans les combats qui ont eu lieu, du 29 au 31 mars, dans l'île Ponghou (groupe des Pescadores) :

« M. le commandant Lauge, pour l'habileté et l'entrain avec lequel il a dirigé les opérations;

« M. Gaultier. capitaine adjudant-major, officier dévoué, intelligent et plein d'entrain. A montré la plus grande activité et le plus grand sang-froid sous le feu, souvent violent, de l'ennemi;

« M. Amelot, lieutenant de vaisseau, commandant la batterie de 65^{mm}. A montré le plus grand sang-froid. Par la précision de ses ordres et de son tir a contribué largement au succès de la journée;

« M. Cramoisy, capitaine, commandant la 27e compagnie; avec un entrain remarquable, a réussi à déloger très rapidement l'ennemi de la position qu'il occupait le 30 mars. Pendant la journée du 31, a attaqué de front les positions chinoises et a contribué, pour une large part, à les mettre en déroute;

« M. Poirot, lieutenant de vaisseau, commandant la compagnie de débarquement de la *Triomphante*, a tenu longtemps avec sa compagnie un poste avancé très périlleux, ce qui a permis au commandant de la colonne de prendre ses dispositions pour attaquer une position bien défendue, à l'assaut de laquelle M. Poirot a été blessé légèrement au bras gauche;

« Costet, soldat de 2e classe à la 26e compagnie. Est entré le premier dans le fort de Tao-Xa-Pa, en tuant d'un coup de baïonnette un Régulier chinois qui en défendait la porte.

« *Le vice-amiral commandant en chef:* Signé, Courbet. »

compagnie d'infanterie de marine s'emparer de l'île Fisher et du phare de la pointe Litsitah. L'opération fut effectuée sans incident et la garnison s'installa dans la batterie Sianchi, qui prit le nom de fort Bayard.

Enfin, le 4 avril, une colonne volante fit le tour de l'île. Elle rentra dans la soirée après avoir fait sauter le fortin de Tao-Xa-Pa et une poudrière, sans avoir rencontré un seul soldat chinois. Des proclamations avaient été affichées dans tous les villages pour rassurer les habitants et les inviter à rentrer dans leurs foyers, leur garantissant aide et protection. L'occupation pouvait devenir définitive : il était donc de bonne politique de se concilier les sympathies de la population indigène. Les Chinois se montrèrent d'ailleurs très pacifiques, s'offrant de tous côtés comme coolies et comme convoyeurs et venant à Makung vendre leurs denrées ; en sorte qu'au bout de quelques jours la tranquillité était parfaite aux *îles des Pêcheurs,* dont le commandant Lange venait d'être investi du commandement supérieur.

L'amiral avait d'ailleurs prescrit, sans tarder, les mesures nécessaires pour assurer la solidité et la sécurité de l'occupation.

Dès les premiers jours d'avril, les troupes avaient été installées dans les forts et dans le camp retranché de la presqu'île de Makung. La section d'artillerie de 80^{mm} de montagne amenée de Kelung avait été transportée au fort de l'île Fisher que gardait, en outre, une compagnie d'infanterie de marine. Les deux sections de 65^{mm} du lieutenant de vaisseau Amelot étaient au fort du Nord, en attendant que l'évacuation de Kelung rendît disponibles des pièces de plus fort calibre. D'ailleurs, appuyée par les bâtiments, la garnison pouvait défier des forces bien supérieures en nombre. Les navires légers de l'escadre circulaient journellement autour des îles, au début pour arrêter les jonques chargées de fuyards, dans la suite pour prévenir l'introduction de troupes ou de contrebande de guerre. Une partie des survivants des combats du 29 au 31 mars avaient réussi à gagner Formose ; d'autres, Amoy (parmi ces derniers se trouvait le général blessé), d'autres s'étaient noyés, d'autres enfin avaient été pris[1]. La proclamation affichée dans toute l'île par ordre de l'amiral avait produit son effet. Dès le lendemain, les

---

1. Le 12 avril, vers 5 heures du soir, le *Lutin* revint au mouillage ayant à la remorque une jonque dans laquelle étaient entassés 84 Chinois, surpris au moment où ils cherchaient à s'évader des îles. C'étaient des soldats réguliers. Ils racontèrent que mourant de faim et chassés par les insulaires, ils s'enfuyaient pour essayer de gagner Taïwan. (Maurice Loir.)

travaux des champs et la pêche avaient repris. Seul le village de Makung, qui avait beaucoup souffert du bombardement et de l'incendie, restait abandonné. Il était d'ailleurs naturel que les Chinois évitassent un contact trop immédiat avec les troupes françaises, tant que l'installation de ces dernières ne serait pas devenue un fait accompli et définitif.

Par télégramme du 31 mars, l'amiral demandait à Paris le matériel nécessaire pour constituer, dans la baie de Makung, un centre d'approvisionnements et pour y commencer la création d'un établissement militaire. Il demandait, en même temps, le personnel indispensable aux différents services, travaux, études, fortifications, magasins et constructions. En attendant, l'escadre et le corps de Formose avaient fourni les ressources nécessaires à l'exécution des travaux provisoires. Une direction du port avait été créée et confiée au lieutenant de vaisseau Linard, qui avait été envoyé de France pour remplir cet emploi à Kelung.

Une partie du personnel médical et administratif du corps de Formose fut appelé à Makung. L'amiral y fit, en outre, venir l'entrepreneur Eymar, chargé de la construction des baraquements de Kelung et dont le personnel et le matériel étaient, jusqu'alors, restés sans emploi. En attendant un officier du génie, l'ingénieur Duplaa-Lahitte cumula la direction des constructions à terre et des réparations à bord[1].

A Kelung, la situation continuait à être aussi satisfaisante que le comportait l'effectif du corps de Formose. Malgré le prélèvement des 400 hommes du bataillon Lange, les troupes étaient en pleine sécurité sur leurs nouvelles positions.

Elles avaient toujours devant elles, il est vrai, les masses chinoises refoulées, mais non dispersées ; toutefois, les positions de l'ennemi ne dominaient plus les nôtres. L'état sanitaire, sans être bon, s'était amélioré, les troupes étaient pleines d'entrain. Les malades et les blessés avaient été évacués sur l'*Annamite*, au fur et à mesure que leur rétablissement avait permis de le faire. Il en restait encore une cinquantaine que leur état empêchait de déplacer. Parmi ces derniers se trouvaient les capitaines Césari, de Fradel et Bouyer, sur lesquels l'amiral appelait, de nouveau, l'attention bienveillante du gouvernement[2].

---

1. Compte rendu de l'amiral au Ministre de la marine, du 23 avril 1885, sur la situation aux Pescadores.
2. Compte rendu de l'amiral au Ministre de la marine, du 23 avril 1885, sur la situation à Kelung.

En somme, la situation était, de part et d'autre, aussi satisfaisante que possible. L'amiral, en possession d'une nouvelle base d'opérations dont les avantages dépassaient les espérances, libre maître, en outre, de la plupart de ses moyens d'action, était prêt à exécuter le nouveau plan de campagne lorsqu'une nouvelle imprévue vint précipiter les événements.

« Le 2 avril au soir, le *Roland* mouilla à la pointe Litsitah, avec le pavillon en quarantaine. Cette mesure de prohibition, qui excluait toute communication, intrigua vivement. On questionna, on parla, et le bruit des événements de Langson et de la retraite du colonel Herbinger se répandit tout à coup[1]. »

Le télégramme que le *Roland* apportait de Hong Kong à l'amiral, était le suivant :

« Confidentiel, Paris, le 29 mars.

« Urgent. Très mauvaises nouvelles du Tonkin, de Négrier, grièvement blessé, obligé d'évacuer Langson et de se replier sur Chu. Brière, également attaqué sur fleuve Rouge par forces nombreuses, demande renforts immédiats. Occupez Pescadores avec 500 hommes; évacuez Formose. Gardez 500 hommes pour occuper, au besoin, Chéfou ou les îles Miau-Tao, envoyez le reste des troupes au Tonkin et prenez dispositions pour bloquer Petchili le plus tôt possible. Le gouvernement va envoyer des renforts à Brière de l'Isle, et prendre des décisions qui vous seront communiquées; il sait qu'il peut compter sur vous. »

Le lendemain 3, à onze heures, le *Roland* appareillait, portant à Kelung le capitaine de vaisseau de Maigret, chef d'état-major, chargé de préparer l'évacuation de Kelung, de concert avec le commandant supérieur de la rade et le colonel Duchesne.

L'amiral avait arrêté, pendant la nuit, les dispositions suivantes :

Les troupes de la guerre valides, c'est-à-dire 1.450 hommes et une demi-batterie de 80 ^{mm} de montagne, seraient envoyées au Tonkin. Les troupes de la marine, c'est-à-dire 1.180 hommes, deux batteries de 80 ^{mm} de campagne, une batterie de 80 ^{mm} de montagne et une batterie de canons-revolvers, constituant l'armement des forts, seraient évacuées sur les Pescadores. La section du génie, attendue par le *Château-Yquem*, resterait également à Makung.

Pour garder sa nouvelle base, l'amiral laissait aux îles un

---

1. Maurice Loir.

UN COIN DE SOO PENDANT L'ARMISTICE

Cantonnement de la gendarmerie.

D'après une photographie exécutée et communiquée par M. le capitaine de frégate Goëz.

cuirassé, deux croiseurs, deux canonnières et demandait l'autorisation de déclarer le blocus de l'archipel. Ces forces semblaient à l'amiral indispensables pour assurer la sécurité de l'occupation, car la Chine essayerait certainement de jeter sur les îles ses troupes de Formose. Enfin, aussitôt Kelung évacuée, le blocus de Formose serait levé et le blocus du Petchili serait déclaré[1].

La nouvelle de la retraite de Langson souleva à Kelung une douloureuse émotion. Les préparatifs de l'évacuation, commencés immédiatement, furent menés avec une activité fébrile. Une telle opération, exécutée en présence d'un ennemi dix fois supérieur en nombre, était des plus délicates. Elle exigeait la plus grande célérité, mais en même temps le plus grand calme ; le moindre encombrement, dans une retraite aussi périlleuse, pouvait transformer le rembarquement en désastre. Pour l'effectuer, l'amiral disposait du *Cachar*, du *Tonkin* et de l'*Annamite*. De plus, les bâtiments de guerre devaient contribuer au transport du matériel ne gênant pas le tir de l'artillerie[2].

En quelques jours, une grande partie du matériel, le parc d'artillerie, la réserve de munitions, les vivres et le charbon étaient embarqués[3]. Le *Tonkin* avait fait un voyage à Makung, portant du charbon et du matériel, plus tous les blessés et malades capables de supporter la traversée jusqu'à Saïgon.

Le *Volta* et le *Kerguelen* avaient également effectué un voyage ; le *Cachar* était en chargement.

Le 10, les forts étaient, en grande partie, désarmés, les pièces

1. Télégramme de l'amiral Courbet, du 4 avril 1885.
2. Rapport de l'amiral sur la situation à Kelung, du 23 avril 1885.
3. Dès que l'éventualité d'une évacuation de Kelung en avril était devenue officielle (télégrammes du Ministre de la marine des 11 et 20 février 1885), l'amiral avait fait préparer, par le colonel Duchesne, un projet dans ce sens. Les détails en avaient été arrêtés avec la plus grande précision, comme l'indique la note ci-dessous qui servit de base aux mesures de toute nature ordonnées au moment de la mise à exécution de l'évacuation :

Note relative à l'évacuation éventuelle de Kelung.

L'évacuation doit présenter deux phases principales :
1° Évacuation du matériel ;
2° Évacuation du personnel.

Chacune de ces phases se subdivise elle-même en deux autres, suivant qu'il s'agit du matériel ou du personnel à embarquer à loisir et en toute sécurité, ou du personnel et du matériel à embarquer au dernier moment, c'est-à-dire avec la plus grande célérité et sous la menace d'un mouvement en avant possible de l'ennemi.

Il y a donc lieu, avant d'étudier l'ensemble des mesures à prendre, de préciser l'importance du personnel et du matériel à comprendre dans chacune des catégories énumérées ci-dessus :

1° *Matériel pouvant être embarqué à loisir*. — Matériel des vivres, matériel des hôpitaux

démontées, à quai, parées à être embarquées. Les ordres les plus précis avaient été donnés aux troupes, en prévision d'un rembarquement sous le feu de l'ennemi. L'amiral se disposait à venir en personne diriger l'opération quand il reçut, de Paris, le télégramme suivant :

« Paris, 7 avril. Marine à amiral Courbet. Hong Kong. Urgent. — Attendez de nouveaux ordres avant d'évacuer Kelung et le nord de Formose. Répondez-moi sans tarder par le télégraphe. »

Le 6, le *D'Estaing* était revenu de Hong Kong, confirmant la

matériel d'ameublement, magasins particuliers des corps (caisses de comptabilité, caisses d'armes, ateliers des armuriers, etc.)

Matériel du génie (outils de parc, outils d'atelier, approvisionnements).

Matériel de guerre actuellement à Kelung, au bord de la mer (munitions).

Bagages des officiers, chevaux des officiers, bagages supplémentaires des troupes (malles, petits ballots). Bagages des coolies.

Pour mémoire : Matériel Eymar : non encore en œuvre, déjà en œuvre.

Cette catégorie comprend donc essentiellement tout le matériel actuellement à Kelung, de quelque nature qu'il soit.

La catégorie suivante comprend, au contraire, tout le matériel actuellement dans les forts (matériel de guerre ou de campement).

2° *Matériel à embarquer au dernier moment*. — Canons lourds (6 de 12, 4 de 80 ^{mm} de campagne, 6 canons-revolvers), outils de parc, munitions d'infanterie, munitions des canons de 4 de montagne (sauf 2 caisses par pièce), canons de 80 ^{mm} de montagne, leurs affûts, leurs munitions, grandes tentes, canons de 4 de montagne (8), leurs affûts et 2 caisses par pièce.

3° *Personnel pouvant être embarqué à loisir*. — Malades et blessés, personnel non combattant : médecins, commissaires, employés, infirmiers.

4° *Personnel à embarquer au dernier moment*. — Troupes cantonnées dans Kelung, troupes en garnison dans les forts.

L'embarquement du personnel et du matériel aura lieu dans l'ordre suivant :

Matériel pouvant être embarqué à loisir, personnel pouvant être embarqué à loisir.

Matériel à embarquer au dernier moment (non compris les 8 canons de 4 de montagne et les munitions restées avec eux).

Troupes cantonnées dans Kelung, troupes en garnison dans les forts (avec les 8 canons de 4 de montagne et leurs munitions).

Le temps nécessaire à l'embarquement du personnel et du matériel des deux premières catégories (pouvant être embarqués à loisir) dépend à la fois du tonnage disponible sur les navires et de la puissance des moyens de transport : canots à vapeur, chalands, chaloupes, canots qui pourront être affectés à ce service. La fixation de ces données importantes est du ressort du commandant en chef.

Toutefois, malgré l'intérêt incontestable qu'il peut y avoir à opérer le plus rapidement possible, on peut y procéder cependant en toute sécurité, la garde du camp retranché restant pleine et entière.

Les points d'embarquement du personnel et du matériel varieront avec le nombre des appontements dont la hauteur de marée permettra l'accostage et aussi suivant le nombre des embarcations disponibles. Des indications précises seront données, en temps opportun, pour accélérer le mouvement et éviter l'encombrement.

On prendra soin de grouper, lors de l'embarquement, le matériel des troupes de la marine et le matériel des troupes de la guerre : on devra également diriger les bagages des divers officiers sur les navires à bord desquels ceux-ci prendront passage.

Cette première partie de l'évacuation étant terminée, on procédera à l'évacuation du personnel et du matériel des deux dernières catégories (à embarquer au dernier moment).

Cette dernière partie de l'évacuation est scindée en deux : l'une comprenant le gros matériel (canons de 12, de 80 ^{mm} de campagne, canons-révolvers, canons de 80 ^{mm} de montagne, leurs affûts, leurs munitions) et s'effectuant avec une sécurité relative sous la protection des troupes et de l'artillerie de montagne (8 canons de 4) restées en position. Néanmoins le transport de ce matériel doit être activé par tous les moyens possibles, de manière à réduire au strict nécessaire la durée de cette période déjà critique de l'évacuation. Le mouvement se fera simultanément pour tous les forts. L'artillerie y emploiera tout son personnel disponible, en ne laissant dans les forts

retraite de Langson et apportant la nouvelle de la chute du ministère Ferry, remplacé par le cabinet Brisson-Freycinet ; des négociations sérieuses étaient engagées avec la Chine, il était question d'armistice.

Le télégramme du 7 se rapportait, à n'en pas douter, à ce nouvel état de choses. L'artillerie fut immédiatement remontée sur les forts. L'amiral donna l'ordre de continuer, plus que jamais, les travaux de défense, en présence des Chinois surpris et auxquels nos préparatifs antérieurs n'avaient pas échappé. On

que les canonniers nécessaires au service des pièces de 4 restées en batterie ; des corvées devront leur venir en aide.

Au transport de ce matériel succédera immédiatement celui des outils, instruments, munitions d'infanterie, qui devra être terminé dans la soirée qui précédera l'évacuation générale.

Celle-ci sera effectuée de nuit.

A 7 heures, les troupes du cantonnement embarqueront dans l'ordre suivant :

Infanterie de marine, bataillon d'Afrique, régiment Étranger, tous les coolies annamites sans exception.

La section d'infanterie de marine actuellement à la pagode Cramoisy y restera jusqu'après le défilé des troupes venant, soit du fort Tamsui, soit du fort Bambou, soit de la Table. Elle formera l'arrière-garde de celle de ces colonnes qui défilera la dernière, mais elle s'arrêtera à la porte du Yamen, occupé par le bataillon d'Afrique, jusqu'au départ de la compagnie du fort Ber à laquelle elle appartient et dont elle suivra le mouvement.

Le régiment Étranger laissera, à l'extrémité de son cantonnement, un piquet de 30 hommes qui jouera le même rôle pour la colonne descendant du fort Central.

A la nuit tombante, ou plus tôt si le brouillard le permet, on abattra dans chaque fort les tentes qui sont ordinairement vues par l'ennemi et dont la disparition prématurée pourrait lui donner l'éveil. Toutes les dispositions seront prises pour préparer le convoi (canons et dernières munitions, tentes) et se mettre en marche à l'heure fixée. Les canonniers qui auront concouru pendant la journée au transport du matériel laisseront leurs sacs à Kelung, où ils seront embarqués, et remonteront dans les forts pour aider a la descente du matériel d'artillerie.

Chaque garnison se fera précéder d'une avant-garde à la suite de laquelle marchera le convoi (artillerie, tentes), le gros et une arrière-garde. Avant-garde et arrière-garde seront commandées par un officier.

Le mouvement commencera par les forts les plus éloignés et sera réglé ainsi qu'il suit :

La garnison de la Table, par la vallée de Pétao. Départ à 8 heures, arrivée probable à 11 heures.

Celle du fort du Sud par le Cirque, la nouvelle route et la vallée Cramoisy. Départ à 8 heures, arrivée probable à 10 heures 30.

Celle du fort Bertin par le fort Tamsui et le chemin direct passant au-dessous du Nid d'Aigle. Départ à 8 heures et demie, arrivée probable à 11 heures.

Celle du fort Tamsui par la même route, une demi-heure après le passage de la queue de la colonne précédente. Départ probable à 10 heures, arrivée probable à 11 heures.

Celle du Nid d'Aigle par la même route à la suite de la colonne précédente, dont elle formera l'arrière-garde. Départ probable à 10 heures, arrivée probable à 11 heures.

Celle du blockhaus en pierre par la route pavée, pour se joindre, à la croisée des deux routes, à l'arrière-garde venant du Nid d'Aigle. Départ probable à 10 heures, arrivée probable à 11 heures.

Celle du fort Central par Kelung ou la mer ? suivant le temps. Départ à 11 heures, arrivée probable à 1 heure 30.

Celle du Cirque à la suite de celle du fort du Sud et une demi-heure après le passage de la queue de cette colonne. Départ probable à 10 heures, arrivée probable à 11 heures 30.

Celle du Point A par le chemin du parc aux bœufs. Durée probable du trajet : une demi-heure.

Celle du fort Clément par le chemin aboutissant à la maison ronde, où elle embarquera directement. Durée probable du trajet : une demi-heure.

Celle de la redoute Gardiol par le chemin aboutissant à la case du pilote. Durée probable du trajet : une demi-heure.

Celle du fort Ber par le chemin spécial à ce fort. Cette dernière aura, comme arrière-garde, garda, à Kelung, vingt jours de vivres et un large approvisionnement de munitions. On continua, d'ailleurs, à embarquer le matériel inutile pour les opérations militaires. Les baraquements préparés à Kelung furent apportés à Makung par le *Cachar*.

Le 14, l'amiral recevait, par l'intermédiaire de l'amiral Lespès, auquel il était parvenu, le télégramme suivant daté de Paris, 10 avril :

« Des préliminaires de paix, portant armistice, viennent d'être signés avec la Chine, sur les bases du traité de Tien-Tsin, du 11 mai. A la date du 15 avril, et après entente avec le commandant des forces chinoises auquel la présente dépêche devra être communiquée, toutes les hostilités sur terre et sur mer devront cesser. Même ordre à envoyer aux commandants chinois. Vous devrez donner des ordres pour la levée immédiate du blocus de Formose. Vous conserverez, jusqu'à nouvel ordre, les positions que vous occupez à Formose et aux Pescadores ; mais vous ne devrez envoyer à Formose ni renforts, ni munitions. Le gouvernement chinois a pris les mêmes engagements de son côté. Jusqu'à conclusion définitive de la paix, vous conserverez le droit de visite sur les navires chinois et neutres et vous continuerez à saisir la contrebande de guerre. »

la section stationnée d'abord à la pagode Cramoisy et qui se sera transportée, dans l'intervalle, à la porte du Yamen, comme il a été dit plus haut.

Ces dernières garnisons (Point A, Clément, Gardiol, Ber) ne quitteront leurs emplacements respectifs qu'après l'embarquement de toutes les autres troupes. Elles sont en effet appelées, par leur situation spéciale, à protéger la rade contre tout mouvement offensif de l'ennemi. Un signal, qui sera ultérieurement indiqué, préviendra ces garnisons du moment où elles devront opérer leur retraite avec toute la célérité possible.

S'il se produit dans Kelung une rencontre entre les colonnes venant des forts de la Table, du Sud, Bertin ou Central, celle des colonnes qui sera engagée la première continuera sa route : les autres s'arrêteront le temps nécessaire pour éviter l'encombrement.

Des officiers seront désignés pour se porter au-devant des diverses colonnes et les conduire là leurs points d'embarquement, de manière à éviter toute hésitation et tout encombrement à l'arrivée, toute fausse direction, et à assurer la réunion des différentes fractions des corps à bord des bâtiments désignés pour les recevoir.

Dès huit heures moins un quart, dans les forts de seconde ligne, chacun devra être aux postes de combat et y rester jusqu'au moment de se mettre en route.

Pendant la marche, le plus grand ordre et le plus grand silence devront régner dans les colonnes. On choisira comme guides des gradés connaissant la route. La tête marchera lentement pour éviter l'allongement exagéré des colonnes.

Jusqu'au dernier moment, on exercera dans les forts une surveillance active et on leur conservera leur physionomie habituelle. On se gardera surtout d'y allumer un incendie quelconque au départ. MM. les commandants des forts se pénétreront de la nécessité où l'on se trouve de dérober à l'ennemi l'exécution du mouvement projeté et prendront toutes les mesures que comporteraient les circonstances pour en assurer au mieux l'exécution.

Le poste de l'île Palm embarquera à 10 heures dans une embarcation spéciale qui ira le prendre.

Le poste du Cimetière fourni, ce jour-là, par l'infanterie de marine du Point A, restera en position jusqu'au passage de la colonne descendant de ce point et à laquelle il se joindra.

Le Colonel, Signé : Duchesne.

C'était la fin des hostilités. Malgré l'échec subi à Langson par les troupes françaises, échec plutôt apparent que réel, la Chine était obligée de traiter. Les derniers événements de Corée préoccupaient le Tsong-li-Yameñ, mais le blocus du riz surtout avait produit son effet. La disette pouvait occasionner une insurrection des provinces du nord de l'Empire, lequel était, en outre, dans l'impossibilité de payer les troupes. La Chine voyait ses finances épuisées, elle ne pouvait songer à faire appel au crédit international : la paix s'imposait donc, pour elle, à bref délai.

De son côté, le Parlement français, en renversant le cabinet Ferry, avait vivement manifesté le désir d'une paix immédiate. Le protocole suivant avait été signé, en conséquence, à Paris, le 4 avril :

Entre MM. Billot, ministre plénipotentiaire, directeur des affaires politiques au ministère des affaires étrangères, et James Duncan Campbell, commissaire et secrétaire non résident de l'Inspecteur général des douanes impériales maritimes chinoises, de 2e classe du rang civil chinois et officier de la Légion d'honneur,

Dûment autorisés, l'un et l'autre, à cet effet, par leurs gouvernements respectifs,

Ont été arrêtés le protocole suivant et la note explicative y annexée :

Article 1er. — D'une part, la Chine consent à ratifier la convention de Tien-Tsin du 11 mai 1884, et, d'autre part, la France déclare qu'elle ne poursuit pas d'autre but que l'exécution pleine et entière de ce traité.

Art. 2. — Les deux puissances consentent à cesser les hostilités partout, aussi vite que les ordres pourront être donnés et reçus, et la France consent à lever immédiatement le blocus de Formose.

Art. 3. — La France consent à envoyer un ministre dans le nord, c'est-à-dire à Tien-Tsin ou à Pékin, pour arranger le traité détaillé, et les deux puissances fixeront alors la date du retrait des troupes.

Fait à Paris, le 4 avril 1885.

Signé : BILLOT.

Signé : CAMPBELL.

Note explicative du protocole du 4 avril 1885.

1° Aussitôt qu'un décret impérial aura été promulgué, ordonnant la mise à exécution du traité du 11 mai 1884, et enjoignant, par conséquent, aux troupes chinoises qui se trouvent actuellement au Tonkin de se retirer au delà de la frontière, toutes les opérations militaires seront suspendues sur terre et sur mer, à Formose et sur les côtes de Chine ; les commandants des troupes françaises au Tonkin recevront l'ordre de ne pas franchir la frontière chinoise ;

2° Dès que les troupes chinoises auront reçu l'ordre de passer la frontière, le blocus de Formose et de Pak-Hoi sera levé, et le ministre de France entrera en rapport avec les plénipotentiaires nommés par l'empereur de Chine, pour négocier et conclure, dans le plus bref délai possible, un traité définitif de paix, d'amitié et de commerce. Ce traité fixera la date à laquelle les troupes françaises devront évacuer le nord de Formose ;

3° Afin que l'ordre de repasser les frontières soit communiqué le plus vite possible aux troupes du Yunnan, le gouvernement français donnera toute facilité pour que cet ordre parvienne aux commandants des troupes chinoises par la voie du Tonkin ;

4° Considérant, toutefois, que l'ordre de cesser les hostilités et de se retirer ne peut parvenir le même jour aux Français et aux Chinois, et à leurs forces respectives, il est entendu que la cessation des hostilités, le commencement et la fin de l'évacuation auront lieu aux dates suivantes :

Les 10, 20 et 30 avril, pour les troupes à l'est de Tuyen-Quan ;

Les 20, 30 avril et 30 mai, pour les troupes à l'ouest de cette place ;

Le commandant qui, le premier, recevra l'ordre de cesser les hostilités, devra en communiquer la nouvelle à l'ennemi le plus voisin et s'abstiendra ensuite de tout mouvement, attaque ou collision ;

5° Pendant toute la durée de l'armistice, et jusqu'à signature du traité définitif, les deux parties s'engagent à ne porter à Formose ni troupes ni munitions de guerre.

Aussitôt que le traité définitif aura été signé et approuvé par décret impérial, la France retirera les vaisseaux de guerre employés à la visite, etc., en haute mer, et la Chine rouvrira les ports à traité aux bâtiments français [1].

Le 13 avril, un décret impérial, ratifiant la convention de Tien-Tsin, enjoignit aux troupes chinoises de se retirer du Tonkin et, le 15, le *D'Estaing* apporta à Kelung l'ordre de l'amiral prescrivant de cesser immédiatement les hostilités.

Les blocus de Taïwan-Fou et de Tamsui étaient levés à la même date.

1. Cette note est empruntée à l'ouvrage du lieutenant de vaisseau M. Loir.

CHAPITRE IX

**Pendant l'armistice. — Le Ping-On et le Wawerley.
La mort de l'amiral Courbet.**

L'amiral n'envoya aux Chinois aucun parlementaire. C'eût été risquer la vie d'un officier avec un ennemi qui nous avait donné, si souvent, la preuve de sa déloyauté. Les autorités chinoises de Formose reçurent avis de l'armistice et de la levée du blocus par l'intermédiaire des consuls anglais de Taïwan-Fou et de Tamsui. Des ordres furent d'ailleurs donnés pour recevoir, conformément aux prescriptions du service en campagne, les parlementaires ennemis qui se présenteraient ; mais aucun ne se présenta, si ce n'est deux soldats sans mandat régulier[1].

Tout en observant scrupuleusement les règles de l'armistice, les troupes eurent à exercer une surveillance plus active que jamais ; une surprise des Chinois n'était pas chose impossible. Il importait d'éviter tout ce qui eût pu être interprété, par l'ennemi, comme un acte de faiblesse et d'impuissance. A la veille de la signature de la paix, Kelung devait plus que jamais être considérée comme un gage.

Le blocus de Formose avait été levé le 15 à la côte sud, et le 16 à la côte nord, le mauvais temps ayant empêché le *D'Estaing*, envoyé à Tamsui, d'arriver plus tôt. D'ailleurs, le commerce anglais de Hong Kong avait été informé de bonne heure des nouvelles dispositions et, dès le 9 avril, des bâtiments étaient partis de ce port pour Formose, afin d'en profiter immédiatement. L'un d'eux, l'*Amatista*, chargé d'opium et de marchandises diverses, avait mouillé aux Pescadores et fait route le lendemain pour Taïwan-Fou. L'amiral lui avait confié les lettres destinées au consul anglais de ce port. Un autre, l'*Haïloon*, s'était présenté le 15 devant Tamsui,

---

1. Rapport de l'amiral Courbet sur la situation à Kelung, du 23 avril 1885.

mais n'avait pu y rentrer, le commandant supérieur du blocus n'ayant pas encore reçu d'instructions. L'*Haïloon* s'était rendu à Makung, d'où il était reparti deux heures après, muni de lettres de l'amiral pour le consul anglais de Tamsui.

« Quant au blocus du riz, il continua à être tenu avec la même rigueur. Il importait de continuer les mesures prohibitives dont l'effet avait été si puissant sur les dispositions du gouvernement chinois. Le centre d'opérations était le mouillage de l'île Kintang, plus tard appelé mouillage de Taou-Tsé, du nom d'un village chinois situé sur une petite île, où l'amiral Lespès avait réussi à faire créer un marché très bien fourni en vivres et en provisions de toutes sortes. Du 21 mars au 28 mai, la croisière fut commandée par le contre-amiral Lespès, époque à laquelle il fut relevé par le contre-amiral Rieunier, à bord du *Turenne*. L'escadre continua à bloquer la rivière de Ning-Po avec un cuirassé et un croiseur, pendant que les autres bâtiments, échelonnés de Gutzlaff à Shaweishan, gardaient les bouches du Yang-Tsé. Ce blocus du Yang-Tsé était aussi ingrat que par le passé, toujours les mêmes allées et venues, les mêmes ronds dans l'eau, les mêmes mouillages en pleine mer, les mêmes piétinements sur place, lassants et monotones ; mais cette fois, aux ennuis ordinaires s'ajoutait la rigueur d'une température extrêmement froide et d'une brume presque continuelle. En outre, la vigilance la plus soutenue était nécessaire dans ces parages, fréquentés par d'innombrables steamers de toutes tailles et de toutes nationalités[1]. »

Cette fin du blocus fut marquée par la capture de deux bâtiments neutres, qui avaient, depuis longtemps, mis en défaut la vigilance de nos croiseurs. Le premier qui fut pris fut le *Ping-On*. Cet épisode de la campagne de l'Extrême-Orient mérite d'être raconté en détail. « Il nous montre, dit Maurice Loir, sous un jour curieux la délicatesse et la moralité de ces individus cosmopolites, à professions multiples, moitié commerçants, moitié pirates, que l'on rencontre dans les grandes villes d'outre-mer, en quête d'aventures et d'argent.

Le capitaine du *Ping-On*, un Anglais du nom de Carozzi, avait, en octobre 1884, offert ses services à l'amiral, en qualité de pilote des côtes de Chine. Il avait été accepté, mais au bout de quelques jours il avait demandé à résilier son contrat, une existence plus aventureuse étant mieux dans son caractère.

---

1. Maurice Loir.

Carozzi se mit alors au service du gouvernement chinois et reçut le commandement du *Ping-On*, acheté à la maison Russel par le Taotaï de Formose, mais inscrit à Shanghaï sous le nom de propriétaires anglais et muni de papiers réguliers.

L'amiral avait eu de fréquents renseignements sur les missions du *Ping-On*, soit par l'intermédiaire de M. Patenôtre, soit par le capitaine Carozzi lui-même, qui prétendait être dévoué à la cause française et ne servir la Chine que par nécessité. Ces missions consistaient en transports d'hommes, d'argent, d'armes et de munitions, soit sur la côte sud-est de Formose, où le blocus n'était pas déclaré, soit aux Pescadores. Une fois là, le chargement était déposé à terre, puis réparti sur des jonques qui parvenaient, grâce à la connaissance parfaite qu'elles avaient de ces parages, à atteindre, à la faveur de la nuit, la côte de Formose.

Peu de jours avant la prise des Pescadores, l'amiral avait reçu de M. Patenôtre un télégramme confidentiel dans lequel ce dernier lui annonçait qu'il était entré en pourparlers avec le propriétaire fictif du *Ping-On*. Ce propriétaire, peu scrupuleux, d'accord avec le capitaine Carozzi, s'engageait, moyennant certaine indemnité, à livrer le bâtiment dans des circonstances qui permettraient d'en justifier la saisie.

Le 4 avril, en effet, le *Ping-On* mouilla à Port-Makung, mais il n'avait à son bord que des provisions et des lettres pour le phare de Litsitah; ses papiers étaient parfaitement en règle, à part l'absence de l'acte de propriété du bâtiment, absence fréquemment constatée à bord des navires anglais qui naviguent sur les côtes de Chine.

Le capitaine Carozzi profita de son passage à Makung pour proposer à l'amiral de faire capturer son bâtiment dans les limites du blocus, à un endroit convenu d'avance, près du cap Sud. Son retour à Amoy, après un voyage aux Pescadores, devait inspirer aux Chinois assez de confiance pour les engager à embarquer, sur le *Ping-On*, une cargaison de contrebande de guerre[1].

Les faits se passèrent ainsi qu'il avait été convenu. Le *D'Estaing*, envoyé le 8 avril en observation près du cap Sud, capturait le *Ping-On* le 11, et le ramenait à Makung. Après l'évacuation des prisonniers chinois qui encombraient les fonds du bâtiment, on effectua une fouille minutieuse qui amena la découverte de 10.518 piastres et de 8 lingots d'argent.

---

1. Rapport de l'amiral Courbet sur la prise du *Ping-On* (17 avril 1885).

Le navire portait 750 soldats et officiers chinois et trois mandarins d'un rang élevé. Ces derniers avaient eu le temps de jeter à la mer leur correspondance et leurs objets compromettants, notamment une lettre officielle, adressée à Liu-Ming-Chang (général commandant les troupes chinoises de Formose), dont l'enveloppe seule fut retrouvée[1].

Le *Ping-On* était un vieux bâtiment en bois dont la vente n'eût pas produit plus de 30.000 piastres, au maximum. L'amiral préféra lui donner un équipage provisoire, commandé par un lieutenant de vaisseau, et l'employa au service intérieur de la Direction du port de Makung. En outre, 300 des soldats passagers furent gardés à Makung. Fort satisfaits, d'ailleurs, de leur nouveau sort, ils furent employés aux travaux de force. Les officiers et mandarins, ainsi que le reste du bataillon chinois, furent envoyés à Saïgon.

La seconde capture fut celle du *Wawerley*; elle fut effectuée vers la fin du blocus du riz. Ce bâtiment était le même qui avait débarqué à Formose l'artillerie Krupp dont nous nous étions emparés aux combats de mars. « Son audace ne connaissait plus de bornes. Il poussait l'impertinence jusqu'à faire annoncer, par les journaux, le moment de son départ ainsi que sa destination. Certain jour, il fut signalé par M. Patenôtre comme devant partir de Shanghaï avec un chargement suspect. L'avis en étant parvenu au commandant du *Magon*, sous-chef de la station, le commandant des Essarts obtint d'aller, avec son navire le *Nielly*, attendre le *Wawerley* à 100 milles au nord de Shaweishan. Le 20 mai au soir, le navire anglais partit de Shanghaï sans feux ; il naviguaa toute la nuit près de la côte, loin du *Magon* qui l'attendait à la sortie des passes habituelles ; mais au petit jour il se trouva, à sa grande surprise, en présence du *Nielly*[2]. »

Le *Wawerley* portait 100 tonneaux de plomb, un tonneau de salpêtre et de soufre et 15 tonneaux de barres d'acier destinées à faire des canons de fusil. Il fut jugé de bonne prise et conduit aux Pescadores[3].

Devant Kelung, les Chinois observaient religieusement l'ar-

---

[1]. Télégramme de l'amiral du 12 avril 1885.
[2]. Maurice Loir.
[3]. Il reçut un équipage provisoire tiré du *Nielly*, et commandé par le lieutenant de vaisseau Couturier. L'équipage chinois fut embarqué sur le *La Galissonnière*, à l'exception des chauffeurs qui consentirent à rester à leurs postes avec la même solde. Le capitaine, l'Anglais Danielsen, fut détenu jusqu'à la paix à bord du *Roland*. (Télégramme de l'amiral, du 5 juin 1885.)

mistice. Ils se contentaient de remuer la terre avec la plus grande activité, sans d'ailleurs tirer ni un coup de fusil ni un coup de canon.

Le développement de leurs nouvelles lignes était invraisemblable. Leur but semblait être de nous enserrer dans un immense demi-cercle, en couronnant les hauteurs de la rive gauche de la vallée de Tamsui et en se prolongeant ainsi jusqu'à la mer, en face de Pétao. Ces nouveaux ouvrages, séparés des nôtres par la rivière de Tamsui, étaient à environ 2.500 mètres de nos positions. Du côté de l'ouest, les Chinois avaient pris possession d'un sommet dominant le fort Thirion et qui avait sur la rade des vues éloignées. Ils y avaient installé du canon. Ce fait eût, en cas de reprise des hostilités, singulièrement compliqué notre évacuation.

Plusieurs fois, des indigènes apportèrent des lettres à nos avant-postes. Les unes étaient des offres de service auxquelles leurs auteurs n'osèrent donner aucune suite, les autres nous avisaient de nous tenir en garde contre une surprise. D'après certains bruits de source chinoise, Liu-Ming-Chang et les généraux de Formose étaient ennemis de la paix et capables d'une attaque par trahison[1].

---

1. Rapport de l'amiral Courbet sur la situation à Kelung (15 mai 1885). Voir, en outre, ci-dessous, la traduction d'une lettre extrêmement curieuse qui fut apportée, dans ces conditions, au colonel Duchesne :

Traduction d'une lettre écrite par un soldat illettré au commandant en chef français.

Mon respectable frère, je viens avertir Votre Excellence qu'elle doit, tout comme auparavant, observer la plus grande vigilance sur terre et sur mer, et ne pas se fier à des souvenirs.

Le général Chun et le commandant en chef Liou ont choisi 300 braves et ont donné 16 taëls à chacun d'eux. Par une nuit pluvieuse, ces braves entreront dans la vallée et feront irruption dans le camp français ; moi, votre stupide frère cadet, je vous envoie cette lettre pour que les frères du camp français nettoyent leurs fusils, préparent leurs munitions et soient prêts à repousser le danger lorsqu'il se présentera.

D'un autre côté le général Yang, commandant 1.500 soldats actuellement cantonnés à Lok-Tou, étudie les moyens de combiner une attaque par derrière dans le camp français (avec l'attaque précédente).

J'ai à prévenir Votre Excellence que le général Tso-Houng-Pao (général prince au Fo-Kien) et le commandant en chef Liou disent qu'ils ne veulent pas, au fond du cœur, accepter la paix avec le frère français. Il est évident qu'ils veulent employer une des ruses de guerre renouvelées du *San-Kouo* (grand roman historique) ; ils peuvent en vérité faire un grand mal aux Français et je désire que ceux-ci ne se laissent pas attraper par eux.

Moi, votre stupide frère cadet, j'ai écrit respectueusement cette lettre aux interprètes français, afin de pouvoir parler face à face avec eux ; mes deux frères ont été tués, nous deux, ne pouvant rester dans notre maison, nous nous sommes engagés dans l'armée chinoise ; nous ne pouvions pas nous attendre à voir mon frère recevoir 100 coups de bambou infligés par le commandant de notre camp, châtiment militaire qui lui a gonflé les deux jambes et qui l'empêche de marcher.

Moi, stupide soldat, je prie les frères du camp français de prendre connaissance de ces faits : car, quand les jambes de mon frère seront guéries, notre intention est d'entrer au service de la France.

Si mes intentions à moi, stupide soldat, sont fausses, et si je mens en disant que je veux servir dans le camp français, que les cinq tonnerres me foudroient et que vos grands canons mettent en pièces mon cadavre. — Je prie Votre Excellence de me donner une réponse.

Il va sans dire que la surveillance la plus active ne cessait d'être exercée dans tous les postes ; le colonel Duchesne avait donné à cet égard des ordres formels, fréquemment rappelés. On continuait à travailler aux ouvrages ainsi qu'aux routes. Il y avait beaucoup à faire sous ce dernier rapport. Les transports, en tout temps excessivement pénibles, l'étaient devenus davantage encore à la suite de plusieurs violents orages. Avec les grandes chaleurs, ces difficultés ne pouvaient que s'aggraver. Pour faciliter l'évacuation, l'amiral avait demandé, le 4 mai, l'autorisation de débarquer à Kelung une partie des mulets apportés par le *Château-Yquem* et laissés aux Pescadores ; mais le gouvernement, soucieux de ne pas enfreindre la lettre du protocole, fut d'avis qu'il était préférable de ne rien débarquer à Formose.

Les habitants avaient été autorisés à rentrer dans Kelung ; mais l'état de délabrement dans lequel se trouvaient la plupart des maisons de la ville chinoise, transformées en bûchers par nos corvées, n'était pas de nature à les encourager. Ils préféraient attendre notre départ. Seuls, les paysans de la vallée de Tamsui, ainsi que les pêcheurs de la côte et de l'île Palm, affluèrent en grand nombre au marché quotidien qui ne tarda pas à prendre des proportions inattendues. Son animation contrastait singulièrement avec la solitude et l'abandon des périodes précédentes. Ce marché était établi sur la plage, en face du parc d'artillerie.

Dès l'aube, de nombreux sampans traversaient la rade, apportant les produits de la pêche de la nuit, langoustes, jeunes squales, bonites, ainsi que des poissons bizarres dont quelques-uns étaient énormes. Ils étaient à si bas prix qu'on pouvait en alimenter les ordinaires. Une espèce excitait principalement la curiosité des troupiers, qui l'avaient surnommée le « poisson-perroquet ». De grandes plaques rouges, bleues, vertes et jaunes étaient disposées irrégulièrement sur son corps ; sa gueule, ou plutôt son nez, présentait exactement la forme d'un bec de perroquet. Excellent d'ailleurs, il était très commun dans les eaux de Kelung. Des poulets en bas âge, des canards, des légumes frais, des herbes bizarres décorées du nom de salade, étaient apportés par des paysans dont tout le bien tenait dans deux paniers suspendus, comme les plateaux d'une balance, à un bambou passé sur leur épaule. Pour en supporter l'ondulation, ils trottinaient, en se dandinant d'une manière grotesque. Quelques chevreaux, de nombreux cochons à l'échine concave, aux bajoues et au ventre traînant jusqu'à terre, représentaient la viande de boucherie.

Entièrement noirs et de petite taille, ils étaient, malgré leur apparence, d'une agilité surprenante. Les Chinois les renfermaient dans des longs paniers en fibre de bambou qui, suspendus à une perche, étaient portés absolument comme des sacs, malgré les bruyantes protestations de leur contenu, véritables colis vivants.

C'était l'heure à laquelle les corvées en armes descendaient des forts. Légionnaires, chasseurs du bataillon d'Afrique, soldats et artilleurs de marine, le fusil ou le mousqueton en sautoir, circulaient dans la cohue indigène. Tout ce monde était un peu turbulent, et malgré la présence des gendarmes plus d'une querelle survenait entre vendeurs et acheteurs. Les troupiers s'exprimaient à l'aide des quelques mots annamites qu'ils avaient appris au Tonkin; les légionnaires et les zéphyrs avaient la prétention de se faire comprendre en arabe. Il s'était formé un « sabir » de français, de chinois, d'annamite, d'arabe et d'allemand, monstrueux à faire frémir un philologue. A l'activité fiévreuse et à la surexcitation des journées de combat, avaient succédé la régularité et presque la monotonie d'une vie de garnison. On attendait tranquillement la ratification des préliminaires de paix, on remuait, sans conviction d'ailleurs, quelques pelletées de terre, quelques pierres et quelques gabions. Les récompenses des derniers combats commençaient à arriver. Le colonel Duchesne était nommé commandeur de la Légion d'honneur. Le 23 mai, arrivait la promotion au grade de chevalier des capitaines Thirion et Bouyer, des lieutenants Douez et Ligier. Le commandant Fontebride était nommé lieutenant-colonel et remplacé, à la tête du 3e bataillon d'Afrique, par le capitaine Césari promu chef de bataillon; le capitaine de Fradel était également promu au grade supérieur. Les lieutenants Rolland, Thomas de Colligny et Garnot étaient successivement promus capitaines, les sous-lieutenants Crochat et Nautré nommés lieutenants, l'adjudant Clottu, le sergent-major Saint-Martin, le sergent Rapp, nommés sous-lieutenants.

Quelques cas de désertion s'étaient produits à la Légion étrangère. Un déserteur, d'origine allemande, avait été arrêté au delà des avant-postes et passé par les armes, le 11 mai. On espérait que cet exemple serait suffisant pour couper court à des tendances qu'encourageaient l'appât d'une solde élevée et la perspective d'un grade d'officier dans l'armée chinoise.

Quant à la situation sanitaire, elle commençait à être meilleure; mais il y avait encore des cas algides, toujours graves, souvent foudroyants. Il devenait urgent de quitter Kelung avant les grandes chaleurs ; l'amiral était d'ailleurs prêt à évacuer en moins de huit jours. Il ne restait plus sur place que le matériel de défense, vingt jours de vivres et l'indispensable pour les cantonnements. Tout ce qui avait pu être enlevé sans inconvénient avait été transporté aux Pescadores[1].

A Makung, continuait l'énorme travail de débarquement du matériel venant de Formose :

« Les bâtiments y coopéraient tous, en envoyant aux navires à décharger des embarcations et des hommes. Chaque jour, 250 marins de corvée travaillaient, sans relâche, depuis cinq heures du matin jusqu'à la nuit. Les embarcations accostaient le long des appontements et étaient déchargées dans des wagonnets qui roulaient sur un chemin de fer Decauville. On créa de la sorte, à terre, un vaste dépôt de charbon ; on déposa dans d'anciens hangars, réparés et appropriés, des magasins à vivres et, auprès d'eux, un parc aux bœufs alimenté par les paquebots des Messageries maritimes. On aurait pu se croire dans un des ports de France. Comme à Brest ou à Toulon, le bâtiment qui quittait la garde, à huit heures du matin, était chargé ce jour-là d'envoyer *aux subsistances* le médecin, le commissaire et l'officier de distribution[2]. »

L'organisation défensive de la rade et des îles continuait. L'amiral avait fait venir de Kelung le commandant d'artillerie Périssé, pour étudier un projet de défense rapidement réalisable. Les troupes, le matériel d'artillerie et les mulets apportés par le *Château-Yquem* avaient été débarqués le 5 mai. La mise à terre de ces renforts avait permis à l'amiral de faire rentrer à bord les compagnies de la *Triomphante* et du *D'Estaing*. Seule, la compagnie du *Bayard* était restée à terre. Deux batteries de 80^{mm} avaient bien été apportées par le *Château-Yquem*, mais le personnel était insuffisant pour les servir et, dans ces conditions, les deux sections de 65^{mm} de l'Escadre avaient dû continuer leur service à terre[3]. Trois canonnières continuaient à exercer une surveillance spéciale autour des îles.

1. Rapport de l'amiral Courbet sur la situation à Kelung.
2. Maurice Loir.
3. L'état sanitaire laissait malheureusement beaucoup à désirer. La fièvre algide, qui avait fait de si nombreux ravages à Kelung, avait poursuivi les troupes jusqu'à Makung. Du 29 mars au 23 avril, le petit corps d'occupation des Pescadores comptait déjà quinze morts de maladie, il y avait à l'hôpital 20 malades alités. Rien n'était négligé cependant pour réunir les meilleures conditions d'hygiène, tant au point de vue du logement que de l'alimentation. (Rapport de l'amiral du 23 avril.)

Makung était devenu le centre de ravitaillement de l'escadre. L'amiral avait fait venir de Kelung le commissaire adjoint Larrouy, ainsi qu'une partie de son personnel. Le capitaine de frégate Ferrand avait pris les fonctions de commandant de la marine.

L'eau faisait défaut. En attendant la construction de quelques puits, l'amiral avait demandé, en France, 80 caisses à eau de 4.000 à 2.000 litres.

« Tous les navires de l'escadre vinrent successivement à Makung passer une ou deux semaines pour visiter leurs machines ou se reposer de leurs fatigues. Là, seulement, ils pouvaient éteindre leurs feux que, depuis six mois, les uns et les autres gardaient toujours allumés. Dans cette superbe rade, le roulis était inconnu. Sur les bâtiments, toujours tranquilles, on était assuré de goûter pendant la nuit un sommeil réparateur[1]. »

Malheureusement, l'abandon de cette nouvelle conquête était décidé en principe. L'amiral, pénétré plus que personne de son importance, avait insisté auprès du Gouvernement pour qu'elle nous fût conservée ; mais les télégrammes qu'il avait reçus vers la fin d'avril ne laissaient plus aucun doute à cet égard. Le 24 avril, le Gouvernement l'avait informé que la paix serait probablement signée à brève échéance, mais que nous ne conserverions pas les Pescadores. La France s'était en effet engagée formellement, par l'article 1er du protocole, à ne poursuivre d'autre but que l'exécution de la convention de Tien-Tsin, et, celle-ci n'ayant mentionné aucune acquisition de territoire aux dépens de l'intégrité du Céleste-Empire, il était manifestement impossible de ne pas restituer notre nouvelle conquête. Le 8 mai, le Gouvernement informa l'amiral qu'il n'y avait plus aucun espoir de conserver les îles, et qu'il eût à en préparer l'évacuation pour une date qui serait fixée ultérieurement. Il fallut entreprendre le rembarquement du matériel, mis à terre quelques jours avant ; besogne ingrate et pénible entre toutes, à laquelle suffirent à peine le *Nantes-et-Bordeaux*, le *Cachar* et le *Château-Yquem*. Les croiseurs et les cuirassés eux-mêmes durent y contribuer en maintes occasions.

Le 8 juin, le ministre de la marine télégraphiait à l'amiral :

« Traité de paix sera signé incessamment ; donnez des ordres à vos capitaines pour cesser visite des navires et lever l'interdiction du riz dès qu'ils auront reçu avis que le traité est signé. Mon

---

1. Maurice Loir.

intention est de laisser le *Bayard* à vos ordres pour rentrer, si vous le désirez. »

Cette dépêche, qui autorisait l'amiral à rentrer en France pour y goûter un repos si noblement gagné, ne devait pas lui parvenir. Le 11, à sept heures du soir, les navires présents sur rade de Makung apprenaient brusquement que leur commandant en chef était à toute extrémité.

« Ce fut de la stupéfaction, tant le coup était imprévu. Quelques jours avant, on l'avait vu, accompagnant jusqu'au cimetière, par un soleil de plomb et nu-tête, le corps de M. Dert, sous-commissaire de la marine. On voulait douter et ne pas croire, mais la communication était officielle, il n'y avait plus d'illusion possible[1]. »

Deux mois auparavant, l'amiral avait subi une forte attaque de dysenterie, compliquée d'accès bilieux et accompagnée d'une grande anémie; mais il paraissait s'être assez bien rétabli et rien ne pouvait faire prévoir que son état de santé péricliterait aussi rapidement.

Les premiers symptômes se déclarèrent le 9. Le 10, l'altération des traits était apparente, la voix éteinte, mais l'esprit était encore lucide. Le 11, l'amiral ne prononçait plus une parole, son regard était absolument éteint. Cependant il put, quand le docteur Doué lui dit, d'une voix assez forte, que le contre-amiral Lespès était là, faire un petit mouvement comme pour tendre la main. Ce fut le dernier signe de connaissance qu'il donna, gardant l'immobilité la plus complète, s'éteignant lentement et sans souffrance, comme une lampe à laquelle il manque l'huile[2]. A dix heures et demie du soir, il rendait le dernier soupir, entouré de son état-major et de la plupart des commandants de l'escadre, au milieu de la désolation de tous.

Le lendemain, le corps de l'amiral fut embaumé, placé dans un triple cercueil et mis dans une chapelle ardente, sous la dunette du *Bayard*. Les vergues furent mises en panteune sur tous les navires, et un coup de canon de deuil tiré d'heure en heure. Le matin, une messe privée, à laquelle assistèrent spontanément tous les officiers des bâtiments et du corps d'occupation, fut célébrée à bord du *Bayard*. Le même jour, le contre-amiral Lespès avait pris le commandement en chef par intérim de l'Escadre et du corps d'occupation; mais, par déférence pour la mémoire de

1. Maurice Loir.
2. Rapport du contre-amiral Lespès sur la mort de l'amiral Courbet.

SERVICE FUNÈBRE DE L'AMIRAL COURBET (KELUNG)

D'après une photographie exécutée et communiquée par M. le capitaine de frégate Goëz.

l'amiral, sa marque distinctive avait été conservée sur le *Bayard*, et c'était ce navire qui faisait les divers signaux de mouvements de rade.

L'ordre du jour suivant fut lu aux équipages :

« Officiers, officiers mariniers, sous-officiers, marins et soldats de l'Escadre de l'Extrême-Orient et du corps de Formose :

« Nous venons de faire la perte la plus cruelle ; notre illustre et glorieux commandant en chef n'est plus, emporté à notre affection et à notre admiration par une maladie que les fatigues de la campagne ont rendue foudroyante. Nos frères d'armes du Tonkin, où son nom brilla naguère, notre patrie entière, dont il fut l'un des plus nobles enfants, s'associeront à notre immense deuil. Pour ceux qui l'ont connu et apprécié, son nom restera comme le modèle de toutes les vertus militaires ! »

Le 13, en présence de tous les officiers disponibles de terre et de mer, ainsi que des députations des sous-officiers des bâtiments et du corps expéditionnaire, l'absoute fut donnée. Le contre-amiral Lespès, au milieu de l'émotion générale, dit en ces termes un dernier adieu au regretté amiral :

« Messieurs,

« C'est avec le sentiment de la plus vive douleur et l'émotion la plus profonde que je m'approche de ce cercueil, pour dire, au nom de l'escadre de l'Extrême-Orient et du corps de Formose, le suprême adieu à notre glorieux et bien regretté commandant en chef.

« Ai-je besoin de vous parler de l'amiral Courbet ? Comme moi, vous le connaissiez, vous l'appréciiez, vous l'aimiez tous, car jamais nature plus franche et plus loyale ne s'est montrée au grand jour. Ferme et brave avant tout dans l'action, dévoué à ses devoirs, sympathique et affectueux, il suivait jusqu'aux plus humbles avec le même intérêt bienveillant et savait unir la plus vaste intelligence, l'esprit le plus ouvert et le plus cultivé aux plus mâles qualités du caractère.

« Je pourrais détailler ses brillants services, dont les dernières et glorieuses étapes portent des noms désormais historiques : Thuan-An, Sontay, rivière Min, Kelung et Makung. Je les résumerai d'un mot en disant que sa vie entière a été uniquement consacrée à son pays.

« Le patriotisme le plus élevé a toujours inspiré du même souffle ardent son âme grande et généreuse, lui traçant la voie qu'il a suivie jusqu'au bout, en faisant sienne la belle devise du vaisseau sur lequel flottait son pavillon [1]. Mais déjà sa santé, affaiblie sous toutes les latitudes, ne répondait plus à ce qu'il demandait d'elle, à ce qu'il lui imposait chaque jour, et c'est par un coup soudain et imprévu qu'il a été enlevé à notre affection et à notre admiration, au moment où il allait pouvoir goûter un repos si noblement gagné.

« A côté du chef vénéré et respecté, laissez-moi vous dire, messieurs, qu'il y avait pour moi, comme pour beaucoup d'entre vous, pour tous sans doute, un ami sûr et dévoué, toujours aimable et bienveillant. Nos regrets n'en seront que plus amers. Ils seraient sans consolation, s'il ne nous restait un grand exemple à suivre, celui d'une existence bien remplie.

« Adieu, mon cher amiral! Adieu Courbet! Ton nom sera brillant dans l'histoire de ton pays, il restera aimé et honoré dans nos cœurs!.. »

Puis, une salve de 19 coups de canon, de minute en minute, et 3 salves d'infanterie tirées par les compagnies de débarquement et par les troupes rangées sur le rivage, saluèrent, pour la dernière fois, le pavillon du vice-amiral, qui fut rentré définitivement [2].

---

1. La devise du *Bayard* : « Sans reproche, sans peur. »
2. Il faut lire les pages émues qu'un des officiers de la *Triomphante*, le lieutenant de vaisseau J. Viaud (Pierre Loti), a consacrées au récit de la mort et des funérailles de l'amiral pour se rendre compte de l'émotion poignante qui étreignait jusqu'aux plus humbles dans ces jours de deuil :

Il était à nos yeux une sorte d'incarnation de tous ces vieux mots sublimes d'honneur, d'héroïsme, d'abnégation, de patrie. Mais l'écrivain qui se sentira de taille à faire son éloge funèbre devra bien s'efforcer de les rajeunir, ces grands mots d'autrefois, car on les a aujourd'hui tellement banalisés, à propos de gens quelconques, n'ayant risqué leur vie nulle part, qu'ils semblent vraiment n'avoir plus un sens assez élevé quand il s'agit de lui. . . . .

Et puis, il avait son secret, cet amiral, pour être en même temps si sévère et si aimé. Comment faisait-il donc ? car enfin il était un chef dur, inflexible autant pour les autres que pour lui-même, ne laissant jamais voir sa sensibilité exquise ni ses larmes qu'à ceux qui allaient mourir.

N'admettant jamais la discussion de ses ordres tout en restant parfaitement courtois, il avait sa manière à lui, impérieuse et brève, de les donner : Vous m'avez compris, mon ami ?.... Allez ! Avec cela, un salut, une poignée de main — et on allait — on allait n'importe où, même à la tête d'un petit nombre d'hommes, on allait avec confiance parce que le plan était de lui, ensuite on revenait ayant réussi, même quand la chose était terriblement difficile et périlleuse.

Ces milliers d'hommes qui se battaient ici avaient remis chacun sa propre existence entre les mains de ce chef, trouvant très naturel qu'il en disposât quand il en avait besoin. . . . .

Oh ! cette île de Formose ! qui osera raconter les choses épiques qu'on y a faites, écrire le long martyrologe de ceux qui y sont morts !. Cela se passait au milieu de tous les genres de souffrances, des tempêtes, des froids, des chaleurs, des misères, des dysenteries, des fièvres. Cependant, ils ne murmuraient pas, ces hommes. Après quelque terrible corvée sous les balles chinoises, ils rentraient épuisés, leurs pauvres vêtements trempés par l'éternelle pluie de Kelung, et lui, brusquement, parce qu'il le fallait, leur donnait l'ordre de repartir. Eh bien ! ils se raidissaient pour lui obéir et marcher, ensuite ils tombaient (et pour une cause stérile) tandis que la France, occupée de toutes ses petites querelles d'élections et de ménage, tournait à peine des yeux distraits pour les regarder mourir. Dans les heures d'anxiété (et elles revenaient souvent) au mi-

LE CIMETIÈRE DE MAKUNG

Monument élevé à la mémoire de l'Amiral Courbet.
D'après une photographie exécutée et communiquée par M. le capitaine de frégate Goëz.

A Kelung comme à Makung, la mort de l'amiral fut un coup de foudre ; la consternation et la douleur, impossibles à décrire. Il faut avoir servi sous ses ordres pour comprendre la confiance sans limites et l'admiration religieuse qu'inspirait, à ceux qui l'approchaient, ce chef vénéré.

Quand les troupes de Formose lui rendirent les honneurs funèbres, des larmes silencieuses sillonnèrent, pour la première fois peut-être, les joues de plus d'un légionnaire et de plus d'un zéphir. Est-il beaucoup de chefs, même dans l'antiquité, auxquels furent rendus de pareils honneurs ?

Depuis l'année terrible, il avait été le premier à donner à la France des journées vraiment glorieuses: Sontay et Fou-Chéou. Le sort injuste lui refusait de revoir la patrie par un beau jour d'acclamation populaire ; mais qui peut dire quel eût été l'avenir de cet homme et peut-être celui de la France elle-même, si cette mort obscure n'avait brusquement brisé sa destinée ?

Le contre-amiral Rieunier, à bord du *Turenne*, reçut à Gutzlaff, le 13, le télégramme de mort. Le cuirassé français se

lieu des engagements douteux, dès qu'on le voyait paraître, lui, l'amiral, ou seulement son pavillon dans le lointain, on disait : « Ah ! le voilà, c'est tout ce qu'il faut alors, ça finira bien puisqu'il arrive ! » En effet cela finissait toujours bien, cela finissait de la manière précise que lui seul, très caché dans ses projets, avait arrangée et prévue. . . . .

A 9 heures, de tous les bâtiments de l'Escadre, partent des canots et des baleinières, amenant les commandants et les états-majors à une messe privée qui va se dire à bord du *Bayard*. Cette foule qui arrive ne ressemble pas à celle des deuils vulgaires, on ne voit pas de ces figures composées, on n'entend pas ce courant de conversations à l'oreille, ce bourdonnement d'indifférence. Parmi tous ces officiers qui se rencontrent, il y a d'anciens camarades qui, de longtemps, ne se sont pas vus, et qui se donnent la main simplement, sans causer, presque sans rien se dire.

Derrière les officiers, viennent se tasser les matelots, sans bruit, consternés eux aussi. .

La messe est dite à voix basse au milieu de ce grand silence. Quand elle est achevée on fait le tour, par derrière l'autel, pour aller saluer le commandant et le chef d'état-major. Ils pleurent, ceux-ci. Il n'y a ni apparat ni musique, seulement des gens qui passent atterrés, ne trouvant rien à dire. . . . .

Tout près des assistants, les canons du *Bayard* commencent, à grands coups sourds, le salut final, et ensuite l'amiral Lespès vient dire, en quelques mots, adieu à notre chef mort !

Il le fait avec un tel tremblement de douleur et un si visible besoin de pleurer, qu'en l'entendant les larmes viennent. Ceux qui se raidissaient à grand effort pour garder une figure impassible, s'amollissent et pleurent. . . . .

Et maintenant après cet adieu, il n'y a plus que le défilé militaire et c'est absolument terminé, on se retire, on se disperse dans les canots, les vergues sont redressées et les pavillons sont rehissés partout. Les choses rentrent dans leur ordre, reprennent leur physionomie habituelle, le soleil aussi se met à reparaître. C'est la fin du deuil, presque le commencement de l'oubli.

Je n'avais pas encore vu des matelots pleurer sous les armes et ils pleuraient silencieusement, tous ceux du piquet d'honneur.

Elle était bien modeste, cette petite chapelle, bien modeste aussi ce petit drap noir, et quand le corps de cet amiral reviendra en France, on déploiera, c'est certain, une pompe infiniment plus brillante qu'ici, dans cette baie d'exil.

Mais, qu'est-ce qu'on pourra lui faire, qu'est-ce qu'on pourra inventer pour lui, qui soit plus beau que ces larmes ? . . . .

Julien Viaud (Pierre Loti)
à bord de la *Triomphante*, 12 juin 1885.

présenta devant Shanghaï les vergues en pantenne. La mort y était connue à peine de quelques personnes ; mais immédiatement tous les bâtiments de guerre étrangers, rendant un suprême hommage d'admiration au vaillant qui n'était plus, Italiens, Anglais, Japonais et Américains, mirent leurs couleurs en berne, tous les équipages rangés sur le passage du *Turenne*, en abord et tête nue. Le soir, l'*Éclaireur*, mouillé devant le consulat de France, redressa ses vergues après avoir fait, au coucher du soleil, une salve de 19 coups de canon.

Les commandants des navires étrangers apportèrent au contre-amiral Rieunier leurs compliments de condoléance, adressant, en même temps, leurs témoignages d'admiration à notre marine, à sa vaillance et à ses efforts, et surtout à celui qui n'était plus, et qui, par la noblesse de son caractère et par ses talents, avait su s'attirer la sympathique admiration de tout l'Extrême-Orient, « où son nom devait être désormais synonyme de loyauté et de bravoure, et porter si haut la gloire du nom et du pavillon français[1] ».

Une cérémonie funèbre fut célébrée à Shanghaï devant toute la colonie européenne. La paix était confirmée depuis le 12. De Gutzlaff, par Taoutzé, l'amiral Rieunier fit prévenir l'amiral chinois commandant à Chin-Haï de la perte que venaient de faire la marine et la France, et nos ennemis de la veille rendirent au regretté amiral les honneurs réglementaires.

Quand la funèbre nouvelle parvint à Paris, les Chambres levèrent la séance en signe de deuil. Enfin, le 23 juin, le *Bayard* partit de Makung, ramenant en France la dépouille mortelle du commandant en chef. Il arriva à Toulon, le 25 août. Le 26, après un service religieux, célébré à bord du *Bayard* et présidé par le vice-amiral Duperré, commandant l'escadre d'évolutions, le corps du vainqueur de Fou-Chéou fut débarqué sur la terre française ; le 28, furent célébrées aux Invalides des funérailles nationales, et le 1ᵉʳ septembre, l'amiral fut enterré à Abbeville, sa terre natale.

« Sur la plage des Salins, sous le dôme des Invalides ou au cimetière d'Abbeville, les cérémonies, bien qu'ayant des caractères différents, furent également imposantes ; le patriotique hommage rendu à l'amiral Courbet était unanime. On se souvenait que « son

---

[1]. Lettre du contre-amiral Rieunier au ministre de la marine, Shanghaï, 15 juin 1885.

nom, pendant deux ans, avait fait vibrer une génération tout entière, qu'au bruit de ses succès une sorte de frémissement avait passé sur la France, faisant tressaillir tous les cœurs », et devant sa dépouille mortelle on s'unissait encore dans un même sentiment pour saluer une gloire nationale[1]. »

1. Maurice Loir.

CHAPITRE X

Le traité de paix. — L'évacuation.

Les dernières salves de l'escadre résonnaient encore en rade de Makung, quand, le 13 juin, le *Roland* apporta la nouvelle que la paix était faite. Elle était signée du 3 juin[1]. L'avis en était parvenu le 11 au contre-amiral Rieunier, par l'intermédiaire du consul de Shanghaï. A Kelung, le corps expéditionnaire en fut informé le 15.

Il ne restait plus au contre-amiral Lespès qu'à présider à l'abandon des gages que nous avions conquis. Déjà, en vertu d'un arrangement spécial et par égard pour les services rendus par le commissaire général des douanes chinoises, sir Robert Hart, dans les dernières négociations, la liberté avait été rendue au *Feïho*. Ce navire avait quitté Makung le 3 juin, faisant route pour Amoy. Le 15, ce fut le tour du *Wawerley* et du *Ping-On*.

L'évacuation de Formose devait être immédiate ; celle des Pescadores, qui restait subordonnée à l'évacuation du Tonkin par les troupes chinoises, ne devait être effectuée que sur nouveaux ordres. Le 16, le contre-amiral Lespès partit pour Kelung à bord du *La Galissonnière*, accompagné du *Lutin*, de l'*Annamite* et du *Tonkin*[2].

Il n'y avait plus de matériel à Kelung depuis plusieurs semaines, seules les troupes occupaient encore les positions. L'opération d'évacuation avait été réglée dans ses moindres

---

[1]. Marine à amiral Courbet. Paris, le 9 juin 1885 : « Paix est signée avec la Chine. Laissez circuler en toute liberté navires neutres et chinois. » Le nouveau traité confirmait la convention de Tien-Tsin de l'année précédente.

[2]. Makung, 16 juin. Lespès à Marine : « Je pars aujourd'hui pour Kelung pour faire l'évacuation qui sera, je l'espère, fort rapide. Attendrai de nouveaux ordres pour Pescadores. Je demande à renvoyer de suite en France le *Bayard* avec le corps de l'amiral Courbet.

détails à la suite des événements de Langson, il ne restait plus qu'à le mettre à exécution, dans des conditions infiniment plus favorables, puisque la paix était signée[1].

Le contre-amiral avait reçu l'ordre de diriger sur Tamatave un bataillon d'infanterie de marine complété à 600 hommes, une batterie d'artillerie et le matériel de toute nature qui semblerait pouvoir y être utilisable pour la construction de casernements et de magasins. Une compagnie d'infanterie de marine devait occuper provisoirement les Pescadores et devait ensuite être renvoyée en France. Toutes les troupes de la Guerre, moins celles qui sembleraient nécessaires aux Pescadores, devaient être envoyées au Tonkin[2]. Le colonel Duchesne était mis à la disposition du général de Courcy, commandant le corps du Tonkin.

Comme on le voit, le gouvernement espérait trouver dans l'infanterie de marine du corps de Formose les éléments d'un bataillon pour Madagascar. Il fallut y renoncer. Le cadre des officiers fut facile à constituer[3]; mais, en prenant tous les volontaires et tous les hommes valides ayant moins de 15 mois de colonies, le régiment de marche ne put fournir que 183 hommes. Le bataillon fut complété par la suite à Saïgon par des détachements en cours de route, enfin il reçut à Tamatave même un dernier complément de 200 hommes.

La compagnie à destination de Saïgon, constituée au moyen des hommes valides ayant de 15 à 22 mois de colonies, put être formée au grand complet. Il en fut de même de la batterie destinée à Madagascar[4].

1. Voir page 199.
2. Télégramme du Ministre de la marine, du 12 juin 1885.
3. La composition des cadres du bataillon de Madagascar fut la suivante :
État-major : MM. Chapelet, chef de bataillon ; Guyonnet, capitaine adjudant-major ; Bruchet, officier payeur ; Augier, médecin.
21ᵉ compagnie du 2ᵉ régiment : MM. Schœffer, capitaine ; du Saussois du Jonc, Jupin, lieutenants ; Lavenir, sous-lieutenant ;
22ᵉ compagnie du 2ᵉ régiment : MM. Gouttenègre, capitaine ; Gauroy, Legrand, lieutenants ; Bonnac, sous-lieutenant ;
23ᵉ compagnie du 2ᵉ régiment : MM. N..., capitaine ; Grimal, Tétard, Cottez, lieutenants ;
24ᵉ compagnie du 2ᵉ régiment : MM. Desaleux, capitaine ; Colein, Legros, Cristofari, lieutenants.
La compagnie à destination de Saïgon fut la 26ᵉ du 3ᵉ régiment, capitaine de Cauvigny, lieutenants Collinet, Sagolz et Pierson.
La batterie d'artillerie fut la 7ᵉ *bis*, capitaines Lefournier et Silvani, lieutenants Lubert et Fritch, vétérinaire Frohlich.
4. Les troupes de Madagascar furent embarquées à bord du *Tonkin* avec 300 coups par pièce, 600 cartouches par homme pour l'effectif complet,

LE CIMETIÈRE DU CORPS EXPÉDITIONNAIRE A KELUNG

D'après une photographie exécutée et communiquée par M. le capitaine de frégate Goïz.

Le 20 juin, l'embarquement des différents services, de l'artillerie, du génie et du reste du matériel était terminé. Les blessés étaient à bord de l'*Annamite* qui devait les porter à Saïgon. L'*Annamite* portait, en outre, 1000 hommes de la Guerre directement au Tonkin.

Une entrevue eut lieu, le même jour, à bord du *La Galissonnière* entre le commandant de l'escadre et les généraux chinois. L'état-major chinois descendit à Kelung par la route de Tamsui. En présence des soldats silencieux, il traversa nos cantonnements, accueilli par les sonneries « aux champs », des clairons de la Légion et du bataillon d'Afrique et étonné du petit nombre d'ennemis qu'il avait eus à combattre et qu'il n'avait pas réussi à vaincre. Les généraux impériaux s'avançaient dans des chaises à porteurs escortés de leur garde particulière, superbes Chinois vêtus de longues tuniques rouges et armés de carabines Hotchkiss dont l'entretien semblait, il est vrai, laisser énormément à désirer. Derrière eux, un Européen d'une trentaine d'années, également en chaise, attirait l'attention malveillante des troupiers. C'était, paraît-il, un Américain, directeur de l'artillerie chinoise. Quand le cortège se présenta à l'appontement pour prendre passage sur les canots de l'escadre, l'officier de service invita poliment l'Européen en question à rester à terre, en compagnie de l'escorte ; là il eut à entendre, quoi qu'on fît, les quolibets de plus d'un troupier.

L'entrevue fut, d'ailleurs, des plus correctes. On y régla les détails du départ du corps expéditionnaire. Il fut convenu que le retrait des troupes françaises s'opérerait par échelons, dans la matinée du 21. Les Chinois occuperaient les positions, au fur et à mesure et une heure après que nous les aurions évacuées.

Le 21 au matin, la garnison de la Table, la plus éloignée de Kelung, commença le mouvement, suivie des troupes du fort du Sud, du fort Bambou et du fort Tamsui. Cette évacuation fut suivie de celle des forts Central et Clément. Les troupes laissées à la garde des lignes Ber s'embarquèrent les dernières.

---

des baraques de campement, 5 téléphones, 2 chaudières distillatoires et 9 canons-revolvers avec munitions. (Télégramme du contre-amiral Lespès du 27 juin.) Ces troupes arrivèrent à Madagascar pour prendre part au combat de Sahamafy. « La 7ᵉ batterie *bis* y éprouva des pertes sérieuses : le dixième de son effectif fut mis hors de combat, soit 2 tués et 7 blessés. Deux officiers de la batterie furent atteints : le capitaine en second Silvani, et le lieutenant Lubert. Ce dernier mourut 2 jours après sa blessure. » *(Historique du régiment d'artillerie de la marine.)*

A 8 heures du matin, l'embarquement était entièrement terminé, d'innombrables pavillons chinois couronnaient les crêtes que nous venions d'abandonner. A 9 heures, le colonel Duchesne fit amener le pavillon tricolore, que le *La Galissonnière* salua de 21 coups de canons, et, le dernier, il quitta cette terre de Formose où une poignée de braves avait, depuis six mois, donné sous ses ordres tant de preuves de vaillance et d'abnégation[1].

C'était fini. A 2 heures les dernières formalités étaient accomplies. L'*Eclaireur* resta sur rade. Le *La Galissonnière*, l'*Atalante*, le *Lutin*, le *Tonkin* et l'*Annamite* appareillèrent et, doublant la pointe Image, laissèrent dans l'Est cette terre de Kelung dont chaque sommet était arrosé de sang français.

De notre séjour, de près d'une année, sur cette terre inhospitalière il ne restait plus que le souvenir. Derrière le fort La Galissonnière, à l'abri des escarpements du Point A, se cachait le cimetière, dont la vue serrait le cœur en ce jour d'adieux. Officiers et soldats, matelots, légionnaires ou zéphirs tués à l'ennemi, blessés que la science et le dévouement n'avaient pu sauver, malades succombant aux atteintes ou aux fatigues de la campagne, tous victimes du devoir, restaient seuls sur cette terre lointaine, à 4.000 lieues du pays natal. La plus ancienne des inscriptions remontait à octobre 1884; en 1885, ils étaient assez nombreux pour former un petit monde. Plus de 500 cadavres s'alignaient dans cet étroit espace. Le soin de leurs dépouilles, l'entretien de leurs tombes étaient confiés à la générosité d'un ennemi irréconciliable, et il ne restait plus d'eux que le souvenir de la part glorieuse qn'ils avaient prise aux destinées de la patrie.

« Formose abandonnée, la dislocation de l'escadre commença, marchant de pair avec l'évacuation des Pescadores. Chaque jour de la fin de juin vit partir l'un des navires. Le *D'Estaing* et le *Kerguelen* s'en allèrent les premiers, faisant route pour France. Le *Villars* et l'*Eclaireur* les suivirent, ainsi que le *Château-Yquem* emmenant à Along les troupes d'artillerie et les mulets désormais inutiles à Makung. Puis ce fut le tour de l'*Annamite* rapatriant les malades, du *Duguay-Trouin* et du *Châteaurenault* rentrant en France, du *Magon* et du *Fabert* ralliant la division du Pacifique,

---

1. Kelung, 21 juin. Amiral Lespès à Marine : « Évacuation de Kelung terminée avec le plus grand ordre. J'ai salué le pavillon français en le rentrant. Navires partis pour Makung et Along. J'ai échangé hier visite très courtoise avec le général chinois. Engagement pris de respecter le cimetière. »

du *Rigault-de-Genouilly* rejoignant la station du Levant. Peu après l'*Atalante* alla désarmer à Saïgon, le *Nielly* rallia la station de la mer des Indes, le *La Clocheterie*, le *Lutin* et la *Comète* renforcèrent la division navale du Tonkin, aux ordres du général de Courcy[1]. »

Le 22 juillet, l'évacuation des Pescadores, un moment retardée par suite des lenteurs que mirent les troupes chinoises à évacuer le Tonkin, fut un fait accompli. Le *Château-Yquem* et le *D'Estaing* avaient porté au Tonkin les troupes de la Guerre, le *Cachar* avait pris à son bord la compagnie d'infanterie de marine à destination de Saïgon.

Comme à Kelung, le pavillon français avait été salué de 21 coups de canon, et là aussi nos morts restaient seuls pour rappeler notre passage[2].

1. Maurice Loir.
2. Le 29 juillet, une dépêche du Ministre de la marine prononça la dissolution de l'escadre de l'Extrême-Orient et la reconstitution, à la même date, de la division navale des mers de Chine et du Japon. Cette division fut composée du *La Galissonnière* (contre-amiral Lespès), du *Turenne* (contre-amiral Rieunier), de la *Triomphante*, du *Lapérouse*, du *Primauguet*, du *Champlain*, du *Roland*, de la *Vipère* et du *Sagittaire*. Il était recommandé à l'amiral Lespès de rétablir, avec les autorités chinoises, les relations sur leur ancien pied de cordialité et de faire visiter par ses navires les différents points de la Chine et du Japon où le pavillon français avait cessé de se montrer depuis quelque temps.

Je sortirais de mon rôle de soldat en jugeant l'expédition de Formose au point de vue politique. D'autres, plus autorisés, décideront. Les fautes, s'il en fut, sont suffisamment mises en lumière au cours du récit. Mon livre est avant tout une œuvre de sincérité, non de polémique : à chacun d'apprécier et de juger.

Mais alors quelle conclusion tirer de ces dix mois d'inutiles efforts et de combats glorieux soutenus par une poignée de braves gens contre lesquels tout s'acharna: écrasante supériorité numérique de l'ennemi, fatigues surhumaines, climat meurtrier, et qui, malgré tout, furent constamment victorieux? Il en est une.

C'est que, pendant ces jours d'épreuves, pas une défaillance ne se produisit; c'est que tous, marins et soldats, firent preuve d'une ardeur et d'une constance qu'aucune adversité ne put abattre. Le sentiment du devoir, l'abnégation jointe à la plus exacte discipline furent de tous les instants.

Ces vertus militaires, le corps de Formose n'eut pour les développer qu'à suivre l'exemple de ses glorieux chefs, dont l'unique pensée fut de tenir quand même haut et ferme le drapeau de la France.

Le 6 janvier 1885, le *Cholon* entrait en rade de Kelung, portant le 3ᵉ bataillon d'Afrique. Les zéphirs saluèrent avec enthousiasme cette terre inhospitalière qui devait, en quelques mois, être le tombeau de deux cents d'entre eux.

L'amiral se rendit à bord, il réunit les officiers nouvellement arrivés. Dans une noble et mâle allocution, il leur souhaita la bienvenue sous son pavillon, et il ajouta: « Votre tâche sur cette terre sera pénible, le succès difficile à acquérir. Dès maintenant je fais appel à votre esprit de sacrifice, à votre abnégation et à votre dévouement. »

Soldats et artilleurs de la marine, chasseurs du bataillon d'Afrique, légionnaires du régiment Étranger ne devaient pas tarder à donner la preuve des hautes qualités militaires sur lesquelles comptait l'amiral. Les combats livrés devant Kelung, en janvier et en mars 1885, coûtèrent au corps expéditionnaire le quart de son effectif valide.

Si ces succès, si chèrement achetés, n'eurent pas le retentissement des victoires du Tonkin, du moins démontrèrent-ils que les soldats de Formose avaient, eux aussi, la vieille valeur française. Comme les vainqueurs de Sontay, de Lang-Son et de Tuyen-Quan, ils contribuèrent à ranimer la confiance nationale et à relever le drapeau tricolore abaissé depuis 1870.

Melun, le 1er Mai 1893.

FIN

Je dois un témoignage particulier de reconnaissance à ceux qui ont bien voulu m'aider au cours de mon travail, en me confiant des documents de toute nature ou en me permettant de puiser dans leurs ouvrages :

Tout d'abord et tout particulièrement, à M. le Capitaine de frégate GOEZ, qui a obligeamment mis à ma disposition les photographies si intéressantes recueillies par ses soins, à Kelung et aux environs, alors qu'il était lieutenant de vaisseau à bord de l'*Atalante* ;

A M. le Lieutenant de vaisseau JEHENNE, qui a bien voulu me confier les clichés pris par son frère, mort victime du devoir aux Pescadores, en qualité d'aide de camp de l'amiral Courbet ;

A MM. les Ingénieurs hydrographes RENAUD et ROLLET DE L'ISLE, les Capitaines CRAMOISY et NAUTRÉ, qui m'ont confié des documents personnels d'un grand intérêt.

Enfin, j'ai besoin de toute l'indulgence de mon devancier, M. le Lieutenant de vaisseau LOIR, dont j'ai mis fréquemment à contribution l'ouvrage si remarqué intitulé l'*Escadre de l'amiral Courbet*. L'*Expédition de Formose* n'en est que le modeste complément, en ce qui concerne les opérations à terre.

Je les prie de vouloir bien accueillir le témoignage de mon entière gratitude.

Blois, le 1er Décembre 1893.

BONZE EN PIERRE DU YAMEN, KELUNG

TABLE DES GRAVURES

Kelung, vue prise du mont Clément, frontispice.
Une famille chinoise de l'île Palm 5
Indigènes du village chinois de Pétao. 11
Région de Kelung. — La vallée de Tamsui 17
La poudrière du fort La Galissonnière après l'explosion. 27
Une embrasure du fort La Galissonnière après le bombardement. . . . 33
Le mont Clément, la rade et le port de Kelung 43
Le *Bayard*. 51
La pagode Cramoisy, vue extérieure 65
Le Point A, vue intérieure 71
Les lignes de l'Est et la ville chinoise. 75
La vallée Cramoisy, cascade de Naï-niu-ka 85
La pagode Cramoisy, vue intérieure 91
Kelung en ruines 99
Le yamen de Kelung. 109
Les cantonnements du bataillon d'Afrique et de la Légion 117
Le poste de l'île Palm 123
Les Postes avancés. 127
Le fort de la Table après les combats de mars 136
Les positions chinoises enlevées le 5 mars 143
Le fort chinois du 5 mars 157
Terrain entre le fort Bambou et le fort du Sud 161
Le fort du Sud, face nord 165
La branche Est du fort du Sud. 173
La vallée supérieure de la rivière de Tamsui et le village de Loan-Loan,
  vue prise du fort du Sud 183
La vallée supérieure de la rivière de Tamsui et le village de Loan-Loan,
  vue prise du fort Bertin 187
Un coin de Soo Wan pendant l'armistice. 197
Service funèbre de l'amiral Courbet 215
Le cimetière de Makung 219
Le cimetière du corps expéditionnaire à Kelung. 227

TABLE DES MATIÈRES

Avant-Propos.	ix
CHAPITRE PREMIER. — L'île de Formose. — La région Nord. — Kelung et ses environs.	1
CHAPITRE II. — Premières opérations contre Formose. — Bombardement de Kelung. — L'échec du 6 Août. — Négociations avec la Chine. — Formation d'un corps de débarquement.	23
CHAPITRE III. — Reprise des opérations contre le nord de Formose. — Occupation de Kelung. — L'échec de Tamsui.	41
CHAPITRE IV. — L'installation à Kelung. — Les premiers mois de l'occupation. — La fièvre algide. — Déclaration du blocus de Formose. — Envoi à Kelung des renforts	59
CHAPITRE V. — Reprise des opérations actives devant Kelung. — Attaque du secteur Sud par les Chinois. — Reconnaissance des 13 et 14 Novembre. — Reconnaissances de la Dent. — Opération du 12 Décembre. — Arrivée du colonel Duchesne. — La situation au 1er Janvier 1885.	83
CHAPITRE VI. — L'arrivée des renforts. — L'affaire du 10 Janvier. — Les combats du 25 au 30 Janvier. — Les Postes avancés. — Le combat de nuit du 1er Février. — Situation du corps expéditionnaire à la fin de Février. — Nouvelles dispositions en vue d'une campagne de printemps basées sur l'évacuation de Formose et l'occupation des Pescadores.	107
CHAPITRE VII. — Les combats de Mars. — Occupation défensive des nouvelles positions.	149
CHAPITRE VIII. — La prise des Pescadores. — La situation à Formose et à Makung, dans les premiers jours d'Avril. — Les préparatifs d'évacuation de Formose. — L'armistice.	179
CHAPITRE IX. — Pendant l'armistice. — Le *Ping-On* et le *Wawerley*. — La mort de l'amiral Courbet.	205
CHAPITRE X. — Le traité de paix. — L'évacuation.	225

Compiègne. — Imprimerie HENRY LEFEBVRE, rue de Solferino, 31.

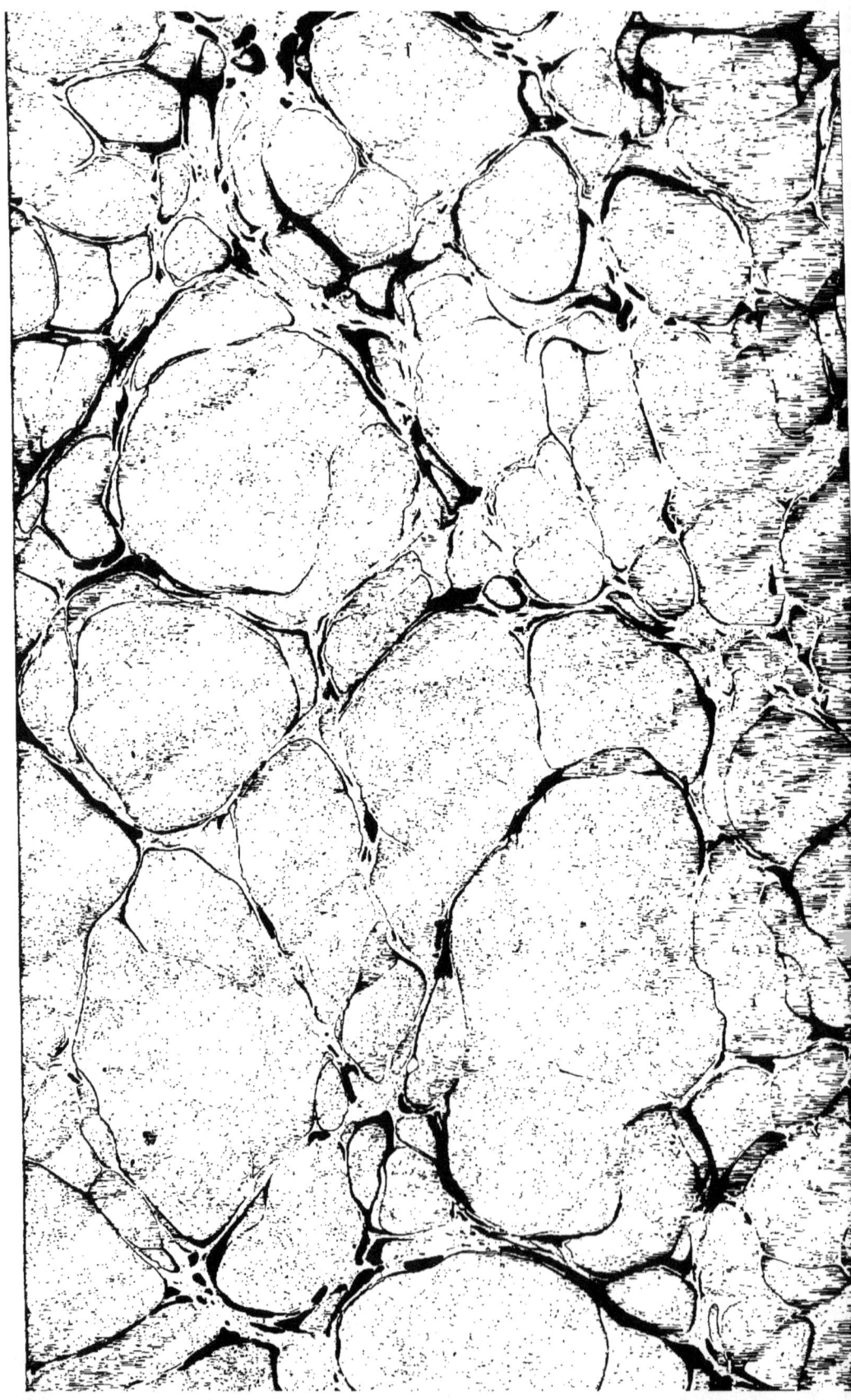

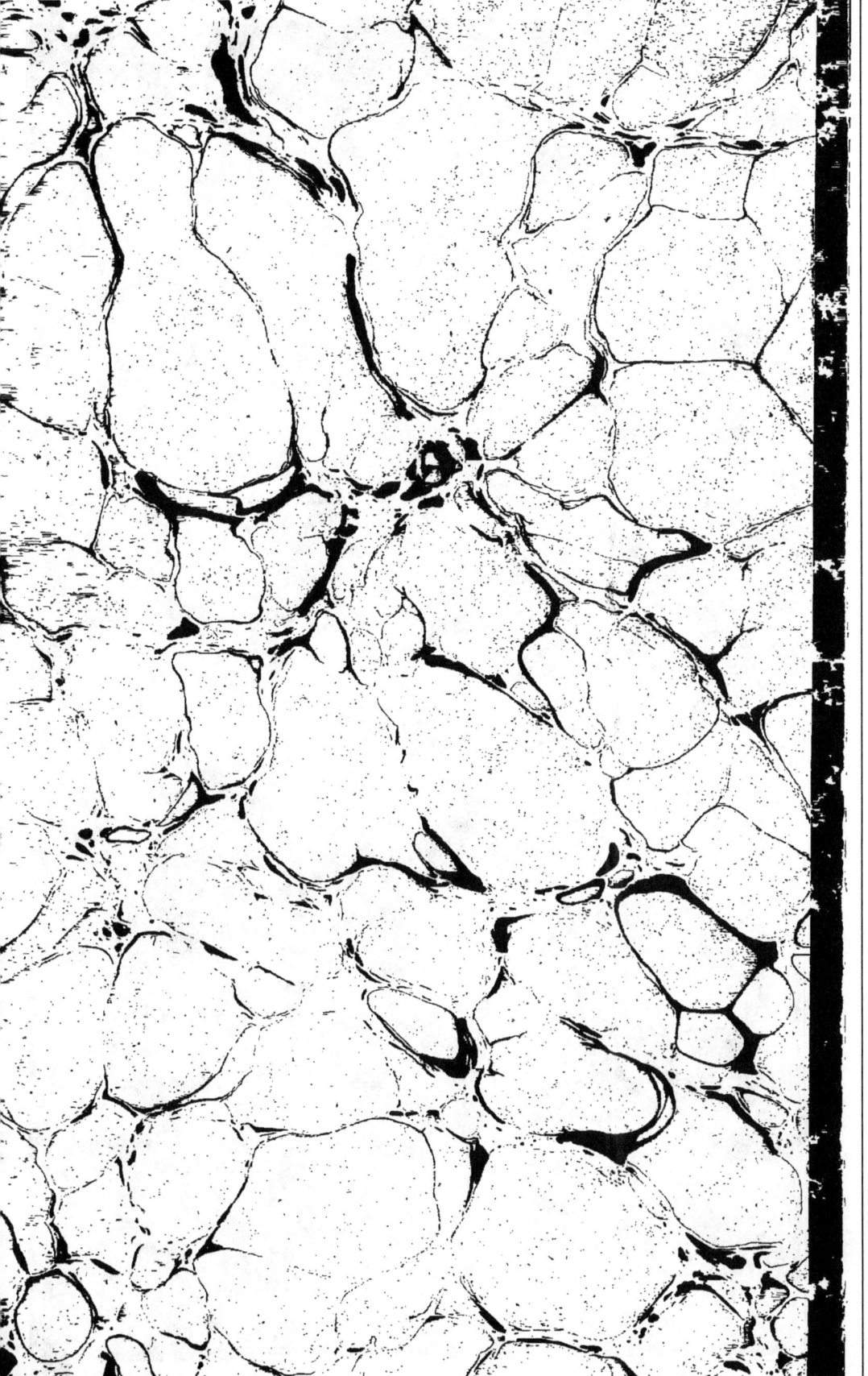

www.ingramcontent.com/pod-product-compliance
Lightning Source LLC
Chambersburg PA
CBHW050343170426
43200CB00009BA/1707